AF537481

Eva Demmerle · Gigi Beutler

Wer begehrt Einlass?

EVA DEMMERLE ✦ GIGI BEUTLER

»Wer begehrt Einlass?«

HABSBURGISCHE BEGRÄBNISSTÄTTEN IN ÖSTERREICH

Vorwort
Karl von Habsburg

Mit 111 Abbildungen

Amalthea Verlag

Besuchen Sie uns im Internet unter: amalthea.at

Umschlaggestaltung: Elisabeth Pirker/OFFBEAT
Umschlagfotos: Vanitas-Symbol mit der Krone des Heiligen Römischen Reiches, Detail am Sarkophag von Kaiser Karl VI., Kapuzinergruft Wien
© Eva Demmerle
Lektorat: Martin Bruny
Herstellung und Satz: VerlagsService Dietmar Schmitz GmbH, Heimstetten
Gesetzt aus der 10,75/13,62 pt Minion Pro
Designed in Austria, printed in the EU
ISBN 978-3-99050-135-1

Inhalt

Niederösterreich

Steiermark

Kärnten

Tirol

Oberösterreich

Der Mensch wird eingehen in das Haus seiner Ewigkeit.
Prediger 12, 5

NON NUMERO RAMOS
Ich zähle die Zweige nicht.
Der Tod biegt ein Bäumchen
und bricht von ihm den jüngsten Zweig.

UT COEPI VIXI
Kaum hatte ich begonnen, hatte ich gelebt.
Der Tod schneidet einen Faden am Spinnrocken entzwei.

IN CARCERE METAM
Im Tod (Kerker) erntet man, was man gesät hat.

Inschriften am Sarkophag der
zwölfjährigen Erzherzogin Maria Theresia,
Tochter von Kaiser Leopold I.

Du nennst dich stolz eine Kaiserin,
wirst aber gleich jedem andern hin …
Respektloses Memento Mori,
an die Mauer der Hofburg gekritzelt
zur Zeit Maria Theresias

Angeblich hat die Kaiserin darunter schreiben lassen:
Ich bin eine Frau wie jede Frau,
Nur wählt ich meine Eltern schlau …

vorwort

Habsburger sind in Österreich in fast jedem Bundesland beigesetzt. Nicht nur die Kapuzinergruft und der Stephansdom, sondern auch viele andere Orte, meistens Klöster beziehungsweise Kirchen, bergen seit über 700 Jahren die sterblichen Überreste der Familie. Somit haben die Habsburger ebenso physisch Spuren in Österreich hinterlassen.

Ein Buch über Begräbnisstätten und Begräbnisorte ist nicht nur ein Buch über die Gräber, sondern, wie hier vorliegend, genauso über die Geschichte Österreichs und Europas. Die Grabstätten belegen Leben und Wirken der dort Beigesetzten, die in vielen Fällen aus dem allgemeinen historischen Bewusstsein gefallen sind. Dabei spiegeln gerade die Begräbnisorte der ersten drei Generationen nach König Rudolf das Zusammenwachsen des Landes wider, aber auch die Suche nach Kontinuität zu der vorangegangenen Dynastie der Babenberger. Nachdem Rudolf 1282 seine Söhne Albrecht und Rudolf mit den Herzogtümern Österreich, Steiermark und Krain belehnt hatte, startete man keinen abrupten Neuanfang, sondern fügte sich behutsam in bestehende Traditionen und Kontinuitäten ein, wie vor allem die habsburgischen Grabstätten in Tulln und Heiligenkreuz zeigen. Gerade die Grabstätten der frühen Habsburger belegen deutlich, wie die Familie mit den Ländern zusammengewachsen ist.

Viele setzten sich schon früh mit ihrem eigenen Tod und ihrer letzten Ruhestätte auseinander. Manches Mal spielten politische Überlegungen bei der Wahl des Begräbnisses eine Rolle, andere Male war es einfach der Wunsch nach einem Ort für sich selbst und die engere Familie. Beides konnte aber auch zusammenfließen. Und schließlich haben wir Grabmäler mit einer hohen Symbolkraft, die im Kontext ihrer Zeit das Selbstverständnis des Verstorbenen darstellen, zum Beispiel das immer noch nicht ganz entschlüsselte Hochgrab Kaiser Friedrichs III. im Wiener Stephansdom, das prunkvolle Kenotaph Kaiser Maximilians I. in Innsbruck oder der beeindruckende Doppelsarkophag Kaiserin Maria Theresias in der Kapuzinergruft. Auch sie gestaltete ihr Begräbnis selbst. Wie eine Mutter schart sie selbst im Tod ihre Kinder um sich, und so sah sie sich ebenso als mütterliche Herrscherin.

In diesem Buch sind über 700 Jahre habsburgische Begräbniskultur zusammengefasst. Ich danke den beiden Autorinnen, dass sie sich dem Thema so ausführlich gewidmet haben, und wünsche dem Buch viel Erfolg.

Karl von Habsburg,
im Sommer 2019

Einleitung
Denn sterben müssen alle Leut!

Denkt man an habsburgische Begräbnisstätten, fällt den meisten spontan die Kapuzinergruft in Wien ein, eventuell noch der Stephansdom. Tiroler werden wohl die Innsbrucker Hofkirche erwähnen, die durch das Kenotaph Maximilians überregionale Bekanntheit erlangt hat, sowie den Dom St. Jakob und natürlich Stift Stams. Doch die Habsburger haben im Tod weit mehr Spuren in Österreich hinterlassen, als im allgemeinen Bewusstsein vorhanden ist. In diesem Buch widmen wir uns den 29 wichtigsten Orten, an denen Habsburger begraben sind. Es gibt weit mehr Orte, vor allem private Begräbnisstätten, die jene Habsburger bergen, welche nach 1918, also nach dem Ende der Monarchie, gestorben sind. Um deren privaten Charakter zu wahren, haben wir auf ihre Erwähnung verzichtet.

In sechs Bundesländern befinden sich habsburgische Gräber, mit großen und wichtigen Persönlichkeiten der Dynastie, mit bekannten und ebenso unbekannteren Personen, die kaum mehr im allgemeinen Gedächtnis vorhanden sind. So sind etwa die frühen Habsburger, die ersten vier Generationen nach König Rudolf I., kreuz und quer durch Österreich bestattet, nahezu alle in eigenen Klostergründungen und Klosterstiftungen. Rudolf selbst gründete das erste habsburgische Kloster und damit die erste habsburgische Grablege auf österreichischem Boden (das Dominikanerinnenkloster in Tulln), seine Kinder und Enkel setzten dies fort. Mit der Generation seiner Söhne Albrecht und Rudolf sowie ihrer Geschwister haben sich die Habsburger in Österreich etabliert. Sie haben sich heimisch gefühlt. Dort, wo man seine Toten begräbt, dort will man bleiben.

Klöster waren schon immer bevorzugte Begräbnisorte. Einhergehend mit der Stiftung war der Auftrag an die Konvente, für das Seelenheil der dort Begrabenen zu beten. Teilweise geschieht dies heute noch, wie beispielsweise in Gaming oder in Heiligenkreuz. Die Klöster, besonders gefördert und beschenkt von den habsburgischen (Erz-)

Herzogen, wurden zu wichtigen ökonomischen, politischen und kulturellen Zentren des Landes. Insofern bauten die Habsburger die Kulturlandschaft Österreichs mit auf. Nicht immer waren es eigene Gründungen, in denen Habsburger sich begraben ließen, manches Mal knüpfte man aus politischen Überlegungen an alte Traditionen und Kontinuitäten an. Etwa in Heiligenkreuz, das schon knapp eineinhalb Jahrhunderte bestand, bevor die Habsburger ins Land kamen. In der babenbergischen Stiftung war babenbergische Prominenz begraben worden.

Wenn wir die frühen Begräbnisstätten schildern, versuchen wir immer, uns auch dem Leben der dort Begrabenen, die kaum mehr bekannt sind, anzunähern. Viele haben Wichtiges zur Geschichte Österreichs beigetragen, manche spielten nur eine Nebenrolle. Insofern soll dieses Buch eine kleine Wiederentdeckung der Geschichte Österreichs sein. Es waren doch alles individuelle Menschen mit ihren Träumen, Wünschen und politischen Vorstellungen, denen einiges gelang, die aber genauso oft scheiterten.

Tragische und traurige Schicksale gab es darunter, mitunter mehr bei den weiblichen als bei den männlichen Mitgliedern der Dynastie. Haupttodesursache bei Frauen waren bis weit in das 19. Jahrhundert hinein Schwangerschaft und Geburt. So manche Frau starb im Kindbett, die Säuglingssterblichkeit war hoch – davon zeugen die vielen sterblichen Überreste von Babys und Kleinkindern. Nach persönlichem Glück fragte niemand, das war damals keine so wesentliche Kategorie wie heute.

Habsburger waren nicht nur im Leben reisefreudig, sondern genauso im Tod. Davon erzählen die Berichte über die vielen Überführungen und Verlegungen von sterblichen Überresten. Die wohl abenteuerlichste Geschichte ist jene der Stammmutter des Hauses, Gertrud von Hohenberg (1225–1281), deren Leichnam vier Mal den Ort wechselte, bevor er endgültig in St. Paul im Lavanttal ankam. Aber auch dort wurden die Knochen einige Male umgebettet.

In der heutigen Zeit, in der Krankheit und Tod aus der Gesellschaft gedrängt werden, mutet die Auseinandersetzung mit dem Tod, wie sie in den vergangenen Jahrhunderten gegeben war, seltsam an. Doch Leben und Tod lagen in jener Zeit eng beieinander. Man lebte permanent mit dem Tod und war sich der eigenen Sterblichkeit bewusst. Viele Habsburger haben noch zu ihren Lebzeiten ihre genauen Vorstellungen davon, wie sie einmal begraben werden wollten, niedergeschrieben. Das Leben ist flüchtig, der Tod allgegenwärtig. Gut daran tut, wer sich frühzeitig damit befasst. Dies ist vielleicht etwas, was wir von diesen Generationen lernen können. Der wortgewaltige Hofprediger von Kaiser Leopold I., Abraham a Sancta Clara (1644–1709), prägte die Worte:

> Mit schönen Titeln und Nomine
> Thut euch vorm Todt nicht retten.
> Denn sterben müssen alle Leuth,
> das ist ein alte Metten.

Das war mitten im Barock. Und im Barock entstand die berühmteste und beeindruckendste habsburgische Grablege in Österreich: die Kapuzinergruft. Einst für ein kleines Begräbnis von Kaiserin Anna für sich selbst und ihren Mann, Kaiser Matthias, geplant, wurde sie im Lauf der Jahrhunderte immer weiter ausgebaut. Sie birgt heute 148 Personen, davon zwölf Kaiser, 17 Kaiserinnen und zwei Herzurnen von Kaiserinnen. 400 Jahre österreichische und europäische Geschichte sind in der Gruft präsent und 400 Jahre kaiserliche Bestattungskultur.

Der Tod wurde zelebriert, gehörte er doch für die katholischen Habsburger zum Leben dazu. »Das Einzige, was wir im Leben mit Gewissheit wissen, ist, dass wir einmal sterben müssen«, sagte Otto von Habsburg. Er selbst wollte nicht unbedingt in die Kapuzinergruft. Sie sei ihm zu wenig ein Ort des Gebets. Angesichts der vielen Touristen kann man diesen Gedanken nachvollziehen. Die Gratwanderung zwischen einem Museum, einem einmaligen europäischen Kulturerbe und einem Friedhof ist nicht immer leicht.

Betritt man die Gruft, so öffnet sich der lange Mittelgang, exakt unter der Kapuzinerkirche gelegen, und gibt die Perspektive frei bis zum großen Doppelsarkophag Maria Theresias und Franz Stephans, dem Höhepunkt des barocken herrscherlichen Begräbnisses. Schritt für Schritt werden die Särge prunkvoller und schöner, selbst die Kindersärge. Der französische Schriftsteller Honoré de Balzac schrieb über den Barock: »… nach Art dieses Jahrhunderts, wo nichts gemacht werden konnte, ohne schön zu sein …«[1]. Sogar der Tod, die eigene Vergänglichkeit, wurde noch in Schönheit eingekleidet und zelebriert. Dabei spielte das herrscherliche Selbstverständnis eine Rolle: Die »repraesentatio maiestatis«, die Repräsentation der Majestät, ging über das Leben hinaus. Die herausragende Rolle des Hauses Habsburg, von Gottes Gnaden auserwählt und bestimmt, die Geschicke Österreichs und seiner vielen Völker zu lenken, spiegelt sich selbst im Tod.

Das Zeitalter des Barocks ist gerade erst einmal 250 Jahre her, aber was damals selbst für nichtadelige Menschen normal und selbstverständlich war, damit können wir heute nichts mehr anfangen. Die Zeit der Aufklärung und der Revolutionen hat zu große geistige Zäsuren hinterlassen. Am sichtbarsten wird dies in der Kapuzinergruft am Kontrast zwischen dem barocken Sarg Maria Theresias und dem einfachen Kupfersarg von Kaiser Joseph II., ihrem Sohn, der keine Verzierung aufweist. Als »kaiserlicher Revolutionär« noch charmant bezeichnet, schüttete er mit seiner Reformwut manches Kind mit dem Bade aus. Die Wiener mit ihrer Liebe zur »schönen Leich« stieß er mit scharfen Restriktionen vor den Kopf. Bekanntestes Beispiel ist der von ihm eingeführte Sparsarg, der mit einer Klappenvorrichtung am Boden eine mehrfache Benutzung erlaubte. Aber Joseph scheiterte mit seinen Begräbnisreformen und musste sie schließlich zurücknehmen: »Da die Menschen in diesem Lande eine so große Sorgfalt für ihre Leiber auch nach ihrem Tod äußerten, ohne zu bedenken, dass sie alsdann nichts weiter als stinkende Kadaver wären, so ist mir weiter nichts daran gelegen, auf welche Art sie künftig begraben sein wollen.«[2]

Weitaus verheerender war seine Klosterreform. Sein intoleranter Rationalismus zeigte kein Verständnis für ein rein kontemplatives und betendes Leben. Über 900 Klöster ließ er auflösen, darunter solche, in denen Habsburger begraben lagen. In manchen Fällen wurde nicht einmal Sorge dafür getragen, die sterblichen Überreste der Habsburger ordnungsgemäß an einem anderen Ort zu bestatten.

Anders seine Mutter und sein Großvater. Kaiser Karl VI. und Kaiserin Maria Theresia verdanken wir die großzügige Förderung des

Werkes von Pater Marquard Herrgott, einem Benediktinermönch aus St. Blasien, der als Diplomat am Wiener Hof akkreditiert war. Er schuf die mehrbändige »Monumenta Augustae Domus Austriacae«, deren vierter Teil, die »Taphographia Principum Austriae«, eine ausführliche Darstellung der habsburgischen Grabstätten ist. Begleitet vom Kupferstecher Salomon Kleiner, bereiste Pater Herrgott Österreich und beschrieb penibelst alle vorhandenen Grabstätten. Ausgestattet mit einem kaiserlichen Befehl, wurden für ihn sogar alle Grüfte geöffnet. Ihm und Salomon Kleiner verdanken wir heute die Abbildung jener Grabstätten, die den josephinischen Klostersturm nicht überlebt haben.

In der Kapuzinergruft markiert der Übergang von der Maria-Theresien-Gruft zur Franzensgruft nicht nur jenen vom Heiligen Römischen Reich zum Kaisertum Österreich, sondern überhaupt zu einem anderen Staatsverständnis. Der Herrscher sah sich nun nicht mehr unbedingt als von Gott zur Herrschaft auserwählt, sondern vielmehr als ersten Diener seines Staates. Dies schlägt sich in der Nüchternheit der Särge nieder.

Beim Gang durch die Gruft ist angesichts der Toten aus vier Jahrhunderten und geballter österreichischer und europäischer Geschichte stets zu bedenken, dass es sich nicht um ein Museum, sondern um einen Friedhof handelt.

Die Kapuzinergruft ist eine der touristischen Hauptattraktionen Wiens und spült einen nicht unerheblichen Betrag in die Kassen, der den Unterhalt der Kapuzinerprovinz in Österreich sichert. Ein literarisches Denkmal setzte ihr Joseph Roth mit seinem Buch »Die Kapuzinergruft«. Sie war für ihn der Kulminationspunkt österreichischer Geschichte und Selbstbewusstseins. Unter dem Eindruck der braunen Flut, die sich im März 1938 über Österreich ergoss, schrieb Roth eine Fortsetzung seines Romans »Radetzkymarsch«, deren letzte Szene die Verzweiflung angesichts der endgültigen Vernichtung Österreichs ausdrückt:

> Die Kapuzinergruft, wo meine Kaiser liegen, begraben in steinernen Särgen, war geschlossen. Der Bruder Kapuziner kam mir entgegen und fragte: »Was wünschen Sie?«

»Ich will den Sarg meines Kaisers Franz Joseph besuchen«, erwiderte ich.
»Gott segne Sie«, sagte der Bruder, und er schlug ein Kreuz über mich.
»Gott erhalte …!«, rief ich.
»Pst!«, sagte der Bruder.
Wohin soll ich, ich jetzt, ein Trotta? …[3]

Nicht nur in Österreich haben die Habsburger ihre Spuren hinterlassen, ihre Grabstätten befinden sich in vielen Ländern Europas. Die Abtei von Brou bei Bourg en Bresse in Frankreich birgt das prachtvolle Grab von Margarete von Österreich, im strengen Escorial in der Nähe von Madrid finden wir die Grabstätten von Kaiser Karl V. und den spanischen Habsburgern, und in Italien, vor allem in Florenz, haben ebenfalls Habsburger ihre letzte Ruhe gefunden, denn sie waren auch Großherzoge der Toskana. Das wohl wichtigste Grab für die gegenwärtigen Habsburger befindet sich mitten im Atlantik, auf der portugiesischen Insel Madeira. In der Kirche von Nossa Senhora do Monte oberhalb von Funchal liegt der letzte regierende Monarch Österreich-Ungarns, Kaiser Karl, der im Jahr 2004 von Papst Johannes Paul II. seliggesprochen wurde.

Nicht nur in der Kapuzinergruft, sondern ebenso an den anderen 28 Begräbnisorten, die in diesem Buch vorgestellt werden, sowie an vielen weiteren denken wir ein kleines Memento mori – auch wir sind sterblich. Wer gläubig ist, möge ein kleines Gebet für das Seelenheil nicht nur dieser, sondern aller Verstorbenen, die uns am Herzen liegen, beten.

Denn sterben müssen alle Leut!

Eva Demmerle, Gigi Beutler
im Sommer 2019

wien

Der Tod, das muss ein Wiener sein

Wien und der Tod gehören von jeher zusammen. Er passt gut in das barocke, heitere und doch leicht wehmütige Ambiente der Stadt. In Liedern wird er besungen, in alten Sagen wird von ihm erzählt, in kaiserlichen Anekdoten wird er erwähnt. Er gehört einfach zum Leben. Man fürchtet sich hier nicht vor ihm, man begegnet ihm manchmal spöttisch, bisweilen voll Verachtung, meist aber voll Würde und im Wissen, dass alles endlich ist.

Einige Erzählungen spiegeln dies: So kennt jedes Wiener Kind die Sage vom »lieben Augustin«, dem ewig betrunkenen Spielmann, Stegreifdichter und Bänkelsänger aus der Zeit von Kaiser Leopold I. Täglich ging der liebe Augustin auf seinem Dudelsack pfeifend durch die Gassen Wiens und sang fröhliche, oft aber auch tieftraurige, melancholische Lieder. Jeder kannte ihn. Wenn er sich ein paar Groschen verdient hatte, kehrte er in die nächste Wirtsstube ein und vertrank alles wieder. Nicht selten verbrachte er die Nacht in Hausnischen oder auf dem Boden in einem Wirtshaus, schlief seinen Rausch aus und machte am nächsten Morgen dort weiter, wo er am Abend zuvor geendet hatte. Im Jahr 1679, als die große Pestepidemie wütete, die ungefähr 12 000 Menschen das Leben gekostet hat, wankte der liebe Augustin eines Abends wieder einmal schwer bezecht nach Hause. In der Dunkelheit stolperte er und fiel in ein großes Loch, eine Grube im Erdboden. Seelenruhig schlief er ein und verbrachte nach seinen eigenen Worten »eine köstliche Nacht«. Am Morgen merkte er, dass er inmitten von Pestleichen geschlafen hatte. Erst die Pestknechte, welche eine neue Fuhre von Toten anbrachten, halfen Augustin aus seinem üblen Nachtlager. Bald nach dieser Begebenheit soll die Pest angeblich erloschen sein. Der Dichter Franz Karl Ginzkey beendete sein Gedicht über den »lieben Augustin« mit den Worten:

Als nun Frau Pest von der Sache erfuhr,
sprach sie zum Tod: »Das ist Wiener Hamur!«
Solcher Hamur ist mir gräßlich verhaßt,
komm, laß uns anderswo weilen zu Gast.

Wolfgang Amadeus Mozart, der geniale Komponist, dessen Name allein schon wie Musik klingt, starb am 5. Dezember 1791 in seiner Wohnung in der Rauhensteingasse in Wien. Er war nur 35 Jahre alt geworden. Um sein Begräbnis ranken sich viele Mythen. Vor allem das Gerücht vom angeblich einsamen »Armenbegräbnis« hält sich hartnäckig.

Nachdem Mozart vor der Capistrankanzel im Stephansdom eingesegnet worden war, erwiesen ihm einige seiner Freunde die letzte Ehre und begleiteten den Sarg noch ein Stück weit. Er sollte nach St. Marx gebracht werden, aber noch bevor das Stadttor erreicht worden war, verließ einer nach dem anderen den traurigen Zug. Es war allerdings damals üblich, dass Angehörige und Freunde nicht mitgingen, sondern nach der Einsegnung den Toten verließen. So trat Wolfgang Amadeus Mozart seinen letzten Weg allein an. Dies ist der Grund, warum bis heute niemand genau weiß, wo sein Grab zu finden ist.

Mozarts Tod fiel gerade in die Zeit der neuen und von den Wienern gehassten Begräbnisordnung von Kaiser Joseph II. Der Komponist hatte ein »Begräbnis dritter Klasse« erhalten, mit einem eigenen Leichenwagen, daher kann man ruhig von einem gehobenen Begräbnis ausgehen, das in bürgerlichen Kreisen üblich war. Was man in der Tat aber nicht weiß, ist der genaue Begräbnisort. Als man sich lange nach Mozarts Tod für sein Grab zu interessieren begann, konnte niemand mehr feststellen, wo genau er beerdigt worden war. Heute hat Wolfgang Amadeus Mozart ein Ehrengrab auf dem Zentralfriedhof, aber es ist leer.

Isabella von Parma, die erste Gemahlin von Kaiser Joseph II., war von melancholischer Morbidität befangen. Sie lebte in Wien, an einem der schönsten, elegantesten Höfe Europas. Sie war jung, schön, gebildet, talentiert, wurde angebetet von ihrem Gemahl, war willkommen in der kaiserlichen Familie, und doch hatte sie eine krankhafte Todessehnsucht. Immer wieder äußerte sie, dass sie den Tod »als gute Sache ansehe, der sie endlich von der Sinnlosigkeit des Daseins befreien werde …« In den berühmten »billets noir« an ihre Schwägerin Marie Christine, mit der sie eine innige Freundschaft verband, schrieb sie: »Ich bin zu nichts nütze. Wenn es erlaubt wäre freiwillig zu sterben, ich würde es tun.« Auf die Frage ihrer ihr sehr zugeneigten Schwiegermutter Maria Theresia, warum sie denn immer so melancholisch sei, sich kaum an der Fröhlichkeit der Familienzusammenkünfte und diversen »Amusements« beteilige, ja sich auch ihrer kleinen Tochter gegenüber nicht besonders liebevoll zeige, antwortete Isabella: »Ich will nicht, dass man sich an mich gewöhnt, ich werde doch nicht lange hierbleiben. Vielleicht drei Jahre.« Womit Isabella letztendlich recht behalten sollte.

Die Pietas Austriaca

Die Familie Habsburg war und ist streng katholischen Glaubens. Dieser feste Glaube hat vielen Mitgliedern der kaiserlichen Familie geholfen, in schweren Zeiten ein hartes Schicksal zu ertragen. Habsburg und die Kirche waren eine Einheit. Die Pietas Austriaca, die österreichische Frömmigkeit, die speziell die Frömmigkeit des Hauses Habsburg, der Casa d'Austria, meint, hat sich vor allem im Barock im Zeitalter der Gegenreformation herausgebildet. Während sich Europa in die Glaubenskriege stürzte, blieb Habsburg der katholischen Kirche treu. Kompromisslos und loyal verteidigten die Habsburger die katholische Religion. Besonders die Marienverehrung sowie die Verehrung des Kreuzes, das Symbol des Christentums schlechthin, standen im Mittelpunkt der habsburgischen Glaubens- und gottesfürchtigen Geisteshaltung. Das ging so weit, dass nur eine Katholikin in die kaiserliche Familie einheiraten durfte. Andersgläubige Bräute mussten zum katholischen Glauben konvertieren. Was fast immer so geschah. Zwei Mal jedoch weigerten sich junge Prinzessinnen, ihrem Glauben abzuschwören. Lieber wollten sie ledig bleiben. Beide waren überzeugte Protestantinnen.

Elisabeth Christine von Braunschweig-Wolfenbüttel, als Braut für den späteren Kaiser Karl VI. ausersehen, wehrte sich mit Händen und

Füßen gegen eine Konversion. Ihre Familie war erbost, der Wiener Hof schickte ihr einen Geistlichen, dem es gelang, sie vom katholischen Glauben zu überzeugen. Intelligent, wie sie war, hatte sie nämlich nach überzeugenden Argumenten verlangt. Schließlich schwor sie dem protestantischen Glauben ab und willigte zur Erleichterung aller Beteiligten in die katholische Hochzeit ein.

Bei der anderen Prinzessin handelt es sich um Henriette von Nassau-Weilburg. Erzherzog Karl, der Sieger von Aspern, liebte diese Frau innig und sah sie schon verloren. Da hatte sein Bruder, Kaiser Franz II./I., Mitleid mit den beiden und meinte: »Na, dann soll s' halt mit ihrem Glauben zu uns kommen. Aber Schwierigkeiten darf s' keine machen …« Henriette durfte als einzige Protestantin in die kaiserliche Familie einheiraten und ihre Religion behalten. Aus ihrer Heimat brachte sie die Sitte des Christbaums mit.

So entgegenkommend wie Franz II./I. war sein Vorfahre, Kaiser Ferdinand II., nicht. »Lieber herrsche ich über eine Wüste als über ein Land voller Ketzer!«, war seine Ansicht.

Das Beschützen und Bewahren der katholischen Religion war den Habsburgern eine wichtige Aufgabe. Stiftungen jeder Art, Kirchen, Klöster, Danksäulen, und Marienverehrungen sowie Wallfahrten gehörten zu ihren selbstverständlichen Handlungen.

Kaiser Karl VI. und seine Gemahlin Elisabeth Christine mussten lange auf Kindersegen warten. Endlich bekam die Kaiserin am 13. April 1716 einen Sohn. Voll unsagbarer Freude und Dankbarkeit machten die kaiserlichen Eltern eine Wallfahrt nach Mariazell und spendeten eine goldene Kinderstatue, die exakt Größe und Gewicht des neugeborenen Prinzen hatte. Leopold Johann starb jedoch im Alter von nur sieben Monaten. Elisabeth Christine war zu diesem Zeitpunkt bereits wieder guter Hoffnung. Innigst erflehte das Kaiserpaar die Gnade der Gottesmutter, ihnen ein gesundes, lebensfähiges Kind zu schenken. Und wirklich gebar die Kaiserin am 13. Mai 1717 eine kräftige kleine Prinzessin. In ihrer Freude und als Dank, selbst wenn es »nur ein Mädchen« war, ließen sie auch dieses Kind in Gold aufwiegen und dem Gnadenbild in Mariazell weihen, wo es sich heute noch in der Wallfahrtskirche befindet. Das kleine Mädchen war übrigens die spätere Kaiserin und Königin Maria Theresia.

Als Kaiser des Heiligen Römischen Reiches sahen sich die Habsburger im wahrsten Sinne des Wortes als von Gottes Gnaden auserkoren zur Ausübung ihrer herrscherlichen Pflichten und ihres göttlichen Sendungbewusstseins. Manche Habsburger waren übertrieben fromm, fast möchte man sagen: bigott – was sich in mehrmaligen täglichen Messbesuchen zeigte sowie in Selbstgeißelungen.

Maria Theresia forderte im Stundenplan für ihre Kinder den täglich zweimaligen Besuch der Messe und das Beten des Rosenkranzes in der Kirche. An Fasttagen öfter. Mindestens drei Messbesuche für erwachsene Familienmitglieder beziehungsweise stundenlange Gebete zum Wohl des Reiches waren selbstverständlich. In Fällen schwerer Erkrankungen beteten die Familienmitglieder über Stunden auf den Knien liegend um die Genesung des Erkrankten. Es war selbstverständlich, dass die Familie Habsburg an den großen kirchlichen Festen, Ostern, Pfingsten, Fronleichnam, Weihnachten, offiziell teilnahm. Dazu gehörte, dass das Kaiserpaar am Gründonnerstag zwölf alten Männern und Frauen der Ärmsten als symbolischen Akt die Füße wusch. In Demut dienen, wie Jesus es gelehrt hat, und sich in christlicher Nächstenliebe üben – dieser Brauch wurde bis zum Ende der Monarchie 1918 beibehalten. In der Hofsilberkammer kann man heute noch die vergoldeten Schüsseln und Kannen sehen, die für die Fußwaschungszeremonie vorgesehen waren.

Die Kapuzinergruft

Wer begehrt Einlass? Die letzte Beisetzung in der Kapuzinergruft: Otto und Regina von Habsburg

Vielen ist das feierliche Begräbnis von Dr. Otto von Habsburg und seiner Frau Regina vom 16. Juli 2011 noch im Gedächtnis. Weltweit sahen die Zuschauer vor den Fernsehbildschirmen die eindrucksvolle Anklopfzeremonie. Der Zeremoniar der Familie, Dr. Ulrich-Walter Lipp, klopfte an die Tür der Kapuzinerkirche, im Inneren warteten die Kapuzinermönche, um den Sarg des Verstorbenen in Empfang zu nehmen. Der Kustos der Gruft, Pater Gottfried Undesser, fragte auf das erste Klopfen:

Pater Gottfried: Wer begehrt Einlass?

Zeremoniar: Otto von Österreich, einst Kronprinz von Österreich-Ungarn, königlicher Prinz von Ungarn und Böhmen, von Dalmatien, Kroatien, Slawonien, Galizien, Lodomerien und Illyrien, Großherzog von Toskana und Krakau, Herzog von Lothringen, von Salzburg, Steyr, Kärnten, Krain und der Bukowina, Großfürst von Siebenbürgen, Markgraf von Mähren, Herzog von Ober- und Niederschlesien, von Modena, Parma, Piacenza und Guastalla, von Auschwitz und Zator, von Teschen, Friaul, Ragusa und Zara, gefürsteter Graf von Habsburg und Tirol, von Kyburg, Görz und Gradisca, Fürst von Trient und Brixen, Markgraf von Ober- und Niederlausitz und in Istrien, Graf von Hohenems, Feldkirch, Bregenz, Sonnenberg etc., Herr von Triest, von Cattaro und auf der Windischen Mark, Großwojwode der Wojwodschaft Serbien etc., etc.

Pater Gottfried: Wir kennen ihn nicht!

Erneutes Klopfen.

Pater Gottfried: Wer begehrt Einlass?

Zeremoniar: Dr. Otto von Habsburg, Präsident und Ehrenpräsident der Paneuropa-Union, Mitglied und Alterspräsident des Europäischen Parlamentes, Ehrendoktor zahlreicher Universitäten und Ehrenbürger vieler Gemeinden in Mitteleuropa, Mitglied ehrwürdiger Akademien und Institute, Träger hoher und höchster staatlicher und kirchlicher Auszeichnungen, Orden und Ehrungen, die ihm verliehen wurden in Anerkennung seines jahrzehntelangen Kampfes für die Freiheit der Völker und für Recht und Gerechtigkeit.

Pater Gottfried: Wir kennen ihn nicht!

Erneutes Klopfen.

Pater Gottfried: Wer begehrt Einlass?

Zeremoniar: Otto, ein sterblicher, sündiger Mensch!

Pater Gottfried: So komme er herein!

Erst dann öffnete sich die Tür, und die Tiroler Schützen trugen den Sarg in die Kirche.[4]

Am 16. Juli 2011 wurde Otto von Habsburg in der Kapuzinergruft beigesetzt. Zeremonienmeister Dr. Ulrich-Walter Lipp bei der berühmten Anklopfzeremonie.

Der Tod von Dr. Otto von Habsburg hat in Österreich sowie europa- und weltweit Betroffenheit ausgelöst. Im 99. Lebensjahr war der einstige Kronprinz und Visionär Europas in seinem Haus in Pöcking im Kreis seiner Familie gestorben. Sein Leben überspannte das ganze 20. Jahrhundert mit seinen Höhen und Tiefen. Er galt als Mann von vorgestern und übermorgen. Als Zweijähriger lehnte er noch an den Knien von Kaiser Franz Joseph, als Vierjähriger ging er mit seinen Eltern hinter dem Sarg des alten Kaisers und erlebte wenige Wochen später die feierliche Krönung seines Vaters in Budapest zum König von Ungarn.

1918 brach die Monarchie zusammen, die kaiserliche Familie musste ins Exil. Nach zwei Restaurationsversuchen in Ungarn verbannten die Alliierten die Habsburger nach Madeira. Dort kniete Otto von Habsburg am 1. April 1922 am Sterbebett seines Vaters, der mit kaum 35 Jahren an Entkräftung starb.

Bereits mit 20 Jahren stürzte er sich in den Kampf gegen den Nationalsozialismus, der das kleine Österreich überrollte. Als die Nazis in

Österreich einmarschierten, ließ Hitler den Habsburger als Hochverräter in Abwesenheit zum Tod verurteilen. Während des Exils in den USA versuchte Otto von Habsburg alles, damit seine Heimat nach dem Krieg wieder auf der Landkarte erscheinen konnte. Österreich hat es ihm schlecht gedankt. In den 1960er-Jahren musste er sich über Jahre das Recht zur Wiedereinreise erkämpfen, erst 1966 war ihm das schließlich möglich.

Otto von Habsburgs Vision war nie die einer Wiedererrichtung der Monarchie gewesen, wie ihm böswillige Gegner unterstellten. Er kämpfte für ein großes und freies Europa und für die Freiheit der Völker, zunächst als Präsident der Internationalen Paneuropa-Union, ab 1979 auch als Abgeordneter des Europäischen Parlaments. Das Paneuropäische Picknick an der österreichisch-ungarischen Grenze vom 19. August 1989, als dessen Schirmherr er fungierte, war die erste Massenflucht von »DDR«-Bürgern seit dem Mauerbau 1961 und zugleich der Startschuss für den Fall des Kommunismus und des Eisernen Vorhangs. Die Aufnahme der Staaten Mittel- und Osteuropas in die Europäische Union im Jahr 2004 erfüllte ihn mit großer Freude. Wenige Wochen vor seinem Tod nahm er glücklich noch die Nachricht wahr, dass sein geliebtes Kroatien nun ebenfalls in die EU aufgenommen würde.

Seine Frau Regina, geborene Prinzessin von Sachsen-Meiningen, mit der er ab 1951 verheiratet war, war bereits am 3. Februar 2010 gestorben – ein Verlust, über den er nicht mehr hinwegkam. Sie wurde am 10. Februar 2010 in der Familiengruft Sachsen-Meiningen auf der Veste Heldburg in Thüringen, auf der sie aufgewachsen war, vorläufig beigesetzt.

Die Trauerfeierlichkeiten von Otto von Habsburg, der am 4. Juli 2011 gestorben war, dauerten bis zum 17. Juli. Er wurde einbalsamiert, sein Herz in einer Herzurne versiegelt. Bereits am 5. Juli bahrte man seinen Leichnam in der kleinen Kirche St. Ulrich seines Wohnortes Pöcking auf. Die Bevölkerung nahm großen Anteil, zahlreiche Besucher kamen aus dem Ausland, um dem großen Europäer die letzte Ehre zu erweisen. Nach einem festlichen Requiem am 9. Juli in der Kirche St. Pius in Pöcking folgte am Montag, dem 11. Juli, ein Requiem in der Münchner Theatinerkirche, an dem fast die gesamte bayerische

Staatsregierung teilnahm. Bei der Verabschiedung auf dem Odeonsplatz sang Münchens Oberrabbiner Dr. Steven Langnas ein jüdisches Totengebet in Achtung und Respekt für den Einsatz von Otto von Habsburg für verfolgte Juden während des Zweiten Weltkrieges.

Die nächste Station war Mariazell, der für Mitteleuropa so wichtige Wallfahrtsort, mit dem die Habsburger auf das Engste verbunden sind. Der Wallfahrtsdirektor ließ die Marienstatue mit dem Brautschmuck von Regina von Habsburg schmücken, den sie nach ihrer Hochzeit der Muttergottes von Mariazell gestiftet hatte. Ihr Sarg war inzwischen aus der Veste Heldburg überführt worden, ihre Herzurne ist allerdings dort verblieben. Gemeinsam wurden die Särge von Otto und Regina von Habsburg in der Wallfahrtskirche aufgebahrt, ein feierliches Requiem schloss sich an.

Einen Tag später folgte die Aufbahrung in der Kaiserkapelle der Kapuzinerkirche. Viele Menschen kamen, um von diesen beiden außergewöhnlichen Persönlichkeiten Abschied zu nehmen, die Warteschlange ragte weit auf den Neuen Markt.

Otto von Habsburg war der interreligiöse Dialog stets ein Anliegen gewesen, und so fand am 14. Juli an den aufgebahrten Särgen ein interreligiöses Gebet statt mit dem Wiener Weihbischof Stephan Turnovszky, dem Rabbiner Dr. Steven Langnas und dem Großmufti von Sarajevo, Dr. Mustafa Cerić, mit dem Otto von Habsburg freundschaftlich verbunden war.

In der Nacht von Freitag auf Samstag wurde dann der Sarg von Otto von Habsburg in den Stephansdom überführt, ein Ereignis, an dem nur sehr wenige Menschen teilnahmen. Am Adlertor wartete Dompfarrer Toni Faber, gekleidet mit einem schwarzen Chormantel, und geleitete den Sarg, der von Mitarbeitern der Wiener Bestattung getragen wurde, in den nächtlich dunklen Dom. Auf der Hälfte des Weges zur Kreuzkapelle, in der der Sarg bis zum Morgen aufgebahrt werden sollte, machte der kleine Trauerzug halt. Ein Cellist, neben ihm nur drei Kerzen, spielte das »Gott erhalte«. Kaum einer der Anwesenden war nicht zutiefst berührt.

Der Samstag, der 16. Juli, war der Tag des großen Requiems im Stephansdom, das von Kardinal Christoph Schönborn zelebriert wurde. Neben dem Bundespräsidenten Heinz Fischer, Bundeskanzler Werner

Beim Requiem für Otto von Habsburg am 16. Juli 2011 im Stephansdom entfaltete sich noch einmal imperiale Pracht.

Faymann, Vizekanzler Michael Spindelegger und dem Wiener Bürgermeister Michael Häupl waren zahlreiche Staatsgäste, unter ihnen die Monarchen von Luxemburg, Schweden und Liechtenstein, hochrangige Vertreter der Europäischen Union und andere Spitzenpolitiker gekommen. Der Trauerkondukt führte über den Graben und den Kohlmarkt, durch die Hofburg hindurch, ein Stück über den Ring und endete schließlich vor der Kapuzinergruft. Nach der Anklopfzeremonie segnete Kardinal Schönborn beide Särge ein, bevor sie in der Gruftkapelle beigesetzt wurden. Die Beisetzung der Herzurne von Otto von Habsburg erfolgte am nächsten Tag in der Benediktinerabtei Pannonhalma in Ungarn, der er seit seiner Jugendzeit eng verbunden war.

Die Gruft vor der Gruft. Zur Baugeschichte und Gründung der Kapuzinergruft durch Kaiserin Anna

Eine der interessantesten historischen Kostbarkeiten Wiens ist die Kapuzinergruft in der Innenstadt. Als Kaiserin Anna Kloster und Gruft stiftete, konnte sich wohl niemand vorstellen, dass daraus einmal eine der weltweit berühmtesten Grablegen einer Herrscherdynastie werden würde.

Die Kapuzinergruft, auch Kaisergruft genannt – liegen doch zwölf Kaiser und 17 Kaiserinnen hier bestattet –, befindet sich unter der Kapuzinerkirche am Neuen Markt und ist bis in das 21. Jahrhundert hinein das Erbbegräbnis der Familie Habsburg beziehungsweise Habsburg-Lothringen, wie der Name der kaiserlichen Familie nach der 1736 stattgefundenen Hochzeit der Tochter und Erbin Kaiser Karls VI., Erzherzogin Maria Theresia, mit Herzog Franz Stephan von Lothringen korrekt lautet. Seit ihrer Errichtung wurde an der Kapuzinergruft noch in jedem Jahrhundert gebaut, auch in der Republik in den 1950er-Jahren.

Die feierliche Grundsteinlegung war am 8. September 1622 erfolgt. In dieser Zeit, als Kirche und Gruft angelegt wurden, hieß dieser Platz Mehlmarkt oder Mehlgrube. Hier stand das sogenannte »Hoföbstlerische Haus«, in dem Joseph Haydn fünf Jahre wohnte und die Kaiserhymne komponierte: das »Gott erhalte, Gott beschütze, unsern Kaiser, unser Land …«. Der ursprüngliche Text, Kaiser Franz II./I. gewidmet, lautet: »Gott erhalte Franz den Kaiser …«.

Im Jahr 1599 war im Auftrag Seiner Heiligkeit Papst Clemens VIII. der wegen seines frommen Lebenswandels geachtete Kapuzinerpater Laurentius von Brindisi mit zwölf Ordensbrüdern nach Wien gekommen. Die Patres sollten im Auftrag Roms in den österreichischen Staaten Kapuzinerorden gründen. Ihr eigentliches Ziel war Prag. Da dort jedoch die Pest wütete, beschlossen die Patres, zunächst in Wien zu bleiben, wo sie freundlich von den Minoriten, einem Bettelorden, wie die Kapuziner selbst einer sind, aufgenommen wurden. Dank ihres Eifers, mit dem sie sich um das Seelenheil ihrer Mitmenschen kümmerten, und auf Fürsprache des Erzbischofs von Wien, Kardinal Melchior Klehsl, erlaubte Kaiser Rudolf II. den Kapuzinern, in der Wiener

Vorstadt St. Ulrich ein bescheidenes Kloster zu bauen. Auf dem ehemaligen Klosterareal der Kapuziner in der Mechitaristengasse im 7. Bezirk befinden sich heute Kloster und Kirche der Mechitaristen.

Kaiserin Anna, die Tochter von Erzherzog Ferdinand II. von Tirol, Gattin von Kaiser Matthias, dem Bruder und Nachfolger von Kaiser Rudolf II., verehrte und schätzte die Kapuziner, die sie aus ihrer Heimatstadt Innsbruck kannte, zeit ihres Lebens. Als sie 1617 beschloss, ihnen in der Nähe der Hofburg ein Kloster zu errichten, gab sie gleichzeitig den Auftrag zum Bau einer Gruft für sich und ihren Gemahl. Zu diesem Zweck erbat Anna von Kaiser Matthias den Grundbesitz des Schaumburger Hofes im Bereich der heutigen Gluckgasse und des Lobkowitzplatzes. In ihrem 1618 geschriebenen Testament verfügte Kaiserin Anna: »Alle Täfelein, sammt dem Altare, so in meiner Kapelle seynd, verschaffe ich in die Kapuzinerkirche, da Ihre kaiserliche Majestät, mein geliebter Herr und Gemahl und ich liegen werden. Das Silbergeschirr, so ich im Testament sonst Niemand verschafft oder geschenkt habe, ordne ich, daß man es zu Hülf den silbernen Altar in der Kapelle unserer Begräbnüß zu machen anwende …« Kaiserin Anna war jedoch nicht sicher, ob ihr Gemahl nach ihrem Tod dem Kloster wirklich all das kostbare Silbergerät übergeben werde und so schloss sie ihr Testament mit den Worten: »So aber Ihre Majestät den Bau der Kirchen nicht ganz wollen verrichten, sondern nur den Situm […] den Kapuzinern schenken, so verordne ich über 12 000 Floren [Gulden], so ich zur Erbauung der Kapellen und des Altares verschaffen, noch zur Erbauung der Kirchen 10 000 Floren.«

Im Dezember 1618, nur ein Jahr nach ihrer Stiftung, starb die junge Kaiserin im Alter von 33 Jahren, gerade zu Beginn des Dreißigjährigen Krieges. Kaiser Matthias, ihr Gemahl, folgte ihr drei Monate später in den Tod. Da zu diesem Zeitpunkt weder mit dem Bau der Kirche noch des Klosters begonnen worden war, setzte man die Leichen der beiden Stifter einstweilen im Königinkloster in der Dorotheergasse bei. Heute befinden sich an dieser Stelle die beiden Evangelischen Kirchen Augsburger und Helvetischen Bekenntnisses.

In diesem Jahr 1618 war im Mai der Ständeaufstand in Böhmen ausgebrochen, provoziert durch den Prager Fenstersturz. Protestantische Adelige hatten die kaiserlichen Stellvertreter in der Prager Burg zum

Die Gründer der Kapuzinergruft: Kaiser Matthias und Kaiserin Anna

Fenster hinausgeworfen und damit einen Krieg provoziert, der als Religionskrieg begann und als Krieg um die Hegemonie im Reich endete. Erst nachdem die protestantischen Aufständigen und der Pfälzer Winterkönig bei der Schlacht am Weißen Berg am 8. November 1620 durch die kaiserlichen Truppen besiegt worden waren, entschloss sich Kaiser Ferdinand II., Matthias' Nachfolger, mit dem Bau des Kapuzinerklosters zu beginnen. Um genug Platz für das Bauvorhaben zu erhalten, kaufte Kaiser Ferdinand, der versprochen hatte, sobald die Zeiten etwas ruhiger würden, Kaiserin Annas letzten Willen zu erfüllen, noch einige Handwerkerhäuser auf dem gleichen Platz. Er ließ alles abreißen, und somit bot sich im Lauf weniger Jahre viel Platz zum Bau von Kloster und Kirche. 1621 erwarb der Kaiser den Altenburgerhof, der in der heutigen Spiegelgasse stand. (1630, acht Jahre nach der Grundsteinlegung, erstand er den Seggauer Hof im Gebiet der heutigen Plankengasse.)

Am 8. September 1622, am Tag von Mariä Geburt, wurde in einer feierlichen Zeremonie der Grundstein gelegt. Um acht Uhr früh versammelten sich die Kapuzinerpatres im Augustinerkloster. In Anwesenheit der gesamten kaiserlichen Familie, Ferdinand II., Kaiserin

Eleonora, den Erzherzogen Ferdinand Ernst und Leopold Wilhelm sowie den jungen Erzherzoginnen Maria Anna und Cäcilia Renate, und des hohen Klerus wurde in italienischer Sprache eine feierliche Messe zelebriert. Kardinal Fürst von Dietrichstein weihte das neue, auf den Altar gelegte Kreuz. Nach der Segnung nahmen der Provinzial der Kapuziner und einige Ordensbrüder das Kreuz auf ihre Schultern und trugen es zum Neuen Markt, wo sie es an dem Ort ablegten, an dem der Hochaltar der neuen Kirche zu errichten war.

Nach dieser Zeremonie wurde der ebenfalls geweihte Grundstein in das rechte Eck des Chors gelegt. Fünf goldene Gedenkmünzen zum ewigen Andenken an die Frömmigkeit des Kaiserhauses wurden beigefügt. Diese Münzen tragen auf beiden Seiten den Namen dessen, der sie gespendet hat, und den Grund, warum sie gespendet wurden.

Die erste Münze überreichte Kaiser Ferdinand II. im Namen der Gründer der Gruft, Kaiserin Anna und Kaiser Matthias. Auf der einen Seite dieser Gedenkmünze sind folgende Worte in lateinischer Sprache zu lesen: »Matthias, römischer Kaiser, König von Deutschland, Ungarn und Böhmen, Erzherzog von Österreich, hat diesen Platz zur Erbauung eines Kapuziner-Klosters und der Kirche gewidmet und sich hier den Ort des Begräbnisses auserwählet. Er starb den 20. März 1619.« Auf der zweiten Seite steht: »Gott sei Lob und Ehre. Anna, römische Kaiserinn, Königinn von Böhmen und Ungarn, Erzherzoginn von Österreich, Gräfinn von Tirol, hat zur Errichtung des Kapuziner Klosters in Wien ein reiches Almosen und einen reichen Schmuck, die Kirche zu zieren, hinterlassen. Sie starb den 15. December 1618.«

Die zweite Münze überreichte der Kaiser in seinem Namen. Auf der einen Seite dieser Gedenkmünze befindet sich die Inschrift: »Nachdem Kaiser Ferdinand II. durch die Vorsehung Gottes die sich empörenden Stände Böhmens, Ungarns, Österreichs und Schlesiens zum Gehorsam brachte, ließ er unter der Regierung des Papstes Gregor XV. zur Ehre Gottes, der seligsten Jungfrau Maria, und des heiligen Franziskus von Assissi dieses Kapuziner Kloster errichten.« Auf der zweiten Seite ist zu lesen: »Die Krone dem rechtmäßig Streitenden. Ferdinand II. von Gottes Gnaden Römischer Kaiser, König von Deutschland, Ungarn und Böhmen, Erzherzog von Österreich, hat dieses Kapuziner

Kloster bauen lassen, und den Grundstein zu demselben gelegt, so wie auch diese Münze zum ewigen Andenken beigefügt.«

Die dritte Münze überreichte Kaiserin Eleonora. Auf der einen Seite dieser Münze ist zu lesen: »Eleonora, römische Kaiserinn, Königinn von Ungarn und Böhmen, Herzoginn von Gonzaga, aus dem durchlauchtigsten Hause der Herzoge von Mantua, Gemahlin des Kaisers Ferdinand.« Auf der Rückseite steht: »War aus Ehrfurcht, die sie für den heiligen Franziscus und zu dem Orden der Kapuziner hegt, zugegen, als der Grundstein zu dieser Kirche gelegt wurde. Sie legte diese Münze zum ewigen Andenken bey.«

Die vierte Münze überreichte Erzherzog Ferdinand Ernst. Auf der einen Seite ist zu lesen: »Ferdinand Ernst, Sohn des Kaisers Ferdinand II. Erzherzog von Österreich, von dem Eifer für die katholische Religion und für das Wohl des österreichischen Hauses durchdrungen.« Auf der anderen Seite steht: »War zugegen, als der Grundstein zu dieser Kapuzinerkirche zum heiligen Franziscus in Wien gelegt wurde, und legte diese goldene Gedenkmünze dem Grundsteine bey. Im Jahre 1622.«

Die fünfte Münze überreichte Erzherzog Leopold Wilhelm mit seinen Schwestern Maria Anna und Cäcilia Renata. Auf der Vorder- und Rückseite der Münze steht: »Leopold Wilhelm, Maria Anna und Cäcilia, treue Geschwister.« Auf der Rückseite ist zu lesen: »Haben dieses dreyfache Denkmahl ihrer frommen Freude zur Ehre der allerheiligsten Dreieinigkeit, der seligsten Mutter Gottes und des heiligen Franziscus, dem Grundstein der Kapuziner Kirche in Wien beygelegt. Im Jahre 1622.«

In einer Festschrift aus dem Jahr 1822, also zum 200-jährigen Bestehen der Kapuzinergruft auf dem Neuen Markt, ist erwähnt: »Der fromme Layenbruder aus dem Kloster in der Vorstadt St. Ulrich, Stephan von Verona, hatte noch am selben Tag die Nachricht vom wunderbaren Sieg der Kayserlichen bei Prag erhalten und dies sofort dem Kaiser [Ferdinand II.] kundgetan. Welcher dessen Loyalität nie vergaß. Einige Jahre später starb Stephan von Verona und Kaiser Ferdinand ließ ihm einen schönen Sarg verfertigen und bei den Kapuzinern am Neuen Markt beisetzen. Habit und Gürtel des Layenbruders erbat sich die Kaiserin [Eleonora Gonzaga-Mantua] und befahl, nach ihrem Hinscheiden alles dem Kloster zurück zu stellen. Dieses Kleid und der Gürtel werden heute noch im Kloster auf dem Neuen Markt aufbewahrt.«

1633 waren Kirche und Gruft so weit hergestellt, dass die sterblichen Überreste von Kaiser Matthias und Kaiserin Anna in die Kapuzinergruft überführt werden konnten. Dieser kleine Raum, »das Grüftl«, in welchem das Kaiserpaar heute noch ruht und den ein prachtvolles Barockgitter abschließt, war zunächst das ganze Begräbnis (Synonym für Begräbnisstätte). An der Überführung der Verstorbenen nahmen Kaiser Ferdinand II. mit seiner Familie, der hohe Klerus, der Adel und eine große Volksmenge teil. Auf Anordnung von Kaiser Ferdinand II. wurde das Begräbnis mit allem Prunk einer kaiserlichen Bestattung streng nach Spanischem Hofzeremoniell begangen. Alle waren in tiefste Trauer gekleidet.

Am Sarg von Kaiserin Anna befand sich in lateinischer Sprache die Inschrift: »Denkmahl der Durchlauchtigsten Kaiserin Anna, treuen Gemahlin des glorreichen Kaisers Matthias, Königs von Ungarn und Böhmen, Erzherzogs von Österreichs. Im Herrn gestorben den 15. December 1618.«

Am Sarg von Kaiser Matthias war zu lesen: »Denkmahl des glorreichsten und unüberwindlichsten Kaisers Matthias, Königs von Ungarn und Böhmen, Erzherzogs von Österreich, der sein Leben und die Regierung den 20. März 1619 im Herrn beschloß.«

Zunächst wurden die Bleisärge, da noch ohne »Sargfüße«, auf den blanken Boden gestellt. Erst Kaiserin Maria Theresia ließ in den 1750er-Jahren, also mehr als 100 Jahre später, diese reinen Renaissancesarkophage mit Adlerfüßen versehen.

Der strengen Ordensregel nach dürfen die Kapuziner weder Gold noch Silber besitzen. Im Testament von Kaiserin Anna war jedoch unmissverständlich festgelegt, dass der geistliche Schatz, teilweise aus heiligen Reliquien bestehend, für die Kapuziner am Neuen Markt bestimmt sei. Papst Urban VIII. erlaubte schließlich sogar mit einer päpstlichen Bulle, dass der Nachlass der Stifterin »an einem sicheren Ort im Kloster zu verwahren sei und dafür zu sorgen [sei], daß von diesem Schatze unter keinem Vorwande etwas genommen oder an einen anderen Ort zu verlegen sei, für ewige Zeiten«. Während des Dreißigjährigen Krieges wurde dieser Schatz sicherheitshalber in neun Kisten verpackt und unter der Aufsicht des kaiserlichen Schatzmeisters nach Graz gebracht.

Nach dem Tod von Kaiser Ferdinand II. 1637 ließ sein Sohn, Kaiser Ferdinand III., den Bau von Kloster und Gruft beenden. Er selbst hatte sich in Graz ein eigenes Mausoleum errichten lassen. Zum Kloster gehörte damals ein großer Garten, der mit überflüssigem Wasser des Brunnens (aus dem Röhrkasten) am Neuen Markt bewässert wurde. Eine kleine, 1627 geweihte Kapelle, die sich unter dem Mönchschor befand, gehörte zur Begräbnisausstattung. Das Gruftareal hatte das Ausmaß der darüberliegenden Kirche angenommen.

Bald gab Kaiser Ferdinand III. den Auftrag, die Kirche zu verschönern. In der sogenannten Kaiserkapelle ließ er vergoldete Statuen (jetzt silberfarben) von Kaiser Ferdinand II. und Kaiser Matthias aufstellen. Später kamen die Statuen von Kaiser Ferdinand III. und dessen Sohn, dem früh verstorbenen König Ferdinand IV., dazu.

Der stetige Ausbau der Gruft

Kaiser Ferdinand III. hatte etliche Todesfälle in der engsten Familie zu beklagen. In der Gruft wurde es eng. Er war drei Mal verheiratet und hatte viele Kinder. Während eines Mittagessens im Refektorium des Klosters fragte der durch eine Krankheit bereits geschwächte Kaiser den Pater Guardian, »ob in der Gruft noch ein Örtlein übrig wäre, wo er sein letzt Ruhebettlein haben könne«. Zwei seiner Söhne waren innerhalb einer Woche an einer Seuche gestorben, zwei seiner Gemahlinnen starben im Kindbett, drei weitere Kinder verschieden früh. Als Ferdinand III. im Jahr 1657 starb, musste sein Sarg schon quer über die anderen gestellt werden.

In der Zwischenzeit war der Kapuzinerorden gewachsen und erfreute sich trotz seiner strengen Ordensregeln großer Beliebtheit. Nicht nur für das Seelenheil arbeiteten die Patres unverdrossen, sie setzten ebenso ihr Leben aufs Spiel. Als in Wien eine ansteckende Krankheit ausbrach, kümmerten sie sich aufopfernd um die Kranken. Viele von ihnen fanden dabei den Tod.

Eleonora Magdalena Gonzaga von Mantua-Nevers, die dritte Gemahlin von Kaiser Ferdinand III., brachte bei ihrer Hochzeit unter anderem zwei Gnadenbilder mit in die Ehe, welche sie den Kapuzinern auf dem Neuen Markt schenkte. Das kleinere stellte die Heilige Jungfrau mit ihrem göttlichen Sohn dar. Die Kapuziner stellten es zur allgemeinen Anbetung auf den Altar des heiligen Antonius in der Kirche. Am 21. Juni 1678 begann die Gottesmutter auf dem Bild plötzlich blutige Tränen zu weinen. Der Guardian, Pater Emericus, versuchte, die Tropfen mit einem trockenen Tuch abzuwischen. Doch es gelang nicht. Volle drei Stunden weinte die Jungfrau Maria. Diese Nachricht versetzte die ganze Stadt in Furcht und Schrecken. Selbst Pater Emericus mahnte die Wiener, ein gottgefälligeres Leben zu führen, damit kein Unheil über die Stadt hereinbräche. Schließlich kam das Unheil doch. 1679 wurde Wien von einer verheerenden Pestepidemie heimgesucht, die drei Viertel der Bevölkerung hinwegraffte.

Kaiser Leopold I., der Sohn von Ferdinand III. und sein Nachfolger, veranlasste eine weitere Vergrößerung (Leopoldsgruft), und unter Kaiser Joseph I. wurde die Gruft in den Jahren 1701 und 1710 abermals erweitert.

1720 beendete Kaiser Karl VI. den Gruftausbau (Karlsgruft) und ließ ein prunkvolles schmiedeeisernes Gitter anbringen, das sich auf beiden Seiten entlang der Sargreihen hinzog. Das Gitter war notwendig geworden, um die Prunksarkophage vor Raub und Beschädigung zu schützen. Erst im Jahr 1909 wurde es entfernt und später durch ein einfaches Gitter ersetzt.

Im Jahr 1748, nach dem siegreich beendeten Erbfolgekrieg, plante Kaiserin Maria Theresia die nächste Erweiterung und hatte dabei etwas ganz Besonderes im Kopf: Die Maria-Theresien-Gruft wurde einer der Höhepunkte barocker Bestattungskultur und stellt zugleich mit der architektonischen Gestaltung und Ausmalung ein Gesamtkunstwerk dar. Ein zunächst im westlichen Teil errichteter Gruftraum wurde abgerissen, als er sich als zu klein erwies. Den von Kaiser Ferdinand II. errichteten hölzernen Altar ließ Maria Theresia abtragen und einen neuen aus rotem Stein errichten, welcher 1751 geweiht wurde.

1753 errichteten die Baumeister Jean Nicolas Jadot de Ville-Issey aus Lothringen sowie der Italiener Nikolaus von Pacassi, der auch in Schloss Schönbrunn und in der Wiener Hofburg tätig war, die

Maria-Theresien-Gruft. Josef Ignaz Mildorfer, ein Schüler Paul Trogers, gestaltete das Kuppelfresko, welches als Motiv »die Vision des Propheten Ezechiel« zeigt.

1754 stellte Balthasar Ferdinand Moll den riesigen, von Maria Theresia in Auftrag gegebenen Doppelsarkophag auf und erhielt dafür die gewaltige Summe von 9193 Gulden und 18 1/2 Kreuzer. Nach heutiger Währung sind das circa 300 000 Euro. Im Vergleich dazu: Zur Zeit Maria Theresias verdiente ein Taglöhner, also ein Mindestverdiener, 15 Kreuzer. Ein Kilo Brot kostete rund vier Kreuzer. Das Jahresgehalt eines kaiserlichen Kammerdieners betrug zwischen 150 und 375 Gulden, ein Hofmedicus verdiente 360 Gulden, ein Leibkutscher 150 Gulden, ein Meisterkoch 120 Gulden, ein Saaltürhüter 24 Gulden.

Maria Theresia war 37 Jahre, Franz I. Stephan 46 Jahre alt, als der Sarkophag des Kaiserpaars in der Gruft aufgestellt wurde, sie hatten also noch einige Lebensjahre vor sich.

1754 starb die einzige Nichthabsburgerin, die in der Gruft bestattet ist, Reichsgräfin Karoline von Fuchs-Mollard. Die Gräfin beziehungsweise die »Fuchsin« war die Erzieherin von Kaiserin Maria Theresia und ihrer Geschwister. Später blieb sie die treue Beraterin des Kaiserpaares in allen Lebensfragen. Es war der ausdrückliche Wunsch Maria Theresias, dass ihre geliebte Gouvernante im Kreis der Familie beigesetzt werde – aus Dankbarkeit für die ihr und auch ihren älteren Kindern zuteilgewordene ausgezeichnete Erziehung und loyale Freundschaft.

1787 ließ Kaiser Joseph II. im Zuge seiner Reformen die Gruft schließen. Er verbot zwar nicht weitere Begräbnisse, Türen und Fenster, die zur Gruft führten, wurden jedoch vermauert. Nur den Abgang von der Kirche in die Gruft ließ er trocken mit Ziegeln verlegen. Diese waren im Begräbnisfall leicht zu entfernen. Nach erfolgter Zeremonie konnte man sie ebenso leicht wieder anbringen. Der in der damaligen Gruftmitte stehende Altar wurde im Auftrag des Kaisers abgetragen, »um Platz für sich und seine Nachkommen zu schaffen«. Ebenso verbot er jeden Besuch in der Gruft und verfügte, sämtliche gestifteten Messen nur mehr in der Kirche zu lesen. Eine der ersten Amtshandlungen von Kaiser Leopold II., dem Bruder von Joseph II. und dessen Nachfolger, war es, die Gruft wieder zugänglich zu machen.

Die Kapuzinerkirche um 1880

1801 starb völlig überraschend der jüngste Sohn von Kaiserin Maria Theresia, Erzherzog Maximilian, Fürsterzbischof von Köln und Trier. Es war Juli und sehr heiß. Trotz der Einbalsamierung des Leichnams entwickelte sich schnell übler Geruch. Der Sarg wurde mit Kräutern ausgelegt, um die starke Geruchsentwicklung zu dämpfen, was jedoch nichts half. Der Metallsarg (Übersarkophag) des Erzherzogs war noch nicht fertig, und so wurde beschlossen, Maximilian einstweilen in der Fuchs-Mollard-Gruft zu bestatten. Zu diesem Zweck musste der Sarg der Gräfin vorübergehend entfernt werden. In die Wand wurde eine Nische geschlagen, in die man den Sarg Maximilians bis zur Fertigstellung des Metallsarges einmauerte. Es kam immer wieder vor, dass aufgrund schneller Zersetzung einer Leiche und noch nicht vorhandenen Prunksarkophags vorübergehend ein Notplatz bestimmt werden musste.

1824 wurde die Gruft unter der Regierung von Kaiser Franz II./I. unter dem Sakristeigarten erweitert und erhielt den Namen Franzensgruft.

Mit der Zeit wurde es immer enger. Särge mussten zum Teil gestapelt werden. Eine große Erweiterung wurde 1840 unter Kaiser Ferdinand I. mit der sogenannten Ferdinandsgruft und einem großen Nebenraum, der Toskanagruft, vorgenommen. Zu einer weiteren Modernisierung kam es 1845 durch die Installation einer Gasbeleuchtung.

Kaiser Franz Joseph ließ die Gruft erneut erweitern, da der Platzmangel virulent geworden war. Wie auf alten Bildern erkennbar ist, waren die Särge seiner Frau und seines Sohnes am Ende der Ferdinandsgruft links und rechts neben der Pietà aufgestellt worden, also dort, wo sich heute der Durchgang zur neuen Gruft befindet.

Die Franz-Josephs-Gruft wurde 1908/1909 vom kroatischen Hofarchitekten Cajo Perisić in stilistisch elegantestem Jugendstil gestaltet. Weißer Stein bekleidet die Wände, ein farblich abgesetztes Steinband mit Beleuchtungselementen für die gleichzeitig installierte elektrische Beleuchtung und Kreuzmosaiken verstärkt den eleganten Eindruck. Die Gestaltung setzt sich in der Gruftkapelle fort, die den gleichen vornehmen Eindruck hinterlässt.

In der Gruftkapelle befinden sich die sterblichen Überreste von Kaiserin Zita, Dr. Otto von Habsburg und seiner Frau Regina und Karl Ludwig von Habsburg, dem fünften Kind des letzten Kaiserpaares. Eine Büste von Kaiser Karl erinnert an den 1922 im Exil auf Madeira verstorbenen letzten regierenden Monarchen Österreich-Ungarns.

Über Geschmack lässt sich bekanntlich streiten. Wie jede Zeit ihren Stil in der Gruft gelassen hat, trifft dies auch auf die Neue Gruft zu, die in den Jahren 1960 bis 1962 entstanden ist. Die Erweiterung war notwendig gewesen, der franzisko-josephinische Ausbau hatte die alten Grufträume nur um zwei Särge »entlastet«. Im sachlichen Stil der 1960er-Jahre, fast möchte man sagen: im Brutalismus, sollen die unverputzten Betonwände mit ihren Kiesstrukturen den Eindruck eines Grabes vermitteln. Der Faltbeton der Decke wirkt drückend. Viele Besucher erschrecken angesichts dieses Stilbruchs. Die Beleuchtung ist ebenso nicht ideal gestaltet.

Die 2000er-Jahre brachten zunächst eine Renovierung und Klimatisierung. Seither wirkt die Kapuzinergruft lichter und klarer. In den

Die Kapuzinerkirche heute

Jahren 2013 bis 2015 wurde die Maria-Theresien-Gruft aufwendig restauriert und Milldorfers Fresko gereinigt. Es erstrahlt seither in neuer Farblichkeit.

Einbalsamierung, Herz- und Intestinabestattung

Die meisten der in der Kapuzinergruft Bestatteten sind einbalsamiert. Ihre Körper wurden nach dem Tod seziert und danach einem speziellen Verfahren ausgesetzt, das sie vor schnellem Verfall und Verwesung schützen sollte. Die Eingeweide (Intestina), manchmal auch die Augen und Gehirne wurden in kupfernen Urnen verwahrt und in der Herzogsgruft von St. Stephan bestattet.

Die Herzen kamen in der Regel in die sogenannte Herzlgruft in der Augustinerkirche. Der Brauch der getrennten Bestattung hat seinen Ursprung im tiefen Mittelalter, erhielt aber im Lauf der Jahrhunderte eine andere Sinngebung. In früheren Zeiten handelte es sich um eine konservatorische Maßnahme. Die Toten wurden zum Teil über Hunderte von Kilometern zu ihrem Begräbnisort transportiert, was bei entsprechenden Witterungsbedingungen nicht unbedingt ein Vergnügen für den Begleittross war. Im Zuge der im Barock immer wichtiger werdenden »repraesentatio maiestatis« sollte den Untertanen die Möglichkeit gegeben werden, an den verschiedensten Orten der hohen Verstorbenen zu gedenken. War jemand einer Kirche oder einem Kloster besonders verbunden, so verfügte er, dass sein Herz dort bestattet werde, in der Gewissheit, dass es noch einen Ort gab, an dem für das Seelenheil gebetet würde.

Es gibt allerdings auch in der Kapuzinergruft einzelne Herzurnen. Sie befinden sich dort auf speziellen Wunsch der Verstorbenen, die sich teilweise an anderen Orten begraben ließen:

Königin Maria Anna von Portugal, eine Tochter von Kaiser Leopold I. und Eleonora Magdalena von Pfalz-Neuburg, war die Gemahlin von König Johann V. von Portugal, den sie mit 25 Jahren heiratete. Der sehr glücklichen Ehe entsprossen fünf Kinder. Ihre Regierungszeit war gekennzeichnet von einem langen Frieden. Als König Johann V. 1742 vom Schlag getroffen wurde und bis an sein Lebensende ein Pflegefall blieb, führte Maria Anna bis zu seinem Tod 1750 die Regierungsgeschäfte. Erst nach dem Regierungsantritt ihres Sohnes Dom José zog sich die Königin aus der Öffentlichkeit zurück. Sie starb 1754. Ihr Körper liegt in der Karmelitenkirche in Lissabon. Ihr Beichtvater brachte ihre Herzurne nach Wien, wo sie in der Gruft ihrer Ahnen bestattet wurde.

Kaiserin Claudia Felicitas, Tochter von Erzherzog Ferdinand von Habsburg-Tirol und Anna de' Medici, zweite Gemahlin von Kaiser Leopold I.

Kaiserin Amalia Wilhelmina, Tochter von Herzog Johann Friedrich von Braunschweig-Lüneburg und Pfalzgräfin Benedikte Henriette von Simmern, Gemahlin von Kaiser Joseph I. Ihre Herzurne steht zu Füßen des Sarges ihres Mannes, ihr Leichnam liegt in dem von ihr gestifteten Salesianerinnenkloster am Rennweg.

Erzherzogin Henriette von Nassau-Weilburg, Tochter von Herzog Friedrich Wilhelm von Nassau-Weilburg und Burggräfin Luise von Kirchberg. Gemahlin Erzherzog Karls, des Siegers von Aspern. Die einzige Protestantin in der Gruft bestimmte, dass ihr Herz und die Intestina neben ihrem Sarg bestattet werden sollten. Sie fand es wohl inadäquat, ihr protestantisches Herz in einer katholischen Marienkapelle aufbewahren zu lassen.

Auf dem Sarkophag von ***Prinz Karl Joseph von Lothringen***, Erzbischof und Kurfürst von Trier sowie Bischof von Osnabrück, einem Enkel von Kaiser Ferdinand III., steht seine Herzurne.

In zwei Sarkophagen sind jeweils die Mutter und ihr neugeborenes Kind beigesetzt. ***Kaiserin Maria Anna***, Gemahlin von Kaiser Ferdinand III. und ihre neugeborene Tochter ***Maria***, sowie ***Erzherzogin Louise Maria*** (1773–1802), Gemahlin von Großherzog Ferdinand III. von Toskana, mit ihrem unbenannten Kind.

Im Purpur waren sie geboren, im Purpur wurden sie beigesetzt

Die Verstorbenen sind in metallenen Prunksarkophagen beigesetzt. Zumeist sind diese reich verziert, jedes Detail hat seine spezielle Bedeutung. Blei, Zinn, Kupfer, Silber und diverse Legierungen wurden als Material verwendet. Oft stehen die Särge auf metallenen Löwenpranken, Adlerfüßen, Bärentatzen, Adlerkörpern, ganzen Löwen. Es geht immer um die Veranschaulichung imperialer Macht und Bedeutung. Bären, Löwen, Adler gehören im Tierreich zu den mächtigsten und stärksten Tieren, also haben sie das Recht und die Aufgabe, den letzten Schlaf einer mächtigen Familie zu bewachen.

Symbole an und auf den Sarkophagen wechseln einander mit teils berührenden Inschriften ab. Tiefste Trauer auf dem einen, nüchterne Zurkenntnisnahme des Endlichen auf dem anderen.

Nicht alle Sarkophage stehen auf Steinpodesten, manche ruhen auf dem blanken Boden. In jedem Fall aber sind die Podeste aus rotem Stein, auf dem nur fürstliche Sarkophage stehen dürfen. Der prachtvollste Sarkophag der Kapuzinergruft ist unbestritten der Doppelsarkophag von Maria Theresia und ihrem Gemahl Kaiser Franz I. Stephan.

Innerhalb der Prunksarkophage befinden sich einfache Holzsärge, in denen die Toten ruhen. Die Holzsärge sind mit Samt überzogen und mit Metallbeschlägen, Litzen oder Borten verziert. Die Särge der Kaiser und Kaiserinnen sind mit schwarzem Samt bezogen und mit silbernen Beschlägen verziert, die Särge der Erzherzoge und Erzherzoginnen mit rotem Samt bezogen und mit goldenen Beschlägen verziert. Särge, in denen Kinder ruhen beziehungsweise Personen, die im

Zustand der Unschuld gestorben sind, wenn also jemand zum Zeitpunkt seines Todes noch nicht verheiratet war, sind mit weißem Samt und silbernen Beschlägen verziert.

Zu jedem Innensarg gibt es zwei verschiedene Schlüssel. Einer befindet sich in Verwahrung der Kapuzinerpatres im Kloster, der zweite liegt im Schlüsselschrank der Geistlichen Schatzkammer in der Wiener Hofburg. Ausnahmen gibt es immer. So wünschte sich Kaiser Ferdinand III. für seinen Innensarg acht Schlüssel und Kaiser Karl VI. drei Schlüssel.

Die Särge und ihre Künstler

In der Karls- beziehungsweise Maria-Theresien-Gruft sind auf den Sarkophagen die Stempel der berühmtesten Sargmacher jener Zeit, der Gebrüder Balthasar Ferdinand und Johann Nikolaus Moll angebracht: »BF Moll f und N Moll f. f = Fecit= hat's gemacht«.

Der Innsbrucker Johann Nikolaus Moll wurde von seinem Vater Nikolaus Moll in die Kunst der Marmor- und Metallarbeiten eingeführt. Als er seine Lehrjahre hinter sich hatte, begab er sich nach Wien zu Raphael Donner. Hier arbeitete er mit am Sarkophag für Kaiser Karl VI. Vermutlich gestaltete er auch mit am Grabmal von Maria Theresia und ihres Gemahls Kaiser Franz I. Stephan, welches jedoch sein Bruder Balthasar Ferdinand Moll beendete. Der Sarkophag von Kaiserin Elisabeth Christine trägt ebenfalls dessen Handschrift.

Den prächtigen Sarkophag von Kaiser Joseph I. schuf einer der bedeutendsten Künstler seiner Zeit, Lukas von Hildebrandt. Dieser war der größte Rivale des ebenfalls sehr angesehenen und bedeutenden Künstlers Johann Bernhard Fischer von Erlach. Lothar Som, Engelbrecht Pfeffel, Johann Georg Pichler und Johann Philipp Stumpf sind weitere Namen bedeutender Sargbaumeister und Metallkünstler.

Im späten 18. und frühen 19. Jahrhundert war man in der Sarggestaltung nicht sehr fantasievoll. Schlichte und schmucklose Kupfersärge bestimmten diese Zeit. Allein die Särge von Kaiser Franz II./I. und Kaiser Ferdinand I. sind, da kaiserlich, reicher ausgestattet. Ebenso interessant sind die im 19. Jahrhundert im sogenannten Beschorner Stil entstandenen Särge, aus der Zeit von Kaiser Ferdinand I. von Österreich, Erzherzogin Sophie, Kaiserin Elisabeth und Kronprinz Rudolf. Die Familie Beschorner war damals eine der führenden Firmen in der Sargherstellung.

Die Särge von Kaiserin Zita, Otto und Regina von Habsburg und Karl Ludwig von Habsburg in der Gruftkapelle orientieren sich am Stil des Sarges von Kaiser Franz Joseph.

Die Begräbniszeremonie

1633 fand das erste kaiserliche Begräbnis in der Kapuzinergruft statt: die Bestattung des Stifterpaares Anna (gestorben 1618) und Matthias (gestorben 1619). Im Jahr des Todes von Kaiserin Anna hatte der Dreißigjährige Krieg begonnen, daher dauerte, wie bereits erwähnt, der Bau von Kirche und Kloster wesentlich länger als vorgesehen. Das Zeremoniell für den letzten Akt eines Habsburgerbegräbnisses in der Kapuzinerkirche und Kapuzinergruft wurde genau festgelegt und bis zum Ende der Monarchie 1918 so beibehalten.

Für den Begräbnisgottesdienst in der Kirche wurden Wände und Bänke mit schwarzen Tüchern bedeckt. Den Hochaltar schmückten kostbare silberne und goldene Stoffbahnen und der kaiserliche Doppeladler. In der Mitte der Kapuzinerkirche, zwischen den beiden Seitenkapellen, war ein »castrum doloris« (ein Trauergerüst zur Aufnahme des Sarges) aufgebaut. Das Oratorium war versperrt und wurde erst beim Eintreffen der kaiserlichen Familie nach einer Eingangszeremonie geöffnet. Die berühmte Anklopfzeremonie hat sich erst im 20. Jahrhundert entwickelt.

Nach der Ankunft des Sarges begann der Einzug in die Kirche. Die Familie, Verwandte, der hohe Klerus, die Kapuzinerpatres und höchste Hofämter durften als Einzige die Kirche betreten. Der Sarg wurde auf das »castrum doloris« gehoben.

Nach der Begräbnismesse trugen Kapuzinerpatres den Sarg in die Gruft hinab. Noch einmal wurde dieser vom Oberkammerfourier im Beisein des Obersthofmeisters und des Pater Guardian geöffnet. Der Obersthofmeister stellte nun an den Guardian die Frage: »Erkennst du deinen Herrn [deine Herrin]?« Dieser musste antworten: »Derselbe wird nach schuldigster Obsorge allhier bei uns wohl verwahret sein.«

Dann wurde der Sarg mit zwei Schlüsseln endgültig verschlossen. Einen Schlüssel erhielt der Obersthofmeister, der ihn der geistlichen Schatzkammer zur Aufbewahrung übergab. Der zweite Schlüssel wurde dem Pater Guardian übergeben und blieb im Kloster.

Streng nach Protokoll war geregelt, wie viele Kerzen für ein Begräbnis verwendet werden durften. Hier galt die Rangordnung.

Für das Begräbnis wurden Funeralinsignien verwendet. Kronen, Reichsapfel, Schwert und Zepter sowie die Kette und der Orden vom Goldenen Vlies waren Nachbildungen und symbolisierten lediglich den Rang und die Macht des Verstorbenen. Die kostbaren Originale blieben in der Schatzkammer.

Es gab auch Funeralschmuck für die Verstorbenen. Nicht immer wurden sie mit ihrem echten Schmuck, vielleicht Lieblingsschmuck, bestattet. Immer wieder werden bei der Öffnung von Särgen solche Funeralschmuckstücke gefunden.

Die Kosten für ein Staatsbegräbnis wurden teils von der kaiserlichen Familie, teils von den Ständen getragen. Es gibt Aufzeichnungen, die aussagen, dass ein »castrum doloris« mitunter mehrmals verwendet wurde. So kam zum Beispiel beim Tod von Kaiser Leopold I. ein gebrauchtes zur Anwendung. Beim Tod seines Sohnes und Nachfolgers Joseph I. wurde jedoch ein neues bestellt.

Nach alter Gruftordnung wurden die Herren auf der Evangelienseite beigesetzt, links vom Gruftaltar ausgehend, die Damen auf der Epistelseite, rechts vom Gruftaltar. Die Geschlechter waren also im Tod getrennt, lagen jedoch einander gegenüber. Diese Ordnung hielt bis zum Jahre 1720 und wurde dann von Kaiserin Eleonora Magdalena, der dritten Gemahlin von Kaiser Leopold I., umgestoßen. Sie sei zu ihren Lebzeiten nicht zu Füßen ihres Mannes gelegen und wollte dies auch im Tod nicht tun.

Das barocke Begräbnis

»Viaticum für Seine Königliche Hoheit Erzherzog …« »Viaticum für Seine Majestät Kaiser …« »Viaticum für Ihre Kaiserlich-Königliche Hoheit Erzherzogin …« Wenn diese Worte angesagt wurden, wusste man bei Hof, dass ein Mitglied der kaiserlichen Familie im Sterben lag. »Viaticum« bedeutet letzte Wegzehrung, Sterbesakramente, Letzte Ölung. Begleitet von Ministranten mit brennenden Kerzen und der Schelle, welche durch ihr Ertönen allen den Versehgang anzeigte, begab sich der Burgpfarrer in das Schlafgemach des Sterbenden. Das Ministrieren besorgte oft ein Mitglied der Familie. Kaiser Joseph II. übernahm diesen letzten Liebesdienst beim Sterben seiner Lieblingsschwester Maria Josepha.

Beim herannahenden Tod des Kaisers oder der Kaiserin wurde nach dem Fürsterzbischof geschickt und in allen Kirchen Wiens das Allerheiligste ausgesetzt. Das Viaticum begann mit dem »Vaterunser«. Darauf folgte die Spendeformel: »Accipe, frater (soror), Viaticum Corporis Domini nostri Jesu Christi, qui te custodiat ab hoste maligno, et perducat in vitam aeternam. Amen.« (Empfange, Bruder (Schwester), die Wegzehrung des Leibes unseres Herrn Jesus Christus, der dich behüte vor dem bösen Feind und dich geleite ins ewige Leben. Amen.)

Natürlich gab es Unterschiede bei dieser Zeremonie. Regierende Kaiser und Kaiserinnen, Thronfolger und deren Gemahlinnen wurden mit allem Pomp und Prunk eingesegnet, den das Haus Habsburg zu bieten hatte. Tod und Begräbnis (sowie Hochzeiten, Geburten und Taufen) unterlagen dem strengen Spanischen Hofzeremoniell, das unter allen Umständen eingehalten werden musste.

In wesentlich kleinerem Rahmen wurde ein Begräbnis für Zweit- oder Drittgeborene, Erzherzoge oder Erzherzoginnen, die noch nicht verlobt waren, gestaltet. Starb eine Erzherzogin, die bereits mit dem Mitglied eines fremden Fürstenhauses verlobt war, galten die Regeln des Fürstenhauses, in welches sie eingeheiratet hätte. Bis zum zwölften Lebensjahr wurde bei kaiserlichen Kindern nicht das vollständige Hoftrauerzeremoniell entfaltet. Die Aufbahrung war jedoch ebenso feierlich und meist sehr berührend.

Dem treuen Hofchronisten Maria Theresias, Fürst Johann-Joseph Khevenhüller-Metsch, dem ersten Obersthofmeister des Kaiserpaares, haben wir es zu verdanken, dass aufgrund seiner exakten Tagebuchaufzeichnungen aus über 33 Jahren ein fast lückenloses Zeugnis über den Alltag und das Leben Maria Theresias und ihrer Familie, das politische Geschehen, Geburten, Hochzeiten und Todesfälle, vorhanden ist.

Der Tod von Kaiser Karl VI.

»Mein Begräbnis wird ein so schönes Fest, dass ich am liebsten hinter meinem eigenen Sarg einhergehen möcht' …«, meinte Kaiser Karl VI., der Vater Maria Theresias. Er wusste, wovon er sprach. Zu allem Protokoll eines kaiserlichen Begräbnisses hatte er noch etliche eigene Wünsche hinzugefügt, denn unvergesslich sollte es seinen Hinterbliebenen sein.

Kaiser Karl VI. erkrankte am Freitag, dem 14. Oktober 1740 während einer Jagd in Halbthurn so schwer, dass man beschloss, nach Wien zurückzukehren. Er wurde in sein Lieblingsschloss, die Favorita, gebracht. Ärztliche Maßnahmen wie Aderlass und Medikamente brachten keine Besserung seines Zustandes, der Kaiser litt unter starken Schmerzen und andauerndem Erbrechen. In allen Kirchen Wiens wurde nun das Allerheiligste ausgesetzt und mit den öffentlichen allgemeinen Gebeten die Genesung des Kaisers oder eine gute Sterbestunde erfleht. In der Nacht von Samstag auf Sonntag beichtete und kommunizierte Kaiser Karl bei Pater Koller, seinem vertrauten Beichtvater.

Am 18. Oktober ließ er die Grafen Sinzendorf und Starhemberg sowie Hofrat Bartenstein kommen, um letzte Verfügungen zu treffen. Danach wurde aus der Hofburgkapelle offiziell das Viaticum abgeholt und in die kaiserlichen Schlafgemächer getragen – in Form einer Prozession von Kapuzinern, kaiserlichen Kammerherren, geheimen Räten, Ministern und hohen Hofämtern (Beamte) »ohne Licht«, also ohne Kerzen und Fackeln. Wenige Schritte danach folgten der päpstliche Nuntius mit dem Viaticum sowie der Schwiegersohn Franz Stephan von Lothringen und dessen Bruder Carl von Lothringen, die weiße Wachsfackeln trugen.

Am Abend des 19. Oktober verschlechterte sich der Zustand des Kaisers derart, dass die kaiserliche Familie sich in seinem Schlafzimmer versammelte. Die Erbtochter Maria Theresia, Großherzogin der Toskana, die gerade mit ihrem vierten Kind schwanger war, ließ man nicht mehr in das Zimmer ihres Vaters. Man hoffte, damit eine unnötige Aufregung der jungen Erzherzogin und die damit verbundene Gefahr einer eventuellen Frühgeburt verhindern zu können.

In den frühen Morgenstunden des 20. Oktobers 1740 starb Kaiser Karl VI. Der Großherzog der Toskana, Franz Stephan Herzog von

Lothringen, überbrachte seiner Frau Maria Theresia die Todesnachricht. Kaiserin Elisabeth Christine, Karls Witwe, zog sich noch am selben Tag mit ihrer jüngeren Tochter Maria Anna in das Salesianerinnenkloster am Rennweg zurück. Elisabeth Christines Schwägerin, Amalia Wilhelmina, die Witwe von Kaiser Joseph I., die dieses Kloster gegründet und dort ihren Wohnsitz hatte, ließ es sich nicht nehmen, die beiden tief trauernden Frauen selbst aus der Favorita abzuholen.

Nun setzte das Spanische Hofzeremoniell mit all seinem düsteren Prunk ein. Zunächst wurde der Leichnam des Kaisers, immer noch im Nachthemd, aus dem Bett gehoben und auf eine lange, mit weißem Tuch bedeckte Tafel gelegt. Die Leiche wurde mit einem weißen Tuch zugedeckt und blieb in der Retirade zwölf Stunden liegen. Um 14 Uhr am folgenden Tag fand die Exenterierung und Einbalsamierung des Leichnams statt. Der Öffnung des Leibes wohnten außer den Leibärzten und Chirurgen die Grafen Sinzendorf, Cobenzl und Marques Pesora bei. Zunächst wurde die Todesursache geklärt. Der Benediktinerpater Cölestin Wolfsgruber schreibt: »In dem Körper ein Stein ober der Leber und keine gal bey Ihro verstorb. May. Gefunden, Welch letztere in den Magen gestiegen sein solle, und wäre sowohl die Leber als auch die Intestina in dem unteren Leib gänzlich vom Brand angegriffen und verfaulet …« Sodann begann die Einbalsamierung. Um 5 Uhr früh des folgenden Tages wurde der Leichnam gewaschen, angekleidet und in den bereitgestellten Sarg gelegt. Dieser war aus hartem Holz gefertigt, innen mit rotem Samt ausgefüttert, mit goldenen Bordüren verziert und vergoldeten Nägeln beschlagen. Außen war der Sarg gänzlich mit schwarzem Samt überzogen, wie es der Brauch für einen Kaiser war. Auf dem Sargdeckel befanden sich ein Kreuz aus weißem Moiré und goldene Borten als Verzierung. Beim Kreuz waren die Borten dreifach angebracht und mit vergoldeten Nägeln befestigt. Der Leichnam des Kaisers lag »auf einem Carmoisi Sammet verfertigtem Mäträtzel und zwei der gleichen Küss [Kissen] unter dem Haubt gemach hinein gelegt«. Der Sarg, bedeckt mit einem schwarzen, goldbestickten Bahrtuch, wurde von kaiserlichen Kammerdienern auf eine Bahre gehoben, die von zwei Maultieren getragen wurde. Flankiert von sechs kaiserlichen Pagen zu Pferd, die weiße Fackeln trugen, schritten nun die Oberstkämmerer, Stallmeister,

Hauptleute des Kaisers Leibgarde, Edelknappen mit weißen Fackeln und Kammerdiener in einem langen Trauerzug von der Favorita zur Hofburg. Barhäuptig stand trotz der frühen Morgenstunde teils schaulustig gaffendes, teils trauerndes Volk.

Die Wände und Fenster der Ritterstube in der Hofburg, wo der Verstorbene die nächsten vier Tage aufgebahrt sein würde, hatte man bereits mit schwarzen Schleiern verhängt. So war es in den Privaträumen der engsten Familie ebenfalls üblich. Der Verstorbene wurde nun auf ein Paradebett gelegt und öffentlich aufgebahrt. Die Ritterstube war der für Familienangelegenheiten wichtigste Raum in der Hofburg. In ihm fanden alle Zeremonien statt, wie Taufen und Eintragungen für Hochzeiten, das Ausscheiden aus der Familie wegen Einheirat in andere Fürstenhäuser beziehungsweise aus anderen politischen Gründen (wie zum Beispiel der Thronübernahme von Erzherzog Ferdinand Maximilian, dem jüngeren Bruder von Kaiser Franz Joseph I., zum Kaiser von Mexiko). Oftmals fanden die Aufbahrungen auch in der Hofburgkapelle statt.

Kaiser Karl VI. war in ein schwarzes, mit Spitzen verziertes Mantelkleid gekleidet, er trug eine lange Allongeperücke, einen glatten, breitkrempigen Hut, schwarze Strümpfe und schwarze Schuhe, die wie sonst auch mit schwarzen Bändern geschnürt waren, mit roten hohen Absätzen. Dies entsprach der Mode der Zeit. Rote Absätze waren nur Aristokraten erlaubt.

Die Hände, in weißen Handschuhen, hielten ein Gebetsbuch und lagen gekreuzt auf seinem Leib. An der rechten Seite des Leichnams lagen auf einem Kissen von Drap d'or (einem goldenen Kissen) die Reichskrone, Zepter und Reichsapfel, mit einem kurzen Degen, einem Stock und einem weiteren Paar weißer Handschuhe. An der linken Seite die spanische Königskrone (die Krone von Kastilien) sowie Kette und Orden vom Goldenen Vlies (Toison-Ordenskette). Zu Füßen des Kaisers rechts befanden sich auf einem Kissen nebeneinander die ungarische und böhmische Königskrone, links allein auf einem Kissen der österreichische Erzherzogshut. Zu Füßen, mit dem Corpus Christi dem Verstorbenen zugewandt, stand ein großes silbernes Cruzifix, davor der kupferne Kessel, welcher die Intestina enthielt. Rechts, in Kopfnähe des Kaisers, der Silberne Becher mit dem Herz. Beide Behälter waren gänzlich mit schwarzem Taft umhüllt. Um das Paradebett brannten etliche weiße Kerzen in silbernen Leuchtern.

Vier Tage dauerte die öffentliche Aufbahrung des Kaisers. An vier Altären wurden Tag und Nacht heilige Messen gelesen und alle paar Stunden die Totenwache gewechselt. Um 10 Uhr und 18 Uhr wurde täglich das »Miserere« gesungen. Während der Zeit der Aufbahrung wurden in allen Kirchen der Stadt, aber ebenso der Vorstadt, von 12 bis 13 Uhr die Glocken geläutet. Üblicherweise dauerte eine öffentliche Aufbahrung drei Tage. Da Kaiser Karl jedoch an einem Mittwoch verstorben war und sonntags keine Begräbnisse stattfanden, wurde die Aufbahrung um einen Tag verlängert.

Am Montag, dem 24. Oktober, fand die Überführung des kaiserlichen Leichnams in die Kapuzinergruft statt. Die Straßen mussten für den Trauerzug frei und gereinigt sein. Das Begräbnis von Kaiser Karl VI. war das letzte Habsburgerbegräbnis ohne Trauerwagen. Durch Tragevorrichtungen wurde der Sarg von 48 Hofkämmerern von der Hofburg zur Augustinerkirche und von dort zur Kapuzinerkirche getragen. Um 16:30 Uhr wurde das Herz in die Herzlgruft von St. Augustin gebracht und beigesetzt. Zur gleichen Zeit bestattete man den Kupferkessel mit Intestina in der Herzogsgruft von St. Stephan. Um 19:00 Uhr wurde der Leichnam des Kaisers im geschlossenen Sarg zu den Kapuzinern getragen. Der Hauptmann der Arcièren-Leibgarde, der Hauptmann der Trabanten, 24 Kammerherren, zwölf kaiserliche Pagen, der Obriststallmeister sowie zwölf Kammerdiener gaben ihrem verstorbenen Herrn das letzte Geleit. Gleich danach schritt des Kaisers Schwiegersohn, Franz Stephan von Lothringen, im vollen Ornat als Großmeister des Ordens vom Goldenen Vlies, der er nach dem Tod von Karl VI. automatisch geworden war, ein Windlicht tragend. Links von ihm ging seine Schwägerin Erzherzogin Maria Anna, Schwester Maria Theresias, und an seiner rechten Seite des verstorbenen Kaisers Schwester Erzherzogin Maria Magdalena, beide ohne Licht. Den »Fleck« vorm Gesicht trug niemand, doch den Trauerflor am Hut. Der Fleck, ein Trauerschleier, schützte üblicherweise die Trauernden davor, ihre entgleisten Gesichtszüge, ihr Weinen, ihre Empfindungen zu zeigen. Trauerte einer nicht, so konnte er dies auf diese Weise ebenso verbergen. Den Fleck trugen auch Männer. Es war ihre einzige Möglichkeit, Contenance (Haltung) in der Öffentlichkeit zu bewahren, und Contenance war oberstes Gebot.

In der Kirche am Neuen Markt hielt der Erzbischof die Begräbnismesse. Danach wurde der Sarg über die Zeremonienstiege in die Gruft getragen. Ein Mal noch wurde er geöffnet und dem Guardian des Klosters der Verstorbene gezeigt mit den Worten: »Erkennst du deinen Herrn?«

Nachdem der Guardian bejaht hatte, wurde der Sarg mit zwei goldenen Schlüsseln verschlossen. Ein Schlüssel blieb in Verwahrung des Klosters, der zweite kam in den Schlüsselschrank in der Schatzkammer. Um 21:30 Uhr war das Begräbnis beendet.

Während der Vorbereitungen für das Begräbnis von Kaiser Karl VI. kam zum ersten Mal die Frage auf, ob weibliche Familienmitglieder an einem Begräbnis teilhaben sollten. Bis zu diesem Zeitpunkt war dies unüblich gewesen. Eine Teilnahme von Frauen würde etliche Schwierigkeiten in Bezug auf Rangordnungen beim Kondukt et cetera mit sich bringen. Erzherzogin Maria Anna, die jüngere Tochter des Kaisers, und deren Tante Maria Magdalena beschlossen, trotzdem am Begräbnis teilzunehmen. Maria Theresia, im vierten Monat schwanger, nahm nicht teil, ebenso wenig ihre Mutter, Kaiserin Elisabeth Christine. Eine genaue Ordnung, wer wann an welchem Begräbnis teilnehmen würde, sollte sich auch später nicht ergeben.

Erst am 18. Oktober 1742, also zwei Jahre, nachdem Kaiser Karl VI. gestorben war, hatten die Metallbildhauer Johann Nikolaus Moll und Johann Georg Pichler den Prunksarkophag fertiggestellt. Nun wurde in Anwesenheit sämtlicher Patres, alle mit Fackeln in den Händen, unter Absingen und Beten des »Miserere«, »Vaterunser«, »Libera« und weiterer Grabgesänge und Gebete der Holzsarg des Kaisers von zwölf Patres gehoben und nach Segnung der endgültigen Grabstätte voll Ehrfurcht in den Prunksarkophag gestellt, der sofort verschlossen wurde.

Der Tod von Erzherzog Karl

Am 6. Oktober 1760 heiratete Kronprinz Erzherzog Joseph, der spätere Kaiser Joseph II., die Bourbonin Isabella von Parma, Enkelin von König Ludwig XV. von Frankreich. Die beiden schüchternen 19-Jährigen hatten einander erst zwei Tage vor ihrer Hochzeit persönlich kennengelernt, und während Joseph sich auf der Stelle in die dunkelhaarige Schönheit verliebte, blieb Isabella distanziert. Obwohl mit offenen Armen von der kaiserlichen Familie aufgenommen, war sie verschlossen und zurückhaltend. Joseph betete seine junge Frau geradezu an und zeigte das auch, doch Isabella war schwermütig und depressiv. Fröhlich und aus sich herausgehend zeigte sie sich nur in Gesellschaft ihrer Schwägerin Marie Christine und ihres Schwagers Karl, beides Geschwister ihres Gemahls. Der junge Karl wurde von seiner Mutter, Kaiserin Maria Theresia, oft gerügt wegen seiner unbedachten Streiche und Worte, doch gerade er war es, der Isabella zum Lachen brachte und aus ihren düsteren Stimmungen herausriss. So war Isabella zutiefst bestürzt, als Karl Anfang Jänner 1761 an den Pocken erkrankte.

Mit ihr erstarrte die gesamte Familie in Angst und Schrecken vor der »Geißel des Hauses Habsburg«. Die hochsensible Isabella erlebte nun zum ersten Mal das Sterben eines Mitglieds der kaiserlichen Familie, ihres »jungen Bruders Karl«, wie sie ihren Schwager liebevoll nannte, sowie die genau reglementierten schauerlichen Totenrituale. Es wurde Isabella, die noch nicht die Pocken gehabt hatte, untersagt, Karl an seinem Krankenbett zu besuchen. Täglich betete die gesamte Familie, auf den Knien liegend, in der Hofburgkapelle für seine Genesung, doch der junge Prinz starb am 18. Jänner 1761, noch nicht 16 Jahre alt. Sein Tod traf die kaiserliche Familie schwer. »Ich werde dir bald nachfolgen, Bruder Karl, du wirst nicht lange allein bleiben, dort drüben«, weinte Isabella hemmungslos an seinem Sarg.

Zum ersten und einzigen Mal zogen sich Maria Theresia und Kaiser Franz Stephan tagelang vom Hofleben zurück. Sie waren nicht imstande, ihre Gemächer zu verlassen. Erst zur Seelenmesse erschienen die gebrochenen Eltern wieder. Die Trauer um den geliebten Sohn hatte alle so tief getroffen, dass sogar der Ablauf des Begräbniszeremoniells kurzfristig geändert wurde. Zum ersten Mal erfolgte eine Aufbahrung in der Hofburgkapelle. Hier wurde Karls offener Sarg auf ein »castrum doloris«, wie bei seinem Großvater, gelegt. Die Zeichen seines Standes und seiner Würde, die Prinzenkrone, und, zum ersten Mal verwendet, der neue Erzherzogshut, lagen auf roten Kissen an der Seite des Toten. Alle älteren Geschwister und auch Isabella nahmen an Karls Bestattung teil, was unüblich war.

Nach der Messe in der Hofburgkapelle begaben sich alle über einen mit Brettern gelegten Weg zur Kapuzinerkirche. Hinter den hohen Würdenträgern, dem Klerus, den Rittern vom Goldenen Vlies, den Kammerherren des Prinzen, alle in tiefste Trauer gekleidet, schritten Karls Geschwister: Joseph, der Kronprinz, und sein Bruder Erzherzog Leopold, beide im langen schwarzen Mantelkleid, den Fleck vor dem Gesicht und den langen, vom Hut bis zur Taille reichenden Trauerflor. Dennoch war zu erkennen, wie unsagbar schwer den Geschwistern dieser Gang fiel, der letzte Liebesdienst für ihren Bruder, wie Hofchronist Fürst Khevenhüller in seinem Tagebuch vermerkte.

Hinter Joseph und Leopold ging Kronprinzessin Isabella, auch sie im schwarzen Trauerkleid, Mantel und Schurz, den Fleck vor dem Gesicht. Die Schleppe ihres Kleides wurde von einem kaiserlichen Knappen getragen, ebenso wie die Schleppen der anderen Familienmitglieder. Isabella hatte darauf bestanden, Karl auf seinem letzten Weg zu begleiten. Immer wieder wurde sie von Weinkrämpfen geschüttelt und musste von ihrer Hofdame, Gräfin Salm, gestützt werden.

Hinter Isabella gingen die Erzherzoginnen Maria Anna (Marianna) mit Graf Camillo Colloredo, Marie Christine (Mimi) mit Graf Losy, Maria Amalia (Mali) mit Graf Cavriani und Maria Elisabeth (Liesel) mit Graf Trauttmansdorff.

Maria Theresia und Franz I. Stephan waren nicht imstande, am Begräbnis ihres Sohnes teilzunehmen. Karls Tod hatte sie zutiefst erschüttert. Die jüngeren Geschwister, unter elf Jahren alt, mussten zu Hause im stillen Gebet ihres Bruders Karl gedenken.

Der Tod von Erzherzogin Maria Josepha

Kinderbegräbnisse wurden unterschiedlich gestaltet, wobei es darauf ankam, in welcher Rangfolge das verstorbene Kind stand und wie die Eltern das Begräbnis arrangiert haben wollten. Kinder unter zwölf Jahren wurden öffentlich nicht betrauert. Es gab Kinderbegräbnisse, bei denen der Kindersarg auf den Armen des Obersthofmeisters unter Bewachung der kaiserlichen Leibgarde zu Fuß in die Kapuzinergruft getragen oder in einer Kutsche dorthin gefahren wurde. Manche Kleinkinder wurden exenteriert, andere nicht.

Beim Begräbnis der neun Monate alten Erzherzogin Maria Josepha, der Tochter von Kaiser Leopold I., wurde ihr Särglein, vom Obersthofmeister getragen, in der sechsspännigen Kutsche in die Kapuzinergruft gebracht. Nur drei Monate zuvor war die Mutter des Säuglings gestorben, Kaiserin Claudia Felicitas. Auf eigenen Wunsch war sie in der Dominikanerkirche Maria Rotunda bestattet worden.

Maria Josepha wurde exenteriert, einbalsamiert und danach in ein »Blumeran Farben Röckhl gekleidet, so mit Guldenen und Silbern Spitzen reich verbrämt«[5]. Totenkleider aus roter Seide mit eingewebten Blumen waren üblich für kleine Mädchen. So angekleidet, legte man die kleine Prinzessin auf ein Paradebett in das Sommerzimmer der Hofburg. Das Köpfchen gebettet auf ein Damastkissen, das wie das Bett über und über mit Blumen geschmückt war. In die Hand gab man ihr ein Blumensträußchen, fünf Kerzen zu beiden Seiten der Leiche und je drei zu Häupten und Füßen des Kindes. Ans Fußende des Bettes legte man ein Kruzifix.

Die Pflicht der Obersthofmeisterin Gräfin Mannsfeldt war es, nach der Aufbahrungszeit den Körper der kleinen Prinzessin in den Sarg zu legen, was fast über ihre Kräfte ging, wie Cölestin Wolfsgruber schrieb. Das Herz des Kindes wurde in einem silbernen Becher, verdeckt mit rotem Damast, in die Gruft der Dominikaner gebracht und auf Wunsch ihres Vaters auf den Sarg ihrer Mutter gestellt. Die Intestina kamen in den Stephansdom. Der kleine Körper ruht in der Kapuzinergruft.

Die Trauerphasen bei Hof

Das Barock galt als die Zeit des vollen Lebensgenusses: überschäumend, prachtliebend, prunkvoll, als gäbe es kein Morgen. Der Augustiner-Barfüßer Abraham a Sancta Clara, Wiens berühmtester Prediger, donnerte von den Kanzeln seine wüsten, deftigen Beschimpfungen auf das Volk herab und machte selbst vor dem Adel nicht halt. Er predigte, man solle maßvoll leben, im Hinblick auf die Ewigkeit. Doch gerade das Wissen um den jähen, gewissen Tod, machte das Lebensgefühl des Barocks aus. Memento mori. Der Tod war immer gegenwärtig. Kriege, Seuchen, mangelnde Hygiene und medizinische Unwissenheit rafften die Menschen dahin. Er drang in elende Hütten ein und machte auch vor Palastmauern nicht Halt. Drei Hofklagsordnungen gab es, die wir im Folgenden näher besprechen wollen (sie waren in neun detaillierte Phasen aufgeteilt, auf die wir nicht näher eingehen).

Die Landestrauer galt als die tiefste Trauer. Sie wurde beim Tod des regierenden Monarchen, seiner Gattin und seiner Kinder ab zwölf Jahren verkündet. Kinder unter zwölf Jahren wurden, wie bereits erwähnt, öffentlich nicht betrauert. Die Landestrauer wurde überall eingeläutet: Die Glocken aller Kirchen des Landes erklangen in allen Städten, Provinzen, Ortschaften, die zur Herrschaft des Verstorbenen zählten. Kaiserliche Läufer, Herolde und Priester hatten die Anordnungen und Verbote, denen die Bevölkerung in dieser Zeit unterworfen war, zu verkünden. Während der Landestrauer kam es zu weitreichenden Einschränkungen: Musik in den Kirchen während der Messe und bei Hochzeiten, Tanzen, öffentliches Schießen, öffentliche Schlittenfahrten im Winter, Theater … All das war verboten, Verstöße wurden streng geahndet. Die Landestrauer (»Haupt-, Haus- und Hofklag«) dauerte ein Jahr und zwei Monate.

Die Wohnräume der kaiserlichen Familie und öffentliche Räume waren in dieser Zeit mit schwarzen Tüchern verhängt. Ebenso die Kutschen. Das kaiserliche Personal trug Schwarz oder den Trauerflor am Ärmel (Offiziere). Die Kleidungsvorschriften der kaiserlichen Familie und des übrigen Hofes waren auf die Intensität der Trauerzeit abgestimmt. Für die ersten drei Monate war alles in schwarzer Farbe vorgeschrieben: das Kleid, der lange Mantel, Schuhe, Strümpfe, Handschuhe, Hüte und Fleck. Das Tragen von Schmuck war verboten. Jungen Personen (Kindern) war auch Kleidung in Weiß oder Rot erlaubt. Schuhschnallen, Gürtelschnallen, Degen mussten schwarz angelaufen sein. Knöpfe und die Knopflöcher mit glattem, schwarzem Stoff überzogen sein. Weiße Taschentücher hatten einen schwarzen Trauerrand zu haben, ebenso das Briefpaper. Nach einem halben Jahr durften die schweren Tuch- oder Samtstoffe langsam durch Seide ersetzt werden. »Weyl wollen Zeug und Seyde nicht tief trauert.«[6] Die schwarzen Spitzen durften durch graue ersetzt werden. Schwarzer Schmuck war erlaubt (Jetperlen).

Die Hoftrauer war eigentlich eine Familientrauer und dauerte zwischen sechs Wochen und drei Monaten. Man trauerte um entfernte Verwandte, Regenten anderer Länder und kleine Kinder, die noch nicht das zwölfte Lebensjahr erreicht hatten. Auch in diesem Fall wurden die Räume und Privatkapellen in der Hofburg teilweise mit schwarzen Tüchern verhängt, aber nur auf Initiative der Herrschaft. Wer bei Hof erschien, musste Trauerkleidung anlegen. Bei Militärpersonen genügte der Trauerflor am Ärmel.

Die Kammertrauer (oder Kammerklage) wurde beim Tod von Mitgliedern anderer Höfe zelebriert. Nur die kaiserliche Familie und der Hofadel waren verpflichtet, Trauerkleidung zu tragen. Adelige, die gerade keinen Hofdienst ausübten, durften in gewöhnlicher, auch bunter Kleidung bei Hof vorsprechen. Die Zeit der Kammertrauer betrug zwischen vier und sechs Wochen. In seltenen Fällen bis zu einem halben Jahr, je nachdem wie nahe man mit dem Hof des Verstorbenen verwandt war. Als der Herzog von Lothringen starb, lebte sein Sohn und Nachfolger (nach dem Tod des älteren Bruders Clemens) Franz Stephan am Hof zu Wien. Es gab bereits erste Gespräche bezüglich einer eventuellen Heirat des jungen Lothringers mit der Erbtochter Maria Theresia. So legte der Wiener Hof aus diesem Anlaß die sogenannte »große Kammertrauer« an. Als der Prinz von Oranien starb, trug der Wiener Hof nur zehn Tage Trauer.

Des Öfteren schienen die Trauerphasen durch aufeinanderfolgende Todesfälle unendlich lang zu sein, doch das Zeremoniell musste eingehalten werden. Daher bestimmte Maria Theresia 1764 eine Verkürzung der Trauerzeit. Es war dann ausgerechnet ihr Mann Franz I. Stephan, dessen Tod in diese Zeit fiel. Sie selbst trauerte um ihren geliebten Franzl ein Leben lang. Niemals mehr trug sie eine andere Farbe als Schwarz, niemals mehr kamen ihre einst berühmte Fröhlichkeit und ihr Elan zum Ausdruck. Sie ließ sich ihre langen, immer noch goldblonden Haare abschneiden und ihrem Gemahl in den Sarg legen.

Nach ihrem Tod fand man im Gebetbuch der Kaiserin einen Zettel, worauf sie mit eigener Hand geschrieben hatte, wie lange ihr glücklicher Ehestand gedauert hatte. »29 Jahre, 6 Monate, 6 Täge, macht also Jahr 29, Monate 335, Wochen 1540, Täge 10.781, Stunden 258.744.«

Leben und Sterben in der Renaissance und im Barock: Ein Rundgang durch die Kapuzinergruft

Die Menschen, die hier im ewigen Schlaf ruhen, hatten ein privilegiertes Leben im Glanz der Macht, wie man es sich heute nicht mehr vorstellen kann. Der Kaiser war eine gottähnliche Person, seinen Namen durfte man nur von Respekt und tiefer Ehrfurcht erfüllt aussprechen. Man hatte sich dem Kaiser unter dreifacher tiefer Verneigung zu nähern (der Reverenz), es war nicht erlaubt, ihm den Rücken zuzukehren oder das Wort an ihn zu richten, bevor er sprach. Sein Wort war in allem Gesetz. Es war ein Leben voll strenger Regeln, die unbedingt einzuhalten waren. Der kaiserlichen Familie anzugehören, bedeutete großteils ein Leben in Unnahbarkeit, Distanz zum Volk und Pflichterfüllung. Nicht alle hielten sich daran. Waren sie deshalb glücklicher oder wurde ihr in der Öffentlichkeit stattfindendes Leben dadurch schwerer? Ihr Leben verlief ähnlich, was ihre Herkunft, Ausbildung und Heiraten betraf. Wir begeben uns nun auf einen Spaziergang durch die Kaisergruft, die mittlerweile aus zehn Grüften (inklusive Gruftkapelle) besteht, und erzählen vom Leben und Sterben einiger der hier Bestatteten.

Die Engelsgruft

Betritt man die Kapuzinergruft, so fällt der Blick geradeaus in die Gründergruft. Ursprünglich waren dort auch Kinder bestattet, die nun in den Wandnischen links ihre letzte Ruhe gefunden haben. Man nannte die Gründergruft wegen der Kinder auch Engelsgruft.

Die Gründergruft

Kaiserin Anna (1585–1618), die Gründerin der Kaisergruft, war die Tochter von Erzherzog Ferdinand II. von Tirol. Sie entstammt der zweiten Ehe ihres Vaters mit Anna Katharina von Gonzaga von Mantua. Kaiserin Anna wurde von ihrer Mutter in ihrer Erziehung eine karitative Lebenseinstellung vermittelt. So lernte sie die Kapuziner schon in ihrer Heimatstadt Innsbruck kennen und schätzen. Als sie 1611 ihren Cousin Matthias heiratete, war es ihr ein großes Anliegen, den Kapuziner-Orden auch in Wien zu fördern. Anna war streng katholisch, sehr fromm und züchtigte sich oft durch Selbstgeißelungen. Ihre persönlichen Gebetsgegenstände und die Geißeln kann man in der Geistlichen Schatzkammer in Wien besichtigen. Im Alter von 33 Jahren, nur ein Jahr nach der Stiftung des Kapuzinerklosters auf dem Neuen Markt, starb Kaiserin Anna kinderlos. In den letzten Monaten ihres Lebens war sie »um die Leibesmitte« sehr dick geworden, sodass man auf eine Schwangerschaft gehofft hatte, ein Wunsch, der sich jedoch nicht erfüllte. Anna war eine der sechs gekrönten römisch-deutschen Kaiserinnen, die in der Kapuzinergruft bestattet sind.

Erzherzog Ferdinand II. von Tirol, Annas Vater, war in erster Ehe morganatisch, also nicht standesgemäß, mit der Augsburger Patriziertochter Philippine Welser verheiratet. Zwei Söhne gingen aus dieser Verbindung hervor: Karl und Andreas von Burgau. Beide erzog Philippines Tante Katharina von Loxan auf ihrem Schloss Bresnitz in Böhmen. Andreas von Burgau wurde 1576 auf dem Regensburger Reichstag wegen der papstfreundlichen Gesinnung seines Vaters zum Kardinal ernannt, obwohl er nicht zum Priester geweiht war. Er lebte und starb im Vatikan und ist in der Kirche Santa Maria dell'Anima in Rom begraben.

Kaiser Matthias (1557–1619) Der Gemahl Kaiserin Annas war ein Bruder von Kaiser Rudolf II., mit dem er um die Nachfolge kämpfte. Franz Grillparzers Drama »Ein Bruderzwist in Habsburg« führt auf diese Thematik zurück. Hinter dem Rücken Rudolfs mischte sich Matthias in die Religionskämpfe zwischen Protestanten und Katholiken ein und ließ sich 1578 in den Niederlanden zum Generalstatthalter der Generalstaaten erklären. Das niederländische Abenteuer endete kläglich und schadete dem Ansehen von Matthias. Politisch betrachtet, hatte Kaiser Matthias, der seinem Bruder auf den Thron folgte, keine glückliche Hand. Seine die Wirtschaft betreffenden Ideen wurden nicht anerkannt, und schließlich musste er noch den Ausbruch des Dreißigjährigen Krieges hinnehmen, den er unter allen Umständen hatte verhindern wollen.

Trotzdem gibt es eine nette Geschichte, die man Kaiser Matthias zuschreibt. Während einer Jagd im heutigen Gebiet von Schloss Schönbrunn (damals hieß dieses Areal noch »Gatterhölzl« nach einem gleichnamigen Jagdschloss der Habsburger) stolperte Matthias über einen vor ihm aus dem Boden sprudelnden Quell. Das Quellwasser war klar und rein. Erstaunt rief Matthias: »Ei, welch schöner Brunn ...« Und gab damit, ohne es zu ahnen, dem späteren Sommerschloss der Habsburger seinen Namen: Schönbrunn. Man hat diesen Quell bald einfassen lassen und ein Quellhaus darüber gebaut. Maria Theresia hat nur dieses Wasser auf ihren Tisch bringen lassen.

Die Leopoldsgruft

Kaiser Ferdinand III. (1608–1657) hat, wie bereits erwähnt, die Kapuzinerpatres gebeten, die Gruft erweitern zu lassen. Er musste den Tod zweier Gemahlinnen und sechs seiner Kinder betrauern. Nach der Ermordung von General Wallenstein im Dreißigjährigen Krieg gelang ihm 1634 in der Schlacht von Nördlingen der entscheidende Sieg gegen die Schweden und die Franzosen.

Ferdinand III. war ein gebildeter Mann und hatte starke künstlerische Neigungen. Er komponierte, schrieb Gedichte und war begeisterter Sammler von Gemälden Tizians, Rubens' und Veroneses. Alle männlichen Habsburger mussten ein Handwerk erlernen – Ferdinand III. war gelernter Drechsler. Der Kaiser war ein ausgesprochener Familienmensch, aber von Natur aus still und schwermütig. Seine Kinder liebte er innig. Den Tod seines geliebten ältesten Sohnes, Ferdinand IV., gekrönter König von Böhmen und Ungarn, der im Alter von 21 Jahren an den Pocken starb, konnte er nie verwinden. Als man am 5. März 1852 bei Restaurierungsarbeiten den Sarkophag des jungen Königs öffnete, fand man zwar nur noch Knochen vor, doch am Kopf unversehrte, dichte Haarlocken. Der Körper war in ein spanisches Kostüm gekleidet, das einst von wahrscheinlich roter Farbe, der Trauerfarbe Spaniens, gewesen war, die Schuhbänder waren von goldener Farbe, den Orden vom Goldenen Vlies trug der junge König am Band um den Hals. Sein Degen lag neben der linken Hand. Das Herz von König Ferdinand IV. war das erste Herz eines Habsburgers, welches in einem silbernen Becher in der Herzlgruft der Lorettokapelle in St. Augustin bestattet wurde. Kaiserin Eleonora Gonzaga, die zweite Gemahlin von Kaiser Ferdinand II., der in Graz bestattet ist, war die Stifterin der Herzlgruft in St. Augustin.

Leopold Johann, der letzte männliche Habsburger (1716–1716) In dem truhenförmigen, bauchigen Zinnsarkophag, gestaltet von Balthasar Ferdinand Moll, ist der letzte Habsburger im Mannesstamm bestattet. Es ist dies der im Alter von sieben Monaten gestorbene kleine Erzherzog Leopold Johann, der einzige Sohn von Kaiser Karl VI. und Elisabeth Christine von Braunschweig-Wolfenbüttel. Nach ihm wurde Maria Theresia die Erbprinzessin.

Maria Theresia Josepha, Tochter von Kaiser Leopold, das fromme Kind (1684–1696) Es sind die Gravuren und Bilder auf diesem besonders schönen Sarg, die darauf hinweisen, welch tief religiöses Kind hier liegt. Verzweifelter Schmerz und tiefe Wehmut der Eltern sprechen aus den Inschriften am Sarkophag: »Hier ruht die 12jährige Tochter Kaiser Leopolds I., die gleich ihrer Mutter sehr fromm war.« »Zarte Blume« nannte der Kaiser sie, auch weil sie oft kränkelte und äußerst sensibel war. Als ihre Kammerfrau, an der sie sehr hing, im Mai 1696 starb, war die junge Erzherzogin davon überzeugt, dass sie ihr bald in den Tod folgen werde. Im September erkrankte die Prinzessin an den Pocken und bat um ein Bildnis der Gottesmutter, das sie nicht mehr aus den Händen ließ, bis sie starb. Die Inschriften auf ihrem Sarkophag bedeuten:[7]

> *QUINTA MIHI CESSIT* (Die fünfte [Tochter] habe ich gefangen.)
> *Ein Totengerippe reißt aus dem alten österreichischen Wappen eine Lerche heraus.*
>
> *IN CARCERE METAM* (Im Kerker werde ich ernten.)
> *Der Tod und die Erzherzogin auf einer Galerie einander begegnend.*
>
> *NON NUMERO RAMOS* (Ich zähle die Zweige nicht.)
> *Der Tod, ein Bäumchen umbiegend und von demselben den jüngsten Zweig abbrechend.*
>
> *OSTENDENT TERRIS HANC TANTUM* (Sie werden diese Welt nur zeigen.)
> *Die Erzherzogin schaut hinter einem Vorhang hervor.*

UT COEPI VIXI (Kaum hatte ich begonnen, hatte ich gelebt.)
Eine mitten auf einem Blumenbeete abwelkende Rose.

FLOS FUIT ILLE CADUCUS (Hinfällig war jede Blume.)
Der Tod schneidet einen Faden am Spinnrocken entzwei.

Kaiserin Eleonora Magdalena von Pfalz-Neuburg (1655–1720) Die dritte Gemahlin von Kaiser Leopold I. war eine gebildete und energische Frau. Da sie sehr an Politik interessiert war und großen Einfluss auf ihren Gatten ausübte, wirkte sie als seine Sekretärin und enge Beraterin. Eleonora Magdalena war streng katholisch und hat sogar ein Buch über Andachtsübungen verfasst. Zehn Kinder schenkte sie ihrem Gemahl, darunter die beiden Kaiser Joseph I. (dessen leichtsinnige Art sie ständig kritisierte) und Karl VI., sowie Maria Elisabeth, langjährige Statthalterin der Niederlande, und Königin Maria Anna von Portugal. Sie war die Großmutter Kaiserin Maria Theresias und jene, übrigens gekrönte, Kaiserin, welche, wie bereits kurz erwähnt, 1720 die Gruftordnung umstieß und sich auf der »Herrenseite« (Evangelienseite) bestatten ließ. Sehr energisch erklärte sie dazu: »Hab ich im Leben neben meinem Gatten geruht, so will ich im Tod nicht zu seinen Füßen schlafen« – und verlangte in ihrem Testament, neben ihrem Gemahl der Ewigkeit entgegenzuschlafen (wenn auch nicht im gleichen Sarg). Diese Bitte wurde der Kaiserin gewährt. Im Lauf der Jahrhunderte wurden die Sarkophage jedoch oftmals umgestellt beziehungsweise übereinandergestellt, Särge fielen herunter und bekamen an anderer Stelle einen Platz. Und so liegt Kaiserin Eleonora Magdalena nun genau dort, wo sie nie sein wollte: zu Füßen ihres Gatten. Testamentarisch hat die Kaiserin verfügt, dass nach ihrem Tod ihr Körper weder gewaschen, noch entkleidet, noch vor einem Mann entblößt werden solle. Ebenso wolle sie nicht, dass ihr Körper geöffnet, noch einbalsamiert werde. So wusch die Kammerfau der Kaiserin nur Gesicht und Hände und kleidete sie in den gewünschten Nonnenhabit, jenen »der Hoch-Adeligen Sklavinnen derer Leibeigenen Dienerinnen Mariens«.

Kaiserin Eleonora Magdalena von Mantua-Nevers und Gonzaga, die Stifterin des Sternkreuzordens (1628–1686) Sie war die dritte Gemahlin von Kaiser Ferdinand III. Von den vier Kindern, die sie gebar, blieb keines am Leben. 1662 gründete sie den Orden der »Sklavinnen der Tugend«, 1663 das Ursulinenkloster in Wien und das Karmeliterinnenkloster in Wiener Neustadt.

Als im Jahr 1668 mitten in der Nacht ein Brand in der Hofburg ausbrach, wollte ein diensthabender Lakai ihn selbst löschen, um das schlafende Kaiserpaar nicht zu wecken. Das Feuer griff jedoch schnell um sich, und als endlich die Feuerwache verständigt wurde, stand das ganze Stockwerk in Flammen. Sämtliche Privaträume des Kaiserpaares und die anschließende Kapelle wurden vom Feuer vernichtet, Eleonora und Ferdinand III. konnten in letzter Minute gerettet werden. Nur die »Heiligste Reliquie des Hauses Habsburg«, die Kreuzpartikel, ein Stück vom Kreuz Jesu, eingefasst in ein goldumrandetes Glasgefäß, blieb vollständig erhalten. Kaiserin Eleonora Magdalena wertete dies als Wunder und gründete in Bezug darauf den »Sternkreuzorden«, die höchste Damen-Auszeichnung, die das Haus Habsburg zu vergeben hat, allerdings nur an hochadelige Damen. Oberste Schutzfrau des Ordens ist immer eine Erzherzogin. Seit dem Tod von Erzherzogin Regina im Jahr 2010 hat Gabriela von Habsburg diese Funktion inne.

Kaiserin Margarita Teresa (1651–1673) Die Infantin von Spanien war zwei Jahre alt, als ihr Vater, König Philipp IV. von Spanien, sie mit Kaiser Leopold I. von Österreich verlobte. Eigentlich hätte ihre Schwester Maria Teresa nach Österreich heiraten sollen, doch diese wurde die Gemahlin von König Ludwig XIV. von Frankreich. Wichtig war Kaiser Leopold vor allem die enge Verbindung mit dem reichen und mächtigen Spanien und die damit zusammenhängenden Erbansprüche auf das Land. Dies war die Mitgift Margarita Teresas. So willigte er in die Heirat mit Margarita Teresa ein. Es war eine sehr enge Verwandtenehe, die so zustande kam. Kaiser Leopold I., der Bräutigam, und Margarita Teresas Mutter waren Geschwister. Margarita Teresa heiratete also ihren Onkel. Sie nannte ihn ihr Eheleben lang »Onkel Poldo«.

Philipp IV. von Spanien gab seinem Hofmaler Diego Velázquez den Auftrag, Porträts der kleinen Infantin zu malen. Diese Gemälde, die während der langen Heiratsverhandlungen entstanden und zeigen sollten, welch entzückende Braut einst nach Wien kommen würde, hängen heute im Kunsthistorischen Museum in Wien und zeigen Margarita Teresa im Alter von drei, fünf und acht Jahren.

Zu Ostern 1666, im Alter von 15 Jahren, heiratete Margarita Teresa in Madrid per procurationem Kaiser Leopold und fuhr von Madrid über Barcelona, Mailand und Brescia nach Wien. Die Reise in ihre neue Heimat dauerte neun Monate. Im Dezember kam die junge Kaiserin endlich in Wien an. Es war bitterkalt, doch die ganze Stadt war auf den Beinen. Die Hochzeitsfeierlichkeiten fanden in großem Rahmen statt. In den Innenhöfen der alten Hofburg wurden Rossballette veranstaltet, ein Argonautenschiff war gebaut worden, welches allgemein bestaunt wurde, und aus den Brunnen Wiens floss nicht nur Wasser, sondern ebenso Wein, was das Volk genauso begeisterte wie die freien Speisen. Drei Monate dauerten die Hochzeitsfeierlichkeiten.

Das Kaiserpaar verstand sich sehr gut und teilte gemeinsame Interessen, wie die Vorliebe für Musik. Zum 17. Geburtstag seiner Gemahlin ließ Kaiser Leopold I. von Antonio Cesti eine Oper komponieren, »Il pomo d'oro«, an der er selbst kompositorisch mitarbeitete.

Da Margarita Teresa die deutsche Sprache nie wirklich erlernte, waren Spanisch und Italienisch die Hofsprachen. Die junge Kaiserin war streng katholisch und nötigte Kaiser Leopold 1669/1670 zur Vertreibung der Juden aus Wien. Aus der Judenstadt wurde die Leopoldstadt, der heutige 2. Wiener Bezirk. Die Synagoge wurde zerstört und eine katholische Kirche erbaut, die Leopoldskirche.

Margarita Teresa nahm keine Rücksicht auf ihr körperliches Wohlbefinden. Obwohl kränklich und durch einen Kropf entstellt, war sie in ihren sechs Ehejahren ständig schwanger. Wie man aus Tagebüchern ihrer Hofdamen weiß, besuchte sie sogar während »sie noch in den Wochen war«, also kurz nach den Geburten ihrer Kinder, Hofbälle, um ihren Gemahl zu erfreuen, was sie immer mehr schwächte. Aus der einst recht hübschen Infantin wurde eine magere, kranke, unzufriedene Frau. Die ständigen Nörgeleien ihres spanischen Gefolges, welchen sie zustimmte, machten sie in Wien unbeliebt. Außer einer Tochter verlor sie alle ihre Kinder. Kurz vor der Geburt ihres sechsten Kindes starb Margarita Teresa im Alter von 22 Jahren, wahrscheinlich an einer schweren Bronchitis. Man bestattete sie in einem Zinnsarkophag, geschmückt mit dem gekrönten Doppeladler, den Wappen von Österreich, Burgund, Ungarn, Böhmen, Kastilien und León und dem Monogramm M mit Krone und Inschriftentafel.

Kaiserin Maria Anna (1606–1646) Sie war die erste Gemahlin von Kaiser Ferdinand III. Ihre Eltern waren König Philipp III. von Spanien und Erzherzogin Margarete von Österreich. Ihre Schwester, Anna von Österreich (Anne d'Autriche), wurde die Gemahlin von König Ludwig XIII. von Frankreich und somit die Mutter Ludwigs XIV., des Sonnenkönigs. Beide waren reiche Erbinnen.

Maria Anna und Ferdinand III. führten eine harmonische Ehe und bekamen in 15 Ehejahren fünf Kinder. Die Hofhaltung des Kaiserpaares war trotz des Dreißigjährigen Krieges eine prächtige. Maria Anna unterstützte ihren Gatten bei allen Repräsentationspflichten und war, wie ihr Sohn Kaiser Leopold I. später immer betonte, eine liebevolle, fürsorgliche Mutter.

1646 war Kaiserin Maria Anna zum sechsten Mal schwanger. Sie, die niemals ernstlich krank gewesen war und bisher alle ihre Kinder leicht zur Welt gebracht hatte, verspürte plötzlich Angst vor der Geburt. Ihrem Beichtvater erzählte sie, dass sie mehrmals die »weiße Frau« gesehen habe. Nach einer alten Legende war das nächtliche Erscheinen der »weißen Frau« in den Gängen und Sälen der Hofburg ein sicheres Vorzeichen, dass ein Mitglied der kaiserlichen Familie sterben werde. Das Näherrücken der Schweden und die permanente Seuchengefahr in Wien veranlasste die kaiserliche Familie zur Flucht nach Linz. Maria Anna stand kurz vor der Geburt ihres Kindes, als sie an Schwangerschaftsvergiftung erkrankte. Ihre Vorahnung hatte sich bestätigt. Im Alter von 40 Jahren starb sie. Das noch lebende Kind holte man sofort aus dem Leib der Mutter. Es war ein kleines Mädchen, das kurz nach der Geburt ebenfalls starb.

Die Kaiserin war sehr beliebt beim Volk, sie war bekannt für ihre Mildtätigkeit und Sorge um die Armen. Man bettete sie, angekleidet mit einem Karmeliterinnen-Nonnenhabit, in den Sarg, legte ihr das tote Kind in den Arm und bahrte sie im offenen Sarg auf. Es war ein endloser Zug von trauerndem Volk, der an der toten Kaiserin und ihrem Kind vorbeidefilierte. Lautes Weinen und klägliches Schreien der Menschen erfüllte die Räume. Sodann wurden die Kaiserin und ihre kleine Tochter in einem schaurig-prachtvollen Trauerzug per Schiff über die Donau nach Wien gebracht, begleitet von 30 Schiffen. Als das Schiff in Linz ablegte, begannen alle Kirchenglocken zu läuten. Entlang der ganzen Wegstrecke standen die Menschen dicht an dicht und huldigten kniend und barhäuptig der verstorbenen Majestät. Laut dem Obristhofmeister der verstorbenen Kaiserin »war keiner, dem nicht die Zähren übers Gesicht rannten«.

Als im Jahr 1852 der Sarkophag von Maria Anna geöffnet werden musste (Restaurierungsarbeiten am Sarkophag machten dies notwendig), hatte die Kaiserin seltsamerweise ein anderes Kleid an als jenes, das man ihr in Linz angezogen hatte. Ein kirschrotes Samtkleid war es, mit kostbarer Goldstickerei, die Füße waren an den Knöcheln mit einem roten Seidenband zusammengebunden. Sie trug rote Samtschuhe mit goldenen Maschen. Alles war gut erhalten. Büschel ihrer hellroten Haare und ein geflochtenes Zöpfchen umrahmten ihr Gesicht. Vom Säugling waren nur mehr einige Knochen vorhanden und Teile des weißen Sterbehemdchens. Der Arm der Mutter war noch in gleicher Haltung, sodass man erkennen konnte, wie sie ihr Kind gehalten hatte. Kügelchen eines Rosenkranzes und ein einfaches Holzkreuz befanden sich ebenfalls im Sarg. Die Leichen waren eingehüllt in rotes Seidentuch, das sich jedoch fast aufgelöst hatte.

Die Karlsgruft

Kaiser Leopold I. (1640–1705) »Türkenpoldl« wurde Kaiser Leopold I. von den immer spottlustigen Wienern gern genannt. In der Entsatzschlacht vom 12. September 1683 besiegte Leopold die Türken unter Großwesir Kara Mustafa mit der Hilfe seines Feldherrn Prinz Eugen von Savoyen, des Königs von Polen, Jan Sobieski, und der absoluten Unterstützung von Papst Innozenz VIII. sowie durch Herzog Karl V. von Lothringen. Wahrscheinlich wäre dem Kaiser dieser große Sieg nicht gelungen, hätte nicht sein Seelsorger und kluger politischer sowie geistlicher Ratgeber, der päpstliche Legat, Kapuzinerpater Marco d'Aviano, mit überzeugenden Worten und Eloquenz in den Verlauf der Schlacht eingegriffen. Er riet dem Herzog von Lothringen, den Oberbefehl des Entsatzheeres Jan Sobieski zu überlassen und selbst so rasch wie möglich gegen Wien vorzurücken. In der heiligen Messe, welche er vor der Schlacht in der »Leopoldi Capelln am Kahlenberg« zelebrierte (heute ist dies der Leopoldsberg), rief er wortgewaltig und mit seiner ganzen Überzeugungskraft das gesamte Heer und die untereinander zerstrittenen Fürsten auf, gemeinsam für den Sieg des christlichen Abendlandes zu kämpfen. Sein Mut und seine Entschlossenheit griffen auf das gesamte Heer über, das den Türken zahlenmäßig weit unterlegen war, und führten zum überwältigenden Sieg gegen die Osmanen. Marco d'Aviano wurde so zum Retter Wiens und des gesamten christlichen Abendlandes. Kaiser Leopold dankte dem Prediger diese Tat ein Leben lang und blieb ihm in tiefer Freundschaft verbunden. Als Marco d'Aviano am 13. August 1699 starb, veranlasste der Kaiser, dass er in der Krypta des Kapuzinerklosters in Wien beigesetzt werde. Seit 24. Juli 1999 ist die sterbliche Hülle von Marco d'Aviano im rechten Seitenaltar der Kapuzinerkirche, in der Pietàkapelle, zu finden. Der angefertigte Entwurf des Bronzesarges stammt von Karl Schleritzko. Die raue Struktur des Sarges soll an den Stoff des Kapuzinerhabits erinnern.

Kaiser Leopold I. kam als zweiter Sohn von Kaiser Ferdinand III. und Maria Anna von Spanien zur Welt. Er war zum Priester bestimmt und bereitete sich mit habsburgischer Frömmigkeit auf diese Laufbahn vor. Völlig unerwartet starb sein älterer Bruder, König Ferdinand IV., und Leopold wurde zum Erben Habsburgs. Zunächst waren Frankreich und Kurmainz gegen seine Wahl zum römisch-deutschen Kaiser. Im Nachhinein gesehen wurde Leopolds Regierung zu einer zukunftsorientierten und sehr erfolgreichen. Er zeigte politischen Verstand und besaß die Gabe der Menschenkenntnis. Einer seiner engsten Freunde und Berater, Prinz Eugen von Savoyen, sein größter Feldherr, vergrößerte dem Kaiser in vielen siegreichen Schlachten das Reich und legte den Grundstock zur Donaumonarchie. Die wichtigsten Kirchenmänner seiner Zeit, wie der erwähnte Marco d'Aviano, Christoph de Rojas y Spinola und der Jesuit Emerich Spinelli, waren ihm kluge Berater. Leopold war ein Förderer der Wissenschaften. Er gründete Universitäten in Innsbruck, Olmütz und Breslau. Der Adel scharte sich eng um seinen Herrn und baute sich um die Hofburg prächtige Barockpaläste. Das barocke Wiener Stadtbild entstand. Kaiser Leopold liebte die Musik und war selbst ein hervorragender Komponist. 79 Kirchenwerke und 155 weltliche Musikstücke sind von ihm bekannt, darunter 102 Tänze. Durch die Heirat mit Margarita Teresa sicherte Kaiser Leopold I. das spanische Erbe der vom Aussterben bedrohten spanischen Habsburger. Nach ihrem Tod heiratete er Claudia von Tirol. Er hatte nur eine Tochter aus der Ehe mit Margarita Teresa. Claudia schenkte ihm zwei Töchter, die beide starben. Auch die junge Kaiserin selbst starb bei der Geburt des zweiten Kindes. Erst seine dritte Gemahlin, Eleonora Magdalena aus dem Hause Pfalz-Neuburg, schenkte ihm die Kinder, welche die Dynastie dringend brauchte, darunter die Kaiser Joseph I. und Karl VI.

Durch die vielen Ehen zwischen Blutsverwandten im Hause Habsburg zeigten sich bei Kaiser Leopold Merkmale der Inzucht. Er war klein und hässlich, hatte die berühmte Habsburger-Unterlippe und das extrem vorstrebende Kinn. Das und seine Schüchternheit hindern nicht daran, zu wissen, dass Leopold I. eine der großen Persönlichkeiten des Hauses Habsburg war.

Kaiser Joseph I. der Vielgeliebte (1678–1711) Wie seine Zeitgenossen sagten, war Kaiser Joseph I. ein äußerst attraktiver Mann mit einem unwiderstehlichen Charme. Rank und schlank, mit strahlend blauen Augen, einer blonden Lockenmähne und voll Energie wirbelte er durch seine Zeit. Im Gegensatz zu seinen bedächtigen Eltern war er ein Heißsporn. Er sprudelte über vor Temperament und Energie. Nichts, was er selbst erledigen konnte, überließ er anderen. Joseph liebte die Jagd, ritt seine Pferde selbst zu und versetzte seine Eltern immer wieder in Angst und Schrecken. Früh schon zeigte er großes Interesse an der Weiblichkeit, wobei er keinen Unterschied zwischen den Töchtern des Adels und Frauen aus dem Volk machte. Das alles machte ihn ungeheuer populär. Die Frömmigkeit der Habsburger ging ihm völlig ab. Seine Erziehung war ausgezeichnet, und er war bestens auf sein künftiges Amt vorbereitet. Mit neun Jahren wurde er zum König von Ungarn gekrönt und mit elf zum römischen König. Musik liebte Joseph über alles. Er komponierte und spielte hervorragend Flöte. Während seiner Regierungszeit beschäftigte er bis zu 107 Musiker in der Hofburgkapelle.

Nach dem Tod seines Vaters Leopold I. im Jahr 1705 wurde er zum römisch-deutschen Kaiser gekrönt und modernisierte sogleich die kaiserlichen Verwaltungen. Ebenso stabilisierte er die Finanzen. Die Ratschläge von Prinz Eugen von Savoyen, dem er den Vorsitz des Hofkriegsrates und aller Kriegskonferenzen übertrug, sicherten ihm militärische Siege, etwa bei der Schlacht von Höchstädt 1704 und bei Auseinandersetzungen mit Frankreich. Was blieb, waren die drohenden Ungarnaufstände. Wie hoch Prinz Eugen von Savoyen in der Gunst des jungen Kaisers stand, belegt ein berühmter Ausspruch des genialen kaiserlichen Feldherrn, der hintereinander den drei Kaisern Leopold I., Joseph I. und Karl VI. diente: »Kaiser Leopold war mein Vater, Kaiser Joseph mein Bruder, Kaiser Karl mein Herr …« Damit ist wohl alles gesagt.

Kaiser Joseph I. war ausgebildeter Architekt, sein »Lehrmeister« war der berühmte Barockbaumeister Johann Bernhard Fischer von Erlach. Er war der Bauherr der ersten Bauphase von Schloss Schönbrunn. Für das von Kaiser Maximilian II. begonnene Schloss Neugebäude hatte er ebenfalls Pläne, sein früher Tod hinderte ihn aber an der Ausführung eines großen Tierparks. Die Kanalisation in Wien, die er anlegen ließ, brachte eine bedeutende Verbesserung der hygienischen Zustände der Stadt. Aus den erbeuteten Türkenkanonen vom Sieg über die Osmanen am 12. September 1683 ließ er Österreichs berühmteste Glocke gießen, die Pummerin. 1711, in seinem Todesjahr, wurde sie im Südturm des Stephansdoms aufgehängt und erhielt den Namen des Kaisers: »Josephinische Glocke«. Bald aber nannte man die große Glocke wegen ihres tiefen Klanges »Pommerin«. Der teilweisen Zerstörung des Stephansdoms im Jahr 1945 fiel auch sie zum Opfer. Aus ihren Trümmern aber erstand die neue »Pummerin«. Seit ihrem Neuguß 1957 hängt die große Glocke im Nordturm von St. Stephan. Geläutet wird sie nur zu besonderen Anlässen.

Über Kaiser Joseph I. erzählt man sich eine bezeichnende Geschichte: Er verkleidete sich gern, etwa als Handwerker oder gewöhnlicher Bürger, und sprach die Menschen in den Gassen an, was sie denn von ihrem Kaiser hielten, was von der Regierung. Auf diesem Weg erfuhr er schnell, was man an ihm und seiner Arbeit auszusetzen hatte und richtete sich tatsächlich danach.

1699 wurde Joseph mit der Welfenprinzessin Amalia Wilhelmina von Braunschweig-Lüneburg verheiratet. Die verwandtschaftliche Verbindung mit den Welfen war für Habsburg zu dieser Zeit politisch wichtig. Amalia Wilhelmina galt als ruhig und besonnen, so erhoffte man sich einen guten Einfluss auf ihren jungen Gemahl. Doch der tollkühne Joseph ließ sich nicht zähmen. Er lebte sein wildes, leidenschaftliches Leben weiter. Nachdem er Amalia mit einer venerischen Krankheit angesteckt hatte, konnte sie nach drei Geburten keine Kinder mehr bekommen. Der einzige Sohn des Paares, Leopold Joseph, starb im Alter von zehn Monaten.

Die beiden Töchter, Maria Josepha und Maria Amalia, wurden später für ihre Cousine Kaiserin Maria Theresia von erheblicher Bedeutung. Maria Josepha heiratete Friedrich August II., König von Polen und Kurfürst von Sachsen, und wurde die Mutter von Herzog Albert von Sachsen-Teschen, der Maria Theresias Lieblingstochter Marie Christine heiratete. Maria Amalia wurde mit Kurfürst Karl Albrecht von Bayern verheiratet, dessen Vater alles darangesetzt hatte, dass diese Ehe zustande kam, als abzusehen war, dass die Krone des Heiligen Römischen Reiches an keinen männlichen Erben fallen würde. Obwohl Maria Amalia und Karl Albrecht von Bayern in ihrem Ehevertrag die Pragmatische Sanktion anerkannt hatten, was somit ein Erbverzicht zugunsten Maria Theresias war, erhoben sie nach dem Tod von Kaiser Karl VI. (1740) Anspruch auf die Krone des Heiligen Römischen Reiches. Maria Theresias Anspruch war in den Erblanden umstritten, doch sie kämpfte um ihr Erbe und die Einhaltung der Pragmatischen Sanktion. Karl Albrecht von Bayern und Maria Amalia übergingen jedoch Maria Theresias Recht und setzten ihre Kaiserwahl durch, was zu einer langen Eiszeit zwischen Österreich und Bayern führte.

Die Politik von Joseph I. war nicht unumstritten, und doch war seine Regierungszeit geprägt von monarchischer Reichspolitik. Er war ein großer Förderer von Kunst und Kultur. Völlig unerwartet starb Kaiser Joseph I. innerhalb weniger Tage an den Pocken. Er wurde nur 33 Jahre alt. Die Trauer um ihn war groß.

Der Sarkophag von Kaiser Joseph I. wurde nach einem Entwurf eines der bedeutendsten Künstler seiner Zeit, Lukas von Hildebrandt, gestaltet und von Tobias Kracker ausgeführt. Er wirkt mit all seinem Schmuck, den Kriegstrophäen, dem Bildnismedaillon des Kaisers, den beiden Putti, welche das von der Fanfare hängende aufgerollte Velum, Schlangenring und Lorbeerkranz halten, so lebendig und lebhaft, wie der Kaiser selbst es war. Auf vier Totenköpfen stehend, die Helme mit offenem Visier und römischen Harnisch tragend, ruht der Sarkophag auf einer schwarzen Steinplatte. Adler mit weit offenen Schwingen, durch die Handhaben gezogen sind, stehen auf Konsolen, aufmerksam wartend, als würden sie sich gleich in die Lüfte heben. Auf dem Sargdeckel liegen die Kaiserkrone auf einem Prunkpolster und das Kruzifix. An allen vier Seiten des Sarkophags befinden sich Kartuschen mit den erfolgreich ausgeführten Schlachten: Prinz Eugens Sieg bei Turin 1706, der Sieg Marlboroughs über die Franzosen bei Ramillies (Befreiung Belgiens), an der Kopfseite die Eroberung Landaus und am Fußteil die Befreiung Barcelonas.

Kaiser Karl VI. (1685–1740) Während sein älterer Bruder Joseph Kaiser des Heiligen Römischen Reiches wurde, war Karl für die spanische Thronfolge ausersehen (zurückgehend auf die Mitgift von Margarita Teresa). Im Testament von König Karl II. von Spanien, eben im Alter von 37 Jahren gestorben, war jedoch der Bourbone Philipp von Anjou, Sohn von Ludwig XIV. von Frankreich, als Nachfolger bestimmt. Diese Ungenauigkeiten lösten den Spanischen Erbfolgekrieg aus. Schließlich gelang es Österreich, Karl als Nachfolger auf dem spanischen Thron gegen Philipp von Anjou durchzusetzen. Er war nun Karl III., König von Spanien, aus dem Hause Habsburg.

Trotz der militärischen Unterstützung seitens seines Bruders Joseph hatte Karl wechselndes Kriegsglück. Kastilien war den Bourbonen, Aragón den Habsburgern zugeneigt. »König der Katalanen«, nannten die Spanier Karl III. Seine Residenz war Barcelona. Trotz aller Missstimmungen zwischen den Spaniern und seiner österreichischen Entourage fühlte Karl sich in Spanien wohl. Selbst ein ernster, nachdenklicher Mann, lag ihm die Mentalität der Spanier.

Nach habsburgischer Sitte wurde für Karl schon früh eine standesgemäße Braut gesucht. Die Wahl fiel auf Prinzessin Elisabeth Christine von Braunschweig-Wolfenbüttel. Mit Zustimmung von Herzog Anton Ulrich von Braunschweig-Wolfenbüttel, ihrem Großvater, wurde die Prinzessin im Alter von 13 Jahren mit Karl von Habsburg verlobt. Doch die geplante Heirat kam fast nicht zustande, da Elisabeth Christine, eine überzeugte Protestantin, sich vehement dagegen wehrte, zum katholischen Glauben zu konvertieren. Ihr Großvater, selbst Anhänger einer evangelisch-katholischen Union und in späteren Jahren Konvertit, zwang sie, zu konvertieren. Ein Jahr lang wehrte sich die Welfin, dann gab sie nach. Am 1. Mai 1707 trat sie im Dom zu Bamberg zum römisch-katholischen Glauben über. Über Wien, wo Elisabeth Christine am 23. April 1708 per procurationem mit ihrem Schwager Kaiser Joseph I. in der kleinen Kirche Maria Hietzing in Schönbrunn getraut wurde, ging es nach Genua. Am 1. August kam Elisabeth Christine in Barcelona an, wo sie noch am selben Tag mit König Karl III. getraut wurde.

Das Paar verstand sich sehr gut. Karl war begeistert von der Schönheit seiner jungen Frau und nannte sie ob ihrer hellen Hautfarbe »meine weiße Liesl«. Elisabeth Christine fühlte sich im Gegensatz zu ihrem Gemahl nicht wohl in Spanien. Nicht nur die politische Lage, auch das strenge Spanische Hofzeremoniell behagte ihr nicht. Dazu kam, dass sie nach dreijähriger Ehe noch immer kein Kind bekommen hatte. Karl ließ seine Frau nicht an den Regierungsgeschäften teilnehmen und verbot ihr jede Einmischung, wie er es Jahre später bei seiner Tochter Maria Theresia ebenso tat. Es war ein Schock für Elisabeth und Karl, als Kaiser Joseph I. in Wien überraschend starb und Karl sofort zurück nach Wien musste. Am 22. Dezember 1711 wurde Karl in Frankfurt am Main zum Kaiser des Heiligen Römischen Reiches gekrönt. Elisabeth Christine musste, obwohl Karl III. ihr keinerlei politische Kenntnisse zutraute, als Statthalterin in Barcelona zurückbleiben, was ihr gar nicht gefiel. Nach dem Scheitern aller Möglichkeiten für die getreuen Katalanen verließ sie 1713 Spanien und wurde unter großem Jubel am 11. Juli 1713 in Wien empfangen.

Es war das Jahr, in welchem Kaiser Karl VI. unter dem Druck der Nachfolgefrage, noch gab es keinen männlichen Nachwuchs, die Pragmatische Sanktion ins Leben rief, jenen Erbvertrag, der besagte, »dass die älteste Tochter des letzten männlichen Throninhabers die Erbin des Thrones sei, so kein Sohn vorhanden«. Dieser Vertrag wurde von allen anerkannt, bis zu dem Moment, da es ernst wurde.

Karl musste schließlich Spanien an die Bourbonen abtreten, im Frieden von Utrecht bekam er dafür Mailand, Neapel, Sardinien und das heutige Belgien. Karl III., nach seiner Krönung nun Kaiser Karl VI. des Heiligen Römischen Reiches, ließ die Traditionen seiner Kronländer zum Großteil unreformiert, politisch war er wenig fantasievoll und tatkräftig.

Karl und Elisabeth Christine waren bereits acht Jahre verheiratet, als sich am 13. April 1716 endlich das erste Kind einstellte. Die Freude über den ersehnten Thronfolger war groß. Eine goldene Statuette, welche Größe und Gewicht des Neugeborenen hatte, wurde aus Dankbarkeit für dieses Gottesgeschenk in die Wallfahrtskirche nach Mariazell gebracht. Elisabeth Christine hatte sich an alle Ratschläge gehalten, die man ihr ob ihrer Kinderlosigkeit gegeben hatte: viel Rotwein trinken, ebenso heiße Schokolade, das Schlafzimmer mit erotischen Malereien ausstatten lassen … Es schien fast so, als würde nichts helfen, aber nun war der Prinz da. Lange durfte das Kaiserpaar sich nicht an seinem Sohn erfreuen, er starb im Alter von nur sieben Monaten. Kaiserin Elisabeth Christine war zutiefst unglücklich, hoffte aber doch auf einen weiteren Sohn, denn sie war erneut in anderen Umständen. Am 13. Mai 1717 kam das nächste Kind, ein Mädchen, Maria Theresia Walburga, auf die Welt; am 26. September 1718 wieder ein Mädchen, Maria Anna, und schließlich am 5. April 1724 das Nesthäkchen Maria Amalia. Bis zum Ende seines Lebens hoffte Kaiser Karl VI. auf einen Sohn. Von seinen vier Kindern sollten ihm nur zwei erhalten bleiben: Maria Theresia, die Erbtochter, und Maria Anna, die im Alter von 24 Jahren nach der Geburt ihres ersten Kindes starb.

Mit 55 Jahren starb Karl VI. unerwartet nach einer Jagd. Elisabeth Christine überlebte ihren Gemahl, mit dem sie eine glückliche Ehe geführt hatte, um zehn Jahre. Innig am Familienleben ihrer ältesten Tochter Maria Theresia teilnehmend, verbrachte sie ihre letzten Lebensjahre in Schloss Hetzendorf.

Kaiserin Maria Theresia hat einige Male eingegriffen, wenn es um eine prunkvollere oder würdevollere Ausstattung der Särge ihrer Ahnen ging. So fand sie, dass der Sarkophag ihrer Mutter wesentlich prächtiger gestaltet war als der ihres Vaters. Während Elisabeth Christines Sarg an allen vier Seiten mit den Häuptern trauernder Genien geschmückt ist, die ihr Gesicht unter einem Trauerschleier verbergen, mit dem Todesengel am Sargdeckel, das Bildnismedaillon der Kaiserin tragend, den Haus- und Symbolkronen und schließlich auf der Vorder- sowie Rückseite des Sarges mit dem Relief ihrer Brautfahrt nach Barcelona, war der Zinnsarg des kaiserlichen Vaters zu diesem Zeitpunkt wohl mit seinem von der trauernden Austria gehaltenen Bildnismedaillon, der Krone des Heiligen Römischen Reiches sowie dem alten Erzherzogshut dekoriert, mit den Reichsinsignien und dem Monogramm des Kaisers, jedoch nicht mit den Kronen der Erbländer, nicht mit der Krone Spaniens und ohne schmückendes Relief. Also ließ Maria Theresia den Sarkophag ihres Vaters »verherrlichen«. An allen Ecken des Sarkophags ist nun das Vanitassymbol, der Totenkopf, als Memento mori angebracht, geschmückt reihum mit den Kronen des Heiligen Römischen Reiches und der Kronländer. Um bei der Wahrheit zu bleiben, muss man auch erzählen, dass sich seit einigen Jahren wohl zwei St. Wenzelskronen, also die Krone des Königreichs Böhmen, auf der Rückseite des Sarkophags befinden, aber keine St. Stephanskrone. Diese wurde bei einer Restaurierung kaputtgemacht und nie ersetzt. Auf der Vorder- und Rückseite des Sarges wurde je eine Kartusche angebracht. Jene auf der Vorderseite zeigt die Schlacht von Saragossa, die auf der Rückseite die Schlacht von Belgrad.

Bei einem Gruftbesuch wurde Maria Theresia eines Tages bewusst, dass ihre geliebte Großmutter, Kaiserin Eleonora Magdalena, nur in einem einfachen Holzsarg bestattet war, der in einem Winkel der Gruft stand. Nun war dies aber kein »Übersehen« gewesen, sondern diese hatte dies selbst so gewünscht. »In heiligmäßiger Bescheidenheit«, wie ihre Vertrauten sagten, wünschte Eleonora Magdalena keinen Prunksarkophag, sondern »nur ein truchen«. Sie wollte weder seziert noch einbalsamiert werden, sondern nur im weißen Ordenshabit und himmelblauen Scapulier der Hochadeligen Sklavinnen, umgegürtet ein eisernes Kettlein, an dem ein Totenkopf hängt, ein weißer Schleier auf dem Kopf, auf der Brust ein Bildnis von Maria Verkündigung, in den Sarg gelegt werden. Ihre langen Haare, befahl sie, sollten zur Gänze abgeschnitten und ein Polster aus silbernem Stoff damit gefüllt werden, worauf man ihr Haupt betten solle. Maria Theresia kniete vor den zerfallenden Sarg ihrer Großmutter nieder und rief erschüttert: »Teure Großmutter, wenn ich gleich überall deinen Willen mit Vergnügen vollziehe, so wirst du mir es doch vergeben, wenn ich jetzt ungehorsam bin.« Dann gab sie den Befehl, einen Zinnsarg für die Kaiserin herzustellen, in den Kaiserin Eleonora Magdalena am 23. Oktober 1745, also 25 Jahre nach ihrem Tod, umgebettet wurde.

Die Maria-Theresien-Gruft

Höhepunkt der habsburgischen Grablege ist die Maria-Theresien-Gruft. Es handelt sich dabei um keinen Gruftraum mehr, sondern um ein Mausoleum, einen religiösen Raum als Ausdruck des politischen und herrscherlichen Verständnisses Maria Theresias, die sich darin mit Franz Stephan von Lothringen einig war. Obwohl noch im aufgeklärten Absolutismus verhaftet, war sie die eigentliche Reformkaiserin. Die Geschichte lehrt, dass es in schwierigen Momenten nur eine einzige Person braucht, um das Rad noch einmal herumzureißen und das drohende Chaos zu verhindern. Eine solche Person war Maria Theresia. Als letzte Althabsburgerin war sie die Stammmutter des neuen Hauses Habsburg-Lothringen. Karl von Habsburg, der heutige Familienchef, bezeichnete sie einmal als den Mittelpunkt einer Sanduhr. 40 Jahre währte ihre Regierungszeit, und in dieser Zeit krempelte sie ihr Reich von oben bis unten um und machte es damit zukunftsfähig.

Als Maria Theresia 1740 nach dem Tod ihres Vaters, Kaiser Karls VI., mit gerade einmal 23 Jahren die Regierung übernahm, standen alle Zeichen auf Sturm. Das Reich befand sich in einem desaströsen Zustand, die Kassen waren leer, die Armee ohne Schlagkraft, die Verwaltung versank im Chaos. Einzelne Länder wie Ungarn und die Österreichischen Niederlande hüteten eifrig ihre Sonderstellung. Die Wirtschaft lag am Boden, das Volk war unzufrieden. Später schrieb sie, sie sei von Geld, Truppen und Rat entblößt gewesen. Doch damit nicht genug. Zwar hatte ihr Vater zur Sicherung der weiblichen Erbfolge mit den Staaten Europas mühsam die Pragmatische Sanktion verhandelt. Doch als der Erbfall eintrat, zeigte sich, dass die Nachbarländer auf ihre Unterschrift pfiffen und sich darauf vorbereiteten, den österreichischen Kuchen unter sich aufzuteilen. Kurfürst Karl Albrecht von Bayern marschierte nach Prag, König Friedrich II. streckte seine Hand nach Schlesien aus. Wäre Maria Theresia nicht so stur, selbstbewusst und willensstark gewesen, hätte die Geschichtsschreibung hier das Ende des habsburgischen Reiches notiert.

Mit all ihrer Kraft stürzte sie sich gegen ihre Widersacher in den Kampf. Von den ewig rebellischen Ungarn erbat sie sich mit viel Emotion erfolgreich die notwendige militärische Unterstützung. Am Ende musste sie zwar auf Schlesien verzichten, doch der Plan der Nachbarn war nicht aufgegangen. Österreich blieb bestehen, und Maria Theresias Mann, Franz Stephan von Lothringen, wurde 1745 zum Kaiser des Heiligen Römischen Reiches gekrönt. Charmant, aber unmissverständlich und coram publico erklärte Maria Theresia beim Galadinner nach dem Krönungsakt ihrem Gemahl: »Majestät, Ihr seid nun der gekrönte römisch-deutsche Kaiser. Merket aber: Regieren tu ich.«

Die außenpolitische Bedrängnis hatte ihr eines klargemacht: Innenpolitisch konnte es ebenfalls so nicht weitergehen. Und so stieß die junge Frau, die mitnichten auf ihr verantwortungsvolles Amt vorbereitet worden war, eines der größten und folgenreichsten Reformwerke für Österreich an. Die maria-theresianischen Reformen stellten die Grundlage des modernen österreichischen Staates dar, der bis dahin noch in feudalen Strukturen verhaftet gewesen war. Mit dem Willen, effizientere Regierungsinstitutionen zu schaffen, setzte Maria Theresia ein State Building, verbunden mit einer entsprechenden Bewusstseinsbildung, in Gang. Sie holte sich bewusst die richtigen Berater, die das umsetzten, was ihr vorschwebte.

Mit ihrem Mann hatte sie 16 Kinder. Sechs davon starben noch zu Lebzeiten der Herrscherin. An deren Tod trug sie schwer. Karl, ihr Lieblingssohn, starb mit 16 Jahren, Johanna Gabriele mit zwölf Jahren und Maria Josepha ebenfalls mit 16 Jahren. Ihre Särge stehen an der linken Wand der Maria-Theresien-Gruft. Eine Nichte, eine Enkelin und drei Kleinstkinder ruhen in der Geborgenheit der Familiengruft. Insgesamt zwölf Kinder liegen im Kreis um ihre Eltern bestattet. Auch im Tod wollte die Kaiserin ihre Lieben um sich haben.

Franz Stephan starb völlig unerwartet während der Hochzeitsfeierlichkeiten seines Sohnes Leopold 1765 in Innsbruck. Für Maria Theresia ging die Welt unter. Niemals sollte sie sich von diesem Verlust erholen. Sie trug bis an ihr Lebensende nur mehr schwarze Kleidung, verschenkte ihren Schmuck und verfiel immer mehr in Depressionen. Sie war erst 48 Jahre alt. Häufig besuchte sie ihre Ahnen und ihren Mann bei den Kapuzinern. Da Maria Theresia durch die vielen Schwangerschaften und das gute Essen, dem sie gern zusprach, dick geworden war, konnte sie die Treppe nicht mehr hinuntergehen. Es wurde ein Aufzug installiert, eine Eisenplatte, gehalten von dicken Kordeln. Am Allerseelentag im November 1780 blieb sie mit dem Aufzug stecken. Als noch dazu ein Seil einriss, fürchteten die Patres, die der Kaiserin halfen, sie werde abstürzen. Aber alles ging gut aus, und die Kaiserin landete wohlbehalten am Boden. Nachdenklich meinte sie: »Für mich ist's ein Zeichen. Die Gruft will mich halt nimmer hergeben.« Tatsächlich starb Maria Theresia drei Wochen später, am 29. November 1780.

Das Sterben der großen Kaiserin. Von der einstigen Fröhlichkeit und Lebensfreude Maria Theresias war nicht mehr viel übrig geblieben. Der zunehmende Kontrollverlust, die dauerhaften Spannungen mit ihrem Sohn und seine provokativen Abwesenheiten hatten sie verbittert. Im November 1780 grassierte eine Infektion in Wien, die den kaiserlichen Hof nicht verschonte. Der Reihe nach wurden alle in der Familie krank. Sie schrieb an einen Freund: »Ich glaube nicht, daß es noch lange dauert, meine Sorgen jeder Art sind zu groß und nehmen täglich zu, und ich bin ohne jede Unterstützung und Hilfe.«[8]

Ab dem 20. November ging es ihr täglich schlechter. Sie ging nicht mehr aus, versuchte aber, trotz Fieber und Atembeschwerden zu arbeiten. Aus Sorge reisten Tochter Christine und Schwiegersohn Albert aus Pressburg an. Am 24. November riet ihr Arzt zum Empfang der Sterbesakramente. Joseph II. erboste sich darüber und beschuldigte

Maria Theresia betend am Sarkophag ihres Gemahls Franz I. Stephan

den Arzt der Dramatisierung. Dennoch bestellte Maria Theresia am 25. November heimlich einen Geistlichen, um die Beichte ablegen zu können. Als sie einen Tag später darauf bestand, den päpstlichen Nuntius um das Viaticum zu bitten, hatten Mutter und Sohn erneut eine Auseinandersetzung. Joseph hatte den Ernst der Lage nicht erkannt. Die Nacht zum 27. November aber verbrachte er in ihrem Vorzimmer und erlebte ihre Erstickungsanfälle. In dieser Nacht schrieb sie ihren letzten Brief an ihren Sohn Leopold.

Durch eine Mitteilung des Obersthofmeisters, dass durch die schwere Krankheit »bedenckliche Folgen zu erwarten stünden«[9], wurde das Sterben der Kaiserin nun öffentlich. In den Kirchen der Monarchie wurde das Allerheiligste ausgesetzt, die Gesellschaft versammelte sich zum Gebet.

Maria Theresia selbst war völlig ruhig und ließ sich mit großer Souveränität auf den Sterbeprozess ein. Am 28. November erhielt sie im Beisein der anwesenden Kinder die Letzte Ölung. Die ihr verbleibende Zeit nutzte sie, um persönliche Angelegenheiten zu regeln, Anweisungen für ihre Beisetzung zu geben und mit ihren Kindern einzeln zu sprechen. Ihre Tochter Marianna beschrieb sehr genau die letzten Tage und Stunden ihrer Mutter. Es scheint, dass sie auch mit Joseph ihren Frieden gefunden hat.

Am 29. November, als es mit ihr zu Ende ging, schickte sie ihre Töchter weg. Anwesend waren nur noch Joseph, Maximilian, Albert und der Leibarzt. Als man ihr riet, ein wenig zu schlafen, antwortete sie: »Wie wolt ihr, daß ich schlafen soll, in dem ich jeden Augenblick erwarte, vor meinen Richter gerufft zu werden. Ich förchte mich zu schlaffen, dann ich will nicht überfahlen werden und will gantz den Tod kommen sehen.«[10] Gegen 21 Uhr stand sie noch einmal auf und ging mit wenigen Schritten zu einer Chaiselongue, auf der sie zusammenbrach. Joseph sagte noch: »Ihro Majestät liegen sehr übel.« Ihre Antwort: »Ja, aber gut genug, um zu sterben.« Wenige Augenblicke später war sie tot.

Lange vor ihrem Tod hatte Maria Theresia sich bereits mit ihrem Sterben auseinandergesetzt, was zu dieser Zeit nicht ungewöhnlich war. Das Totenkleid, ein einfacher Nonnenhabit, in dem sie begraben werden wollte, war bereitgelegt, ebenso die Schuhe. Ihren Holzsarg hatte sie 14 Jahre vor ihrem Tod bestellt. Die Nachricht von ihrem Tod löste europaweit Bestürzung aus. An den Höfen von Versailles, Florenz, Mailand, Neapel und Brüssel wurde die große Hoftrauer ausgeschrieben.

Die Gebeine rückten zusammen Bein an Bein. Ihre Gruft haben Maria Theresia und Franz I. Stephan bis ins Detail selbst gestaltet. Sie hatten ihre eigenen Vorstellungen und wurden von dem Lothringer Architekten Jean Nicolas Jadot de Ville-Issey und dem Italiener Nikolaus von Pacassi beraten. Unbestritten ist dieses Mausoleum die prachtvollste Gruft bei den Kapuzinern. Nach der Fertigstellung 1754 besichtigte Maria Theresia die Gruft und sagte: »Hier wird einmal gut ruhen sein.« Die tiefe Gläubigkeit des Kaiserpaares sowie der feste Glaube an die Auferstehung der Toten am Jüngsten Tag prägten die Ausgestaltung und Ausstrahlung dieses reinen Rokokoraumes.

Als Motto für ihre Gruft wählten Maria Theresia und Franz I. die Vision des Propheten Ezechiel von der Auferweckung Israels. Josef Ignaz Mildorfer setzte diesen altbiblischen Text auf eindrucksvolle Weise im Deckenfresko um.

> Der Herr legte seine Hand auf meine und führte mich in eine Ebene. Sie war voll von Gebeinen. Sie waren ganz ausgetrocknet. Da sprach Gott der Herr zu mir: Sprich du als Prophet zu ihnen: ihr ausgetrockneten Gebeine hört das Wort des Herrn. Ich spanne Sehnen über euch und umgebe euch mit Fleisch, ich überziehe euch mit Haut und bringe Geist in euch, dann werdet ihr lebendig. Dann werdet ihr erkennen, dass ich der Herr bin.
>
> Da sprach ich als Prophet wie mir befohlen war und noch während ich redete, hörte ich auf einmal ein Geräusch: die Gebeine rückten zusammen Bein an Bein. Und als ich hinsah, waren plötzlich Sehnen auf ihnen und Fleisch umgab sie und Haut überzog sie. Aber es war noch kein Geist in ihnen. Da sprach der Herr: Rede als Prophet zum Geist, Menschensohn, sag zum Geist: Geist, komm herbei von den vier Winden. Hauche die Erschlagenen an, damit sie lebendig werden … (Ezechiel 37, 1–14)

Das gleiche Thema ist an dem prachtvoll gestalteten Deckel des Doppelsarkophags erkennbar. Das Kaiserpaar, eben von den Toten erwacht, richtet sich gerade auf und sieht einander wieder in die Augen. Beide ruhen auf einer Prunkdecke. Während der Kaiser eine römische Imperatorenrüstung trägt, ist Maria Theresia in eine prächtige Galarobe gekleidet, die am Mieder mit Perlen und Edelsteinen besetzt ist. Gemeinsam halten sie das Zepter und Maria Theresia in ihrer linken Hand das Schwert. Hinter beiden steht der Genius, der eben die Sternenkrone erhebt und die Posaune senkt, mit der er die beiden erweckt hat und sie aus der Ewigkeit zur Auferstehung holt.

An den Ecken des Doppelsarkophags sind die Kronen von Ungarn, Böhmen, Jerusalem und die Reichskrone mit den dazugehörigen Wappenschildern zu sehen, gehalten von den trauernden Genien.

Hinter den Figuren des Kaiserpaares, an der Kopfseite des Sarkophags über den beiden Inschriften- und Lebenstafeln, erkennt man die Kronen von Habsburg und Lothringen. Auf beiden Seiten des Sarkophags befinden sich Harnisch, Helm, Fahnen, Trommeln und Kanonen.

Auf der linken Längsseite, jener Seite, wo Franz I. Stephan ruht, sind Reliefs mit wichtigen Szenen aus seinem Leben angebracht: sein Einzug als Großherzog der Toskana 1738 in Florenz und seine Krönung zum Kaiser des Heiligen Römischen Reiches 1745 in Frankfurt am Main.

Auf der gegenüberliegenden Seite ist der Ritt Maria Theresias auf den Krönungshügel in Pressburg dargestellt, nachdem sie gerade zur Königin von Ungarn gekrönt worden war, sowie die Krönung zur Königin von Böhmen. Der Veitsdom in Prag war völlig überfüllt, überall drängten sich die Menschen. Balthasar Ferdinand Moll hat dies auf dem Relief besonders charmant und mit einem Augenzwinkern umgesetzt: Auf Säulenvorsprüngen sieht man Schaulustige. Einer von ihnen ist von der Mittelgalerie heruntergefallen.

An der Vorderseite des Doppelsarkophags ist in einem Relief der Rheinübergang Karls von Lothringen dargestellt. Darüber ist am Sargdeckel ein lorbeergeschmücktes Bildnismedaillon zu sehen, das 1802 von Königin Maria Karolina von Neapel und Sizilien angebracht worden ist, mit der Inschrift: »Süßeste Mutter, mit der ich den Leib nicht vereinigen kann, nimm hin dieses Trauerbild der Tochter, 1802.«

Auf rotem Adneter Kalkstein aus Salzburg ruht wuchtig der riesige Sarkophag. Acht Schnörkelfüße stützen ihn, in der Mitte wird er getragen von einem weit die Schwingen ausbreitenden Adler. Wer immer eine Taschenlampe in seinem Mobiltelefon hat, sollte sich das anschauen. Der Sarg ist über drei Meter lang, zwei Meter breit und trägt die 1,30 Meter großen Figuren. Kronengeschmückte Totenköpfe, gekreuzte Schwerter, alles trägt die Zeichen der Vergänglichkeit, und doch spürt man in diesem Teil der Gruft die Lebendigkeit des Rokoko.

Hinter dem Doppelsarkophag stehen vier wunderschöne Rokokosärge, die letzte Ruhestätte der Familie von Kaiser Joseph II. In der Mitte der Sarkophag von Kronprinzessin Isabella (von Parma). Sie war die über alles geliebte erste Gemahlin von Kaiser Joseph II. Eine süd-

Stapelsärge in der Kapuzinergruft

liche Schönheit mit dunklem Teint, schwarzen Haaren und dunklen Augen, zartgliedrig und melancholisch. Sie spielte hervorragend Klavier, Harfe und Violine. Ihre besondere Begabung lag im Schreiben von Briefen, Geschichten und diversen Abhandlungen. Der eher spröde Joseph, ein Zyniker mit scharfem Verstand, wurde in ihrer Gegenwart ein ganz anderer. Isabella war durch ihre Mutter die Enkelin von König Ludwig XV. von Frankreich. Es gefiel ihr in Wien, doch war sie oft depressiv. In Gesprächen erwähnte sie bisweilen, dass sie den Tod herbeisehne und genau wisse, dass sie nicht länger als drei Jahre in Wien bleiben werde. Niemand konnte ihr das ausreden. Schon die Geburt ihrer ersten Tochter war schwer. Nach zwei folgenden Fehlgeburten hielt sich die Schwangerschaft, doch erkrankte Isabella an einer Schwerstform von Pocken. Am 22. November 1763 gebar sie eine zweite Tochter, die wenige Stunden nach der Geburt starb, fünf Tage später starb Isabella selbst unter entsetzlichen Qualen. Ihre Ahnungen hatten sich erfüllt.

Maria Theresia hatte angeordnet, dass Isabella nicht exenteriert werden dürfe. Die Ansteckungsgefahr war zu hoch. Der zwei Stunden alte Säugling wurde in ein winziges Särglein gebettet und unter den prachtvollen Sarg der Mutter geschoben. Er zeugt heute noch von der dramatischen Situation. Auf dem Deckel des Sarges sieht man auf dem Kissen den Erzherzogshut und eine Königskrone, ebenso den Sternkreuzorden. Zwei Genien halten das Brustmedaillon mit dem Bildnis Isabellas, der eine weinend, der andere mit einer geknickten Fackel in der Hand, deren Feuer gerade erlischt.

Sein Leben lang hat Kaiser Joseph II. um Isabella getrauert. Sein einziges Glück war seine Tochter Marie Therese. Er vergötterte und verwöhnte das Kind, seine einzige Erinnerung an Isabella. Als die kleine Prinzessin kurz vor ihrem achten Geburtstag an einer Erkältung starb, war Josephs Schmerz grenzenlos. Ihr Kindersarg ist einer der schönsten in der Kapuzinergruft. Der zarte Körper des Kindes ruht auf einer Decke, ihr Kopf auf zwei Polstern. In den Händen hält sie ein Kreuz und einen Rosenkranz. Ihr Kleid ist feinst ausgearbeitet. Und eigentlich sieht es so aus, als würde das kleine Mädchen nur schlafen.

Josephs zweite Gemahlin Maria Josepha von Bayern, die von ihm ungeliebte Frau, starb zwei Jahre nach ihrer Hochzeit ebenfalls an den Pocken, kinderlos. Der Deckel ihres Sarges ist als eine Art Überwurf gestaltet. Auf einem Kissen auf Kopfhöhe liegen die Reichskrone, die Lothringerkrone sowie der Sternkreuzorden, dahinter kniet ein Putto, der das Medaillon der Verstorbenen hält, ebenso ein Genius mit einem brennenden Herzen. Auch dieser Sarg ist ein Meisterwerk von Balthasar Ferdinand Moll.

Kaiser Joseph II. (1741–1790) Vor dem barocken Prunksarkophag seiner Eltern steht schmal und schlicht der Kupfersarg von Kaiser Joseph II., geschmückt nur mit einem Kreuz und einer Inschriftentafel. Im Sarg selbst liegt eine Metallplatte, deren Text von Joseph II. verfasst wurde: »Hier liegt einer, der alles probiert und doch nichts erreicht hat.«

49 Jahre war der Kaiser alt, als er an schwerer Tuberkulose starb. Und er hat tatsächlich alles probiert, um seinem Volk ein guter, gerechter Monarch zu sein. Sein Motto »Alles für das Volk, nichts durch das Volk« kennzeichnet ihn als Etatisten und Zentralisten. Aber volkstümlich war er. Augarten und Prater, die bis dahin nur dem Adel vorbehalten waren, öffnete er für das Volk. Eine Fürstin Auersperg

beschwerte sich daraufhin eines Tages beim Kaiser mit den Worten: »Wenn Eure Majestät nun schon die kaiserlichen Gärten dem Volk öffnen, sind wir Aristokraten ja bald nicht mehr unter uns.« Joseph II. antwortete freundlich gelassen: »Meine liebe Auersperg, wenn ich immer nur unter Meinesgleichen sein wollte, dann müßt ich den ganzen Tag in der Kapuzinergruft zubringen.«

Nach dem Tod seines Vaters regierte er gemeinsam mit seiner Mutter. Von Harmonie konnte in beider Verhältnis keine Rede sein, besonders seine Reiselust schien sie immer wieder zu erstaunen. Aber Joseph II. wollte sein Reich aus eigener Anschauung kennenlernen, das war ein Aspekt seiner Volkstümlichkeit. Berühmt ist jene Geschichte, die davon erzählt, wie er einmal einem Bauern half, dessen Pflug sich festgefressen hatte.

Auch Joseph II. unterliegt der Mythisierung. Für kaum einen anderen Habsburger wurden so viele Denkmäler aufgestellt wie für ihn. Die Reformierung des Staates, die unter seiner Mutter so erfolgreich begonnen wurde, setzte er fort. In seine Zeit fallen die Aufhebung der Leibeigenschaft, die Abschaffung der Todesstrafe, das Toleranzedikt, die Judenemanzipation, die Säkularisierung, die Gründung von Krankenhäusern und Pflegeheimen, die Modernisierung des Justizwesens sowie strengste Maßnahmen gegen Korruption, Willkür und Schlendrian der Behörden.

Den geistigen Strömungen seiner Zeit, Aufklärung und Rationalismus, streng verpflichtet, trieb er ebenso den Wandel des Herrscheramtes voran. Der Herrscher sei der oberste Beamte seines Staates, der Staat von der Dynastie unabhängig, ihr sogar übergeordnet. Solche Gedanken waren 20 Jahre vor ihm noch undenkbar. Sein Gestaltungswille, seine rastlose Energie und seine Einsicht in die Erfordernisse der Zeit gingen aber nicht einher mit Einfühlungsvermögen in die Eigenheiten seiner Völker, in die traditionsbedingten Faktoren oder seelischen Unwägbarkeiten. Nein, der Staat habe die Aufgabe, seine Untertanen zu erziehen. (Eine Unart, die wir heute wieder feststellen.) Mit Menschenkenntnis oder politischem Instinkt hatte das nicht sehr viel zu tun. Und so ist viel Porzellan von Joseph II. zerschlagen worden. Seine Kirchenpolitik stieß auf Widerstände, auch in der Nationalitätenpolitik machte er strategische Fehler. Es war einfach nicht möglich, Ungarn dem gleichen zentralistischen System zu unterwerfen wie Österreich. Schließlich musste er am Ende seines Lebens manche Reformen widerrufen und zurücknehmen, was in ihm ein Gefühl des Scheiterns hinterließ. Als Kaiser Joseph auf dem Totenbett lag, kursierte in den Gassen von Wien ein Spottgedicht auf ihn: »Der Bauern Gott, der Bürger Not, des Adels Spott liegt auf den Tod.«

Joseph II. verfügte, dass nach seinem Tod der Abgang in die Kapuzinergruft mit Ziegeln trocken verlegt werde. Bei einem Begräbnis könne man diese Mauer leicht entfernen, sonst aber habe niemand mehr in der Gruft etwas verloren. Er selbst verzichtete auf die getrennte Bestattung, das heißt, er liegt komplett mit Herz und Intestina, angekleidet in einer Feldmarschallsuniform, im Sarg.

Der Übergang von der Maria-Theresien-Gruft in die Gruft von Kaiser Franz II./I. markiert eine mehrfache Zäsur. Wir verlassen das Heilige Römische Reich und treten in das erbliche Kaisertum Österreich ein. Die Pracht von Barock und Rokoko hat ein Ende. Nie mehr wieder wird der Tod so gefeiert werden. Die Zäsuren der Aufklärung, Revolution und der Zusammenbruch des Reiches machen sich auch stilistisch bemerkbar.

Die Franzensgruft

Kaiser Franz II./I. (1768–1835) Wenig Spektakuläres lässt sich in der Persönlichkeit von Franz finden, dem Erben der drei Reformkaiser Maria Theresia, Joseph II. und Leopold II. Seine Regierungszeit gehört mit zu den längsten der Habsburger, 43 Jahre lenkte er die Geschicke seiner Länder. Wie bei seinem Ahnherrn Kaiser Friedrich III. bestand bei Franz die politische Leistung in bewegter Zeit vor allem im Überleben, schreibt der Historiker Adam Wandruszka. Und er musste viel überleben. In seiner Zeit erlebte Europa einen radikalen Umbruch, die Französische Revolution hatte mit einem Mal die althergebrachte Ordnung infrage gestellt, das Heilige Römische Reich brach zusammen und Napoleon spielte in Europa wie auf einem Schachbrett. Erst nach über 20 Jahren Kriegszeit sollte mit dem Wiener Kongress wieder Frieden einkehren.

Waren Vater und Onkel noch fortschrittlich und aufklärerisch gesinnt, hatte Franz überhaupt nichts Visionäres an sich und wenig

Vorstellung von seinen Gestaltungsmöglichkeiten. Politische oder gesellschaftliche Reformen waren seine Sache nicht. Während seiner Regierungszeit wurde Österreich zu einem Hort der Reaktion und zum Inbegriff staatlicher und gesellschaftlicher Unbeweglichkeit. Mit Franz wurde die Reaktion auf die von der Französischen Revolution freigesetzten Kräfte zum Gebot der Habsburger.

Franz wurde am 12. Februar 1768 in Florenz geboren. Als man seiner Großmutter Maria Theresia die Nachricht von seiner Geburt überbracht hatte, stürmte sie, bereits im Nachtgewand, in das Hoftheater und rief voller Freude ins Publikum hinein: »Der Poldl hat an Buam!« Sein Onkel Joseph II. holte ihn im Alter von 17 Jahren nach Wien, um ihn für sein späteres Amt auszubilden. Aber er hatte keine gute Meinung von ihm. Dieser sei ein verzogenes Muttersöhnchen, ohne eigene Gedanken, war er überzeugt, und das ließ er seinen Neffen bei jeder Gelegenheit wissen.

Der junge Franz gab sich Mühe, war aber in keine Richtung besonders begabt. Es gelang ihm nur selten, den Kaiser zufriedenzustellen. Er war ein unsicherer junger Mann, misstrauisch und verschlossen. Seine spätere Entscheidungsschwäche, seine Lethargie haben sicherlich ihren Ursprung in der wenig motivierenden Erziehung seines Onkels.

Als sein Vater Leopold II. die Regierung übernahm, ernannte er Franz gleich zum Mitregenten und band ihn in die Regierungsgeschäfte ein. Franz begleitete seinen Vater häufig auf dessen Reisen, dabei hatte er Gelegenheit, das Räderwerk der europäischen Diplomatie kennenzulernen. Nach dem Tod Leopolds wurde Franz mit 24 Jahren Kaiser.

Mittlerweile machte das neue Frankreich Österreich und den Habsburgern die Vormachtstellung in Europa streitig. Nach einem Staatsstreich war Napoleon Bonaparte an die Macht gespült worden, der mithilfe seiner lange erfolgreichen Armeen bald weite Teile Kontinentaleuropas beherrschte. Nach dem zweiten Koalitionskrieg kam es zum Frieden von Lunéville, der den Untergang des Heiligen Römischen Reiches in Gang setzte. Alle linksrheinischen Gebiete fielen an Frankreich, die Fürsten wurden mit durch die Säkularisation frei gewordenen Gütern und Herrschaften entschädigt.

In Vorahnung der kommenden Umwälzungen und als Reaktion auf Napoleons Krönung zum Kaiser begründete Kaiser Franz II. 1804 das österreichische Kaisertum als Erbmonarchie. Das Heilige Römische Reich war inzwischen immer brüchiger geworden, die Reichsfürsten untereinander zerstritten. Geschickt hatte Napoleon Fürsten und Kaiser gegeneinander ausgespielt. Nach Gründung des Rheinbunds drohte er, in Österreich einzumarschieren, würde Franz nicht als Kaiser des Heiligen Römischen Reiches zurücktreten. Schließlich erklärte Kaiser Franz am 6. August 1806 das Heilige Römische Reich für erloschen. Nicht unbegründet fürchtete er, dass der selbst ernannte Kaiser der Franzosen auch vor dieser ältesten Würde des Abendlandes nicht haltmachen würde. Zwar hatten ihm die französischen Überbringer der napoleonischen Erpressung versichern müssen, dass der Korse nicht nach der Reichskrone greifen würde, aber dieser hatte schon zu oft sein Wort gebrochen.

In gewissem Sinne repräsentierte Franz doch seine Zeit. Die majestätische Größe der barocken, religiös-politischen Herrscherauffassung existierte nicht mehr. Franz war vielmehr ein bürgerlicher Kaiser, das Bild des guten Hausvaters, des »Herrn Biedermeier« trifft viel eher auf ihn zu. Im Alter von 67 Jahren starb Kaiser Franz I. inmitten seiner großen Familie.

Die Gruft in welcher »der gute Kaiser Franz«, wie er im Volksmund genannt wurde, bestattet liegt, ist ein achteckig gestalteter, nach oben gewölbter Raum. Durch ein waagrecht angebrachtes Fenster am Scheitelpunkt des Gewölbes fällt gedämpftes Licht. Die Wände sind aus rötlichem Stuckmarmor, eine diffizile Gipsputzarbeit. In die künstlich marmorisierten Wände sind vier halbrunde Nischen eingebaut, die wahrscheinlich für Statuen gedacht waren. Vor diesen Nischen stehen die Sarkophage der vier Ehefrauen von Kaiser Franz II./I.

Elisabeth Wilhelmine von Württemberg-Mömpelgard (1767–1790)
Kaiser Joseph II. holte die Tochter des Württembergischen Herzogs Friedrich II. und von Friederike von Brandenburg-Schwedt als Braut für seinen Neffen Franz nach Wien. Die 15-jährige Prinzessin, eher unhübsch, mit schlechten Zähnen, aber entwaffnendem Charme, eroberte mit ihrer natürlichen, warmherzigen Art sofort das Herz des

Aufbahrung von Kaiser Franz II./I.

einsamen Kaisers. Er ließ sie im Kloster der Salesianerinnen sorgfältig erziehen, ihre Zähne regulieren und stattete sie mit allem, was sie benötigte, aus. Elisabeth dankte es dem Kaiser mit Anhänglichkeit und echter Zuneigung. Für Joseph wurde sie die Tochter, die er nicht mehr hatte. Als Elisabeth und Franz 1788 heirateten, ersetzten sie ihm das Familienleben, welches er so lange hatte entbehren müssen.

Als sie Joseph wissen ließ, dass sie ein Kind erwartete, war er überglücklich. Er versuchte, seine schlechte Gesundheit vor ihr zu verbergen, um sie nicht zu belasten. Elisabeth ging es in ihrer Schwangerschaft nicht gut. Als sie erfuhr, dass Kaiser Joseph die Letzte Ölung empfangen sollte, was man ihr verheimlichen hatte wollen, eilte sie voller Angst an sein Krankenbett. In der gleichen Nacht gebar sie eine Tochter, wenige Stunden danach starb sie. Niemand wagte zunächst, Kaiser Joseph vom Tod seiner geliebten Nichte zu erzählen. Als er es erfuhr, war seine letzte Lebenskraft gebrochen. Kaiser Joseph II. starb zwei Tage nach Elisabeth. Das Kind starb mit 16 Monaten.

Maria Theresia von Neapel-Sizilien (1772–1807) Sechs Monate nach dem Tod seiner ersten Frau heiratete Franz seine Cousine ersten Grades, Maria Theresia von Neapel-Sizilien. Sie war das Gegenteil ihres kühlen Gatten: temperamentvoll und fröhlich. Aber wie er musikalisch und vom Naturell eine echte Enkelin Maria Theresias. Ihre Mutter war die energische Königin Maria Karolina von Neapel-Sizilien. Maria Theresia von Neapel-Sizilien schenkte ihrem Mann zwölf Kinder, die sie liebevoll und mit leichter Hand erzog. Ludwig van Beethoven verehrte die junge Kaiserin und widmete ihr sein Septett in Es-Dur. Joseph Haydn schrieb für sie die »Theresienmesse«.

Während ihrer zwölften Schwangerschaft erkrankte Maria Theresia an Rippenfellentzündung und brachte ihr Kind verfrüht zur Welt. Sieben Tage nach der Geburt starb sie im Alter von 35 Jahren.

Maria Ludovika von Este-Modena (1787–1816) Wieder war es eine Cousine ersten Grades, die Kaiser Franz ein Jahr nach dem Tod seiner zweiten Frau heiratete. Diesmal eine Tochter seines Onkels Erzherzog Ferdinand Karl und dessen Frau Maria Beatrice d'Este. Maria Ludovika war 21 Jahre alt, als der 40-jährige Kaiser sie ehelichte. Die anmutige, zum Frohsinn neigende junge Frau war ihren Stiefkindern eine verständnisvolle Mutter. Selbst sehr gebildet, überwachte sie deren Erziehung. Als die älteste Tochter, Marie-Louise, den Kaiser der Franzosen heiraten musste, stellte sich Ludovika ganz auf deren Seite. Ihre eigene Familie hatte während der Napoleonischen Kriege aus der italienischen Heimat fliehen müssen. Ludovika hasste Napoleon und sprach dies offen aus. Dass es ihr nicht gelang, ihre Stieftochter Marie-Louise vor einer Verheiratung mit Napoleon zu bewahren, empfand sie als persönliches Scheitern.

Obwohl Kaiserin Ludovika bald nach der Hochzeit an Tuberkulose erkrankte, bemühte sie sich, eine gute Repräsentantin des Kaiserreichs zu sein. Während des Wiener Kongresses, dessen Veranstaltungen für sie kräftezehrend waren, kränkelte sie. Schließlich starb Ludovika, die auf ärztliches Anraten nach Italien gefahren war, in Verona. Sie war 28 Jahre alt.

Zwei Jahre, nachdem die Kaiserin in der Kapuzinergruft bestattet worden war, fand Kaiser Franz I. im Nachlass seiner Frau einen Ring, von dem er wusste, dass sie mit ihm begraben sein wollte. Sofort gab er seinem Adjutanten, Fürst Trauttmansdorff, den Auftrag, den Ring der verstorbenen Kaiserin an den Finger zu stecken. Die Kapuziner wurden vom kaiserlichen Befehl verständigt. Der Sarg musste geöffnet werden. Man stellte glühende Kohlenbecken zum Aufschweißen des Metallsarges bereit und entzündete Fackeln in der Gruft. Fürst Trauttmansdorff erfüllte diese Pflicht sehr ungern und verfügte, alles habe rasch zu geschehen. Die Patres waren empört über die Störung der Totenruhe, aber auch der Meinung, dass alles würdevoll zu geschehen habe. Der Metallsarg wurde sorgfältig geöffnet, danach der Innensarg aufgesperrt. Es war nun an Trauttmansdorff, seine ehrenvolle Aufgabe zu erledigen. Dieser trat zögernd an den Sarg, schaute in das leicht schwärzlich verfärbte Gesicht der toten Kaiserin, stieß einen Schreckenslaut aus, und anstatt den Ring an den Finger der Kaiserin zu stecken, warf er ihn in den Sarg und verließ fluchtartig die Gruft, begleitet von heftigen Unmutsäußerungen der Patres.

Karoline Auguste von Bayern (1792–1873) »Sie schaut gesund aus und blühend. Wenigstens hab ich dann nicht in ein paar Jahren wieder eine Leich'!« Das war angeblich der Kommentar von Kaiser Franz I., als er ein Bild seiner zukünftigen vierten Frau sah. Karoline Auguste von Bayern war die Tochter des bayerischen Königs Maximilian Joseph und die Schwester von Erzherzogin Sophie, der Mutter von Kaiser Franz Joseph I. Ihre erste Ehe mit dem Kronprinzen von Württemberg wurde von Papst Pius VII. im beiderseitigen Einverständnis des Paares annulliert. Ein Jahr danach, 1816, wurde sie mit Franz I. von Österreich verheiratet.

Karoline Auguste galt als gütig und sozial äußerst engagiert. Jugendfürsorge, Krankenpflege für die Armen sowie die Schaffung eines Wohnbauprojektes für Arbeiter lagen ihr sehr am Herzen. Als Gönnerin von Franz Grillparzer förderte sie seine Arbeiten, wie zum Beispiel sein Theaterstück »König Ottokars Glück und Ende«. Ihren kaiserlichen Gemahl überlebte sie um 38 Jahre. Sie war beliebt in der Familie und beim Volk und führte ein ruhiges, beschauliches Leben, teils in Wien, teils in Salzburg. Das Salzburger Landesmuseum Carolino Augusteum ist nach ihr benannt.

Spielbälle der Mächte Neben dem Sarg von Kaiser Franz II./I. waren in früheren Zeiten die Särge seiner Tochter Marie-Louise und seines Enkels Franz Joseph Karl, Herzog von Reichstadt, aufgestellt. Beide waren zu Spielbällen der Mächte geworden, der junge Herzog noch über seinen Tod hinaus.

Marie-Louise (1791–1847) wurde auserwählt, den selbst ernannten Kaiser der Franzosen, Napoleon, günstig zu stimmen. Nachdem der Usurpator ganz Europa überrollt und Österreich militärisch gedemütigt hatte, verheiratete man die junge Erzherzogin 1810 nach Paris. In Österreich empfand man dies als weitere Demütigung. Marie-Louise fügte sich in ihr Schicksal und betrachtete es als Opfer, das sie für Österreich bringen musste. Wider allen Erwartens aber verliebte sie sich in den Korsen und brachte am 20. März 1811 den so wichtigen Thronfolger Napoleon François Joseph Charles, genannt Napoleon II., auf die Welt. Der kräftige kleine Bub wurde vom stolzen Vater zum König von Rom erhoben. Er nannte ihn auch gern Aiglon, junger Adler.

Drei Jahre später war der Zauber vorbei, Napoleon dankte ab, Marie-Louise floh mit ihrem Kind nach Wien, wo ihr Schönbrunn als Wohnort zugewiesen wurde. 1815 kehrte der Franzosenkaiser von der Verbannungsinsel Elba zurück und versetzte Europa erneut in Angst und Schrecken. Dieses Mal allerdings gelang es, ihn mit vereinten Kräften bei Waterloo endgültig zu schlagen. In Frankreich wurden die Bourbonen restauriert, Europa sortierte sich neu.

Am Wiener Hof übrig geblieben waren Marie-Louise und ihr kleiner Sohn als unangenehme Erinnerung an den französischen Eroberer. Um den französischen Titel des kleinen Prinzen zu umgehen, ernannte ihn sein Großvater zum Herzog von Reichstadt. Etwas erleichtert nahm man zur Kenntnis, dass sich Marie-Louise gern ihrem Herzogtum Parma und vor allem ihrem Vertrauten Graf Adam Albert von Neipperg widmete. Blieb nur noch der kleine Prinz am Wiener Hof, von dem man nicht so recht wusste, was man mit ihm machen sollte. Auf jeden Fall aber erzog man ihm alles Französische ab. Er entwickelte sich zu einem charmanten, allseits beliebten jungen Mann, allein es blieb der Makel des Vaters. Im Alter von 20 Jahren erkrankte er an Tuberkulose. Die Ärzte rieten zu einem Genesungsaufenthalt am Meer oder in den Bergen. Metternich lehnte ab. Am 22. Juli 1832 starb der Herzog von Reich-

Links neben dem Sarg von Kaiser Franz stand bis 1940 der Sarg des Herzogs von Reichstadt.

stadt im Alter von 21 Jahren an schwerer Tuberkulose. Sein Sarg stand bis 1940 neben dem Sarg seines Großvaters Kaiser Franz II./I.

In seinem Testament hatte Franz Joseph Karl allerdings den Wunsch geäußert, an der Seite seines Vaters begraben zu sein. Und es war ausgerechnet Adolf Hitler, der ihm diesen Wunsch erfüllen sollte.

Am 12. Dezember 1940 bemerkte der Pater Provinzial zu seiner Beunruhigung unter den Besuchern der Frühmesse Gestapo-Leute. Das konnte nichts Gutes bedeuten. Nach der Messe wurde ihm und dem Pater Guardian befohlen, den Herren zum Gestapo-Hauptquartier zu folgen. Bangen Herzens gingen die Patres mit.

»Sie wollen nur einen Sarg«, riefen die Kapuzinerbrüder, nachdem sie ins Kloster zurückgekehrt waren. Beide hatten Angst gehabt, dass das Kloster und die Gruft geschlossen werden sollten. »Sie wollen den Herzog von Reichstadt«, erklärten die Patres weiter. Bruder Fulgenz, einer der Kapuzinerbrüder, begab sich daraufhin zum Ordinariat, um Kardinal Innitzer über die Vorfälle zu verständigen. Überrascht meinte der Erzbischof von Wien: »Weichen darf man nur der Gewalt. Wir haben keine Macht, dies jetzt zu verhindern. Wir müssen aber dafür sorgen, dass es die Wiener erfahren. Es wird ihnen nicht gefallen, dass ein Toter aus der Gruft weggeschafft wird.«

In der Zwischenzeit waren Pater Guardian und Pater Provinzial beim Regierungspräsidenten vorstellig geworden, um gegen die Entführung des Sarkophags des Herzogs von Reichstadt zu protestieren. Doch Hitlers Befehl war klar und nicht rückgängig zu machen. Hitler sah es als reine Freundschaftsgeste gegenüber Frankreich und Propaganda für das Deutsche Reich.

Aus den Aufzeichnungen des Kapuzinerpaters Werner Weinrother, der alles miterlebt hat, erfahren wir: »Um 11 Uhr 40 bin ich hinunter in die Gruft und sah, daß man den Sarg des Herzogs von Reichstadt bereits von seinem Platz weggeschafft hatte. Der Sarkophag ist über 800 kg schwer. 10 Männer der Bestattung trugen ihn. Man hatte ihn bereits bis zur Stiege gebracht, die in die Kirche hinaufführt. Nun sah ich auch, dass SS Leute und SA Männer da waren.« Das ganze Kloster war in Aufruhr. Die Totenruhe war gestört. Hilflos mussten die Patres zusehen. Schließlich bestanden sie darauf, den Sarg noch einmal zu segnen. Regierungspräsident Hans Delbrügge und der Chef der Wiener Polizei, ebenfalls anwesend, erlaubten dies unter der Bedingung des Ausschlusses der Öffentlichkeit. »Als wir fertig gebetet hatten«, erzählt Pater Weinrother weiter, »wurde der Sarg zum Leichenwagen gebracht, der auf dem Neuen Markt stand, und hinaufgehoben. Der alte gefederte Leichenwagen krachte in allen Fugen und wurde zusammengedrückt […], dabei läutete es zum Engel des Herrn. Danach setzte sich der Wagen in Bewegung. […] Ich glaube, alle Leute, die Zeugen des Abtransportes waren, konnten sich des Eindrucks nicht erwehren, dass sie einen Leichenraub am hellen Tag gesehen haben.« Mit Wehmut sahen die Kapuzinermönche dem Abtransport zu. Auf dem Sarkophag lag seit langer Zeit ein vertrockneter Farnzweig, der nach Paris mitging.

Auch das Herz des jungen Reichstadt sollte geholt werden. Doch in der Augustinerkirche waren gerade Restaurierungsarbeiten im Gang. Der gesamte Altarraum war verschalt und der Abgang in die Herzgruft unzugänglich. Dass es einen zweiten Zugang zur Gruft gab, verschwiegen die Augustinerbrüder den Nazis in schöner Eintracht. Von der Intestinabestattung in der Herzogsgruft des Stephansdoms wussten die

Der Sarkophag des Herzogs von Reichstadt bei der Verladung in den Trauerwagen anlässlich der Überführung nach Paris im Jahr 1940

Nazis nichts. Bei feuchtkaltem, nebeligem Wetter rumpelte der vierspännige Trauerwagen mit den sterblichen Resten des kleinen Adlers dem Westbahnhof zu. Dort wurde der Sarg in einen Sonderwagen gehoben und bedeckt mit einem schwarz-goldenen Bahrtuch nach Paris überführt. Vertreter des Staates, der Deutschen Wehrmacht (Ernst Kaltenbrunner) und der Partei verabschiedeten den Herzog von Reichstadt mit allen militärischen Ehren und dem Deutschen Gruß.

Fast auf den Tag genau 100 Jahre, nachdem sein Vater Napoleon I., von St. Helena kommend, nach Paris zurückgekehrt war, traf der Herzog von Reichstadt und König von Rom in Paris ein. Er wurde mit allen Ehren empfangen. Botschafter Otto Abetz und der Militärkommandant von Paris, General Otto von Stülpnagel, übernahmen den Herzog. François Darlan, Politiker des Vichy-Regimes, bedankte sich bei Otto Abetz mit den Worten: »Ich danke Ihnen, dass sie uns den Sohn unseres Kaisers zurückgegeben haben.« Eine deutsche Motorradeskorte brachte ihn auf einer deutschen Lafette zum Invalidendom. Die Fahrt ging am Tuileriengarten vorbei, in dem einst das Geburtsschloss des Prinzen stand. Reichstadt wurde in den Hof vor dem Invalidendom gefahren und mit allen Ehrenbezeigungen und wieder mit deutschem Gruß verabschiedet. Nun übernahmen französische Gardesoldaten den Sarkophag des Königs von Rom und trugen ihn auf ihren Schultern in den Dom. Trommelwirbel und Fanfarenklänge begleiteten den Einzug. Der Kupfersarg Napoleons II. wurde neben dem mächtigen Sarkophag seines Vaters platziert, mit einer großen übergebreiteten Trikolore. 1969 verbrachte man den Sarg in die Unterkirche. Ein einfacher, in den Boden eingelassener Grabstein erinnert an dieses traurige Kind.

Die Toskanagruft

Obwohl Maria Theresias riesige Kinderschar ihr die Sicherheit gab, dass die Familie nicht aussterben würde, suchte man nach einer Möglichkeit, auch jüngere Söhne standesgemäß zu positionieren. Tu felix Austria, nube!

Nach dem Pockentod des 16-jährigen Erzherzogs Karl »erbte« sein Bruder Leopold die Toskana und gleichzeitig die vorgesehene Braut Maria Ludovica von Spanien. Aus dieser Verbindung, gesegnet mit zwölf Söhnen und vier Töchtern, gehen die meisten der heute lebenden Habsburger hervor. Ferdinand von Österreich (1754–1806) heiratete die unsagbar reiche Erbin von Modena, Maria Beatrix von Este, und wurde der Begründer der Linie Österreich-Este. Erzherzog Karl (1771–1847), der Sieger von Aspern, nach dem frühen Tod seiner Eltern von seinem Onkel Herzog Albert von Sachsen-Teschen adoptiert und mit Henriette von Nassau-Weilburg verheiratet, war der Begründer der Linie Österreich-Teschen. 1796 wurde Erzherzog Joseph zum Palatin von Ungarn ernannt. Er wurde der Begründer der Ungarischen Linie Habsburgs.

Als »Erntekammer des Todes« bezeichnete ein Kapuzinermönch diesen Teil der Toskanagruft. Tatsächlich liegen die Särge hier dicht aneinandergereiht.

Kaiser Leopold II. (1747–1792) Franz Stephan von Lothringen musste die Zustimmung Frankreichs zu seiner Ehe mit Maria Theresia zwar mit dem Verlust seiner Heimat, dem Herzogtum Lothringen, bezahlen, er erhielt aber zum Ausgleich das Großherzogtum Toskana, das mit dem Tod des letzten Medicifürsten Gian Gastone 1737 vakant geworden war. Franz Stephan und Maria Theresia residierten nur kurze Zeit in der Toskana, bis sie anlässlich des Todes von Karl VI. nach Wien zurückgerufen wurden.

Nach dem Tod Franz Stephans übernahm ihr dritter Sohn, Peter Leopold, das Großherzogtum und entpuppte sich als außerordentlich begabter Fürst. Heute noch spricht man in der Toskana voller Respekt von Pietro Leopoldo. Aus der Toskana machte er einen Musterstaat, Landwirtschaft, Handel, Steuer, Kirchenangelegenheiten, Abschaffung der Folter und Todesstrafe waren seine Hauptanliegen. Er war der Inbegriff eines aufgeklärten Fürsten. Ganz im Stil der Zeit schrieb er eine Anleitung zur Prinzenerziehung: »Keine Mühen dürfen gespart werden, den Prinzen Gefühl für ihr Land und Achtung vor dessen Eigenart einzuflössen. Man begründe in ihnen eine Abneigung dagegen, der Bevölkerung Steuern aufzuerlegen.«[11]

Für ihn selbst war die Toskana ein Paradies. Er war nicht glücklich, als er nach dem Tod von Joseph II. den Thron übernehmen musste. In den kurzen zwei Jahren seiner Regierungszeit schwächte er wenigstens die ärgsten Reformen seines Bruders ab, überraschend starb er im Alter von 45 Jahren. Man hätte sich gewünscht, dass dieser intelligente und vernünftige Mann noch länger die Geschicke des Reiches hätte lenken können. Sein Sarg ist ganz bescheiden und ungeschmückt. Sein prachtvolles Kenotaph aus grauem Marmor ist in der Augustinerkirche zu bewundern. In der Kapuzinergruft war dafür kein Platz.

Kaiserin Maria Ludovica (1745–1792) Die Gemahlin von Leopold II. überlebte ihren Mann um nur zwei Monate. Das jüngste ihrer 16 Kinder (zwölf Söhne und vier Töchter) war zu diesem Zeitpunkt erst vier Monate alt. Die Waisen wurden in der Familie »aufgeteilt«. Der kleine Karl Ludwig, der später als Sieger von Aspern in die Geschichte einging, wurde von Albert von Sachsen-Teschen und seiner Frau Marie Christine sogar adoptiert.

Erzherzogin Marie Christine (1742–1798), Herzog Albert von Sachsen-Teschen (1738–1822) Neben ihrem Bruder Leopold II. ruht Maria Theresias Lieblingstochter, Marie Christine. Mimi, wie man sie in der

Familie nannte, wurde heiß beneidet von fast allen Geschwistern, denn sie durfte heiraten, wen sie wollte. Und sie wollte Herzog Albert von Sachsen, dem Maria Theresia zur Hochzeit zusätzlich den Titel Herzog von Teschen verlieh. Noch im Trauerjahr um den Vater, Franz I. Stephan, erlaubte Maria Theresia, dass beide, wenn auch außerhalb Wiens, 1766 heiraten durften. Das Hochzeitsgeschenk Maria Theresias an das junge Paar war die Burg Pressburg in der alten ungarischen Krönungsstadt. Maria Theresia ernannte Marie Christine und Albert zum Statthalterpaar in den Niederlanden, wo beide den Auftrag zum Bau von Schloss Laeken in Brüssel gaben, das heute von der belgischen Königsfamilie bewohnt wird. Ihre Grafikensammlung ist die größte der Welt und in ihrem Stadtschloss, der Albertina, untergebracht.

Selbst kinderlos, kümmerte sich Marie Christine liebevoll um die verwaisten Kinder ihres Bruders Leopold. Sie starb 1798 an einer Magenkrankheit, tief betrauert von ihrem Mann.

Königin Maria Karolina von Neapel und beider Sizilien (1752–1814)
Sie war Maria Theresias energischste Tochter. Nicht im Aussehen, doch vom Charakter war sie der Mutter am ähnlichsten. Maria Karolina wurde mit König Ferdinand IV. von Neapel verheiratet, der ein unfassbarer Rüpel gewesen sein muss. Nach anfänglichen Schwierigkeiten gelang es Maria Karolina jedoch, sich zu behaupten. 18 Kindern hat sie das Leben geschenkt.

Das Leben der Königin in Neapel war eine einzige Herausforderung. Da ihr Mann sich um so gut wie nichts kümmerte, musste Maria Karolina die Regierungsgeschäfte in die Hand nehmen, sehr getadelt dafür von ihrer Mutter. Sie kam manchmal fast um vor Heimweh und ergriff jede Gelegenheit, die weite Reise nach Wien anzutreten, was ihr vor allem gelang, als einige ihrer Kinder nach Wien heirateten. Maria Karolina war zutiefst verzweifelt, als ihre Lieblingsschwester Marie-Antoinette in Paris enthauptet wurde, und musste erdulden, dass Napoleon sie und ihre Familie aus ihrem Königreich vertrieb. Schließlich wurde auch noch ihre Enkelin Marie-Louise mit dem Kaiser der Franzosen verheiratet, was sie mit dem Satz quittierte: »Das hat mir gerade noch gefehlt, dass ich des Teufels Großmutter werde.«

Auf einem ihrer Wienbesuche, während des Wiener Kongresses, starb Maria Karolina in Schloss Hetzendorf nach einem Schlaganfall. Dass sie in Wien bestattet ist, wird ihr wohl recht sein.

Erzherzog Ferdinand Karl von Österreich-Este (1754–1806) In der Familie nannte man ihn gern »den falschen Ferdinand«, da er oft als Brautführer fungierte, wenn eine seiner Schwestern heiratete. Zwei seiner Schwestern ehelichten einen Ferdinand: Maria Karolina im Jahr 1768 König Ferdinand IV. von Neapel und Maria Amalia im Jahr 1769 Herzog Ferdinand von Parma. Als 1770 seine Schwester Marie-Antoinette den Dauphin von Frankreich heiratete, war Ferdinand ebenfalls ihr Brautführer. Diesmal meinte man: »Jetzt kennt er sich schon aus mit dem Heiraten und sollte es selbst versuchen.« Ein Jahr später heiratete Ferdinand die reiche Erbin von Modena, Massa und Carrara, Beatrix von Este. Das Paar lebte in Mailand, wo Ferdinand nach dem Tod der Großmutter von Beatrix Statthalter der Lombardei wurde – mit wenig Handlungsfreiheit, da sein Bruder Joseph II. alles genau kontrollierte und ihn gern maßregelte.

Während der Napoleonischen Kriege musste Ferdinand mit seiner Familie Mailand verlassen und verlor viele seiner Güter. In Wien wohnte er mit seinen älteren Söhnen meist im Schloss Belvedere, in der Nähe des Kaisers, seine Gattin lebte mit den jüngeren Kindern in Wiener Neustadt.

Franz V. von Modena (1819–1875) Herzog Franz V. übernahm 1846 nach dem Tod seines Vaters die Herzogtümer Modena, Massa, Carrara und das riesige Vermögen der Este. Trotz vieler Reformversuche blieb Modena ein Unruheherd. 1859 kam es zum Krieg zwischen Österreich und Sardinien, was Ausschreitungen in Massa und Carrara zur Folge hatte. Nach dem Sieg der Italiener in der Schlacht von Magenta musste Franz V. das Herzogtum Modena verlassen und kam über Umwege nach Wien. Franz war mit Prinzessin Adelgunde von Bayern verheiratet. Das Paar blieb kinderlos. Testamentarisch vermachten sie die ungeheure Kunstsammlung der Familie Este dem erstgeborenen Sohn von Erzherzog Karl Ludwig, Erzherzog Franz Ferdinand, der daraufhin den Namen Habsburg-Este annahm.

Die Ferdinandsgruft

Kaiser Ferdinand I. von Österreich (1793–1875), Kaiserin Maria Anna (1803–1884) Um Kaiser Ferdinand I. eine würdige Grabstätte zu geben, wurde der Wiener Baumeister Johann Höhne beauftragt, eine weitere Gruft zu errichten. Die nördliche Mauer der Franzensgruft sowie die linke Seitenwand zur Toskanagruft wurden durchbrochen, so entstanden offene Übergänge in beide Grüfte. Hochgestellt auf einem weißen Kunststeinsockel steht der Sarkophag von Kaiser Ferdinand I.

Als schwerer Epileptiker war er zur Welt gekommen. Ständig kränkelnd, musste er immer betreut werden, doch er war sich seiner Würde und seines Standes absolut bewusst. Wie alle Habsburgersöhne erhielt er, soweit es für ihn möglich war, eine fundierte Ausbildung. An guten Tagen war Ferdinand aufgeschlossen und humorvoll, an schlechten konnte er launisch und unnahbar sein.

Im Hause Habsburg herrscht die Primogenitur. Als ältester Sohn von Kaiser Franz II./I. war er selbstverständlich der Thronerbe, ein anderer seiner Brüder kam nicht infrage. Gute Berater halfen ihm bei seiner schweren Aufgabe, und manchmal hatte er durchaus Verständnis und Interesse für sein hohes Amt. Das Volk liebte ihn. Als Ferdinand »der Gütige« ging er in die Geschichte ein, die spottlustigen Wiener nannten ihn gern »Gütinand der Fertige«.

Kaiser Ferdinand war der letzte Habsburger, der noch mit allen Kronen gekrönt wurde: 1830 mit der Heiligen Stephanskrone zum König von Ungarn, 1836 mit der Heiligen Wenzelskrone zum König von Böhmen und 1838 mit der Eisernen Krone zum König von Lombardo-Venetien.

Verheiratet wurde Ferdinand mit der sardinischen Königstochter Maria Anna von Piemont. Das Paar führte eine durchaus harmonische Ehe. Beide liebten Musik, Botanik und Kunst.

Als Erzherzogin Sophie ihren Gatten Franz Karl überredete, 1848 zugunsten seines ältesten Sohnes Franz Joseph auf die Thronfolge zu verzichten, stand ihr Kaiserin Maria Anna fest zur Seite. Es war großteils ihrem Einfühlungsvermögen zu verdanken, dass Ferdinand seinem Neffen die Regierungsgeschäfte übergab.

2 Totenkopf, ein Detail am Sarkophag von Kaiser Joseph I.

3 Ein Adler stützt den Sarg von Kaiserin Maria Theresia und Kaiser Franz I. Stephan.

1 (vorhergehende Seite)
Vanitas-Symbol mit der Krone des Heiligen Römischen Reiches, ein Detail am Sarkophag von Kaiser Karl VI.

4 (rechte Sei
In der Restaurierun
werkstatt der Gr

ACHTUNG, ALARM !

7 (oben) Brautfahrt nach Barcelona, ein Detail am Sarkophag von Kaiserin Elisabeth Christine. Über dem Schiff fliegt ein Adler, der die Kaiserkrone bringt.
8 (unten) Der Sarkophag von Kaiser Karl VI.

9 (ganz oben) Sarkophage der Familie von Kaiser Joseph II. in der Maria-Theresien-Gruft

10 Ein Blumengruß an einem Sarkophag

11 Trauernde Genie mit der Krone von Ungarn, ein Detail am Sarkophag von Maria Theresia

12 (vorhergehende Doppelseite) Ein Blick in die Maria-Theresien-Gruft

13 Der Sarkophag von Maria Josepha, der zweiten Gemahlin von Joseph II.

14 Der Sarkophag von Kaiser Ferdinand I. und im Hintergrund von Kaiser Franz II./I.

15 Sarkophage in der Toskanagruft, in der Mitte der Sarg von Kaiser Leopold II.

16 Die Evangelienseite der Leopoldsgruft

Die Sarkophage von Kaiserin Elisabeth, Kaiser Franz Joseph I. und Kronprinz Rudolf

Kronprinz RUDOLPH

18 Ein Detail des Sarkophags von Erzherzogin Maria Theresia (oben)
19 Der Tod im Visier, ein Detail am Sarkophag von Kaiser Joseph I. (unten)

Die Neue Gruft

In den Jahren von 1960 bis 1962 wurde unter dem Klostergarten ein neuer Gruftraum, auch Schwanzergruft genannt, gebaut. Der Platzmangel in der Toskanagruft hatte dies notwendig gemacht. 26 Särge, die zuvor eng nebeneinander gestanden waren, konnten nun ordentlich aufgereiht werden, und das unter besseren Klimabedingungen. Dies war wichtig für die Pflege und Erhaltung der Sarkophage. 1962 weihte der Wiener Kardinal Franz König die Neue Gruft feierlich ein. Die Architektur entspricht dem Stil der 1960er-Jahre: Inmitten roh belassener, geschütteter Betonwände und wellenförmiger Lagen groben Schotters, die Erdschichten versinnbildlichen, stehen Sarkophage aus Renaissance, Barock und Biedermeier bis hin zur Neuzeit. An der Westseite der Gruft finden sich die Särge der Geistlichen des Hauses Habsburg.

Erzherzog Leopold Wilhelm (1614–1662) Der Sohn von Kaiser Ferdinand II. war Bischof und Hochmeister des Deutschen Ritterordens sowie spanischer Statthalter in den Niederlanden. Nachdem König Karl I. von England durch Oliver Cromwells Regime abgesetzt und enthauptet worden war, kaufte Leopold Wilhelm große Teile von dessen Gemäldesammlung und mietete extra in Brüssel eine Galerie, um die kostbaren Gemälde unterzubringen, bis er einen endgültigen Platz für sie gefunden hatte. Der Maler David Tenier hat dies auf einem Gemälde verewigt. Die Sammlungen des kunstliebenden Erzherzogs bilden einen wichtigen Grundstock des Kunsthistorischen Museums in Wien.

Erzherzog Karl Joseph (1649–1664) Der Sohn von Kaiser Ferdinand III., Bischof von Olmütz, starb bereits mit 15 Jahren. Seinen reich ornamentierten Zinnsarkophag hat Lothar Som gestaltet.

Karl Joseph von Lothringen (1680–1715) Der Fürsterzbischof von Olmütz war Erbe Leopold Wilhelms. Auf dem mit geistlichen Insignien geschmückten Sarkophag, gestaltet von Lukas von Hildebrandt, steht seine Herzurne. Seine Mutter Eleonore Maria Josepha war eine Schwester von Kaiser Leopold I.

Erzherzog Maximilian Franz (1756–1801) Der jüngste Sohn Maria Theresias war Fürsterzbischof von Köln. Bis zur Fertigstellung seines Übersarkophags musste der Holzsarg wegen starken Verwesungsgeruchs in eine Nische der Fuchs-Mollard-Gruft eingemauert werden.

Erzherzog Rudolf Johann Rainer (1788–1831) Der Kardinal und Fürsterzbischof von Olmütz war ein großer Musikliebhaber und Gönner Beethovens. Ihm hat der Komponist sein Werk »Missa Solemnis« gewidmet. Als Napoleons Bruder, König Jérôme von Westphalen, Ludwig van Beethoven anbot, an seinem Hof in Kassel ein finanziell abgesichertes Leben zu führen, setzte Erzherzog Rudolf mithilfe der Fürsten Lobkowitz und Kinsky alles daran, Beethoven unter gleichen Bedingungen in Wien zu halten. Das Herz des Kardinals blieb in der Krypta des Doms zu Olmütz.

Erzherzog Wilhelm (1827–1894) Der Sohn von Erzherzog Karl und Henriette von Nassau-Weilburg nahm an der Schlacht von Königgrätz teil. Er war unter anderem Inhaber des 4. Infanterieregiments der Deutschmeister.

Erzherzog Karl (1771–1847) 1809 schlug Erzherzog Karl in der Schlacht von Aspern den bis dahin unbesiegten Napoleon, 1810 vertrat er ihn kurioserweise als Bräutigam bei dessen Hochzeit mit Erzherzogin Marie-Louise.

Erzherzogin Henriette von Nassau-Weilburg (1797–1829) Henriette weigerte sich, anlässlich ihrer Hochzeit mit Erzherzog Karl zum katholischen Glauben zu konvertieren und blieb Protestantin. Im Alter von 32 Jahren starb sie an Scharlach. Eines ihrer Kinder hatte sie angesteckt. Sie ist die einzige Protestantin, die in der Gruft bestattet ist. Kaiser Franz fegte die Ablehnung der Kapuziner und anderer ultrakatholischer Bedenkenträger hinweg: »Wenn sie als Lebende unter uns geweilt hat, so soll sie es auch im Tode.«

Kaiser Maximilian von Mexiko (1832–1867) Der ehrgeizige Bruder von Kaiser Franz Joseph I. war Konteradmiral der österreichischen Marine,

Generalgouverneur des lombardischen Königreichs und Erbauer des Schlosses Miramare bei Triest. Napoleon III. drängte den jungen Erzherzog, den Kaiserthron in Mexiko zu übernehmen. Obwohl ihm seine gesamte Familie von diesem Abenteuer abriet, ging Maximilian mit seiner Gemahlin Charlotte von Belgien nach Mexiko. Er konnte aber der ständigen Unruhen im Land nicht Herr werden. Schließlich wurde er von Revolutionären unter der Führung von Benito Juárez gefangen genommen und in der Festung Querétaro standrechtlich erschossen. Seine Gemahlin Charlotte überlebte Maximilian um 60 Jahre. Der Rücktransport seines Leichnams dauerte über ein halbes Jahr.

Erzherzog Albrecht von Österreich-Teschen (1817–1895) Der Sieger von Custozza war ein erzkonservativer Vertreter der habsburgischen Politik und stand für den Absolutismus. Albrecht erbte die Kunstsammlung der Albertina. Privates Glück blieb ihm versagt. Seine Gemahlin Hildegard von Bayern, eine enge Freundin von Kaiserin Elisabeth, starb im Alter von 39 Jahren, sein einziger Sohn mit zwei Jahren, und seine 18-jährige Tochter Mathilde erlag nach einem Brandunfall ihren Verletzungen.

Erzherzogin Hildegard (1825–1864) Gemahlin Albrechts.

Erzherzogin Mathilde (1849–1867) Tochter Hildegards und Albrechts.

Erzherzog Leopold Salvator (1863–1931) Der begeisterte Artillerist widmete sich der Modernisierung des Heeres. Er interessierte sich für die Luftschifffahrt und war Erfinder des Allradantriebs und Ehrenmitglied der Akademie der Wissenschaften.

Erzherzog Franz Karl (1802–1878) Der Vater von Kaiser Franz Joseph I. verzichtete für seinen Sohn auf die Thronfolge nach Kaiser Ferdinand I.

Erzherzogin Sophie (1805–1872) Die Mutter von Kaiser Franz Joseph I. war eine willensstarke, ehrgeizige und politisch aktive Persönlichkeit. Man nannte sie »den einzigen Mann in der Hofburg«. Die bayerische Königstochter lenkte mehr oder weniger die Geschicke der Monarchie und war eine entschiedene Gegnerin Metternichs. Mit ihrer kapriziösen Schwiegertochter Kaiserin Elisabeth konnte sie sich nicht anfreunden, auch aufgrund der Ungarnfreundlichkeit Elisabeths. Ihre Enkelkinder zog sie liebevoll auf, da deren Mutter immer wieder für längere Zeit abwesend war. Der Tod ihres Sohnes Maximilian brach dieser starken Frau das Herz. Sophie starb im Alter von 67 Jahren in Schloss Schönbrunn.

Erzherzog Karl Ludwig (1833–1896) Der dritte Sohn von Erzherzogin Sophie und Vater von Erzherzog Franz Ferdinand war mittelmäßig begabt und weder an Politik noch am Militärwesen interessiert. Als Repräsentant des Kaiserhauses setzte man ihn gern bei Ausstellungen ein. Er bekam den Spitznamen »der Ausstellungserzherzog«. »Interessant wird er niemals werden«, beurteilte ihn seine Mutter, Erzherzogin Sophie. Karl Ludwig war drei Mal verheiratet (mit Margarete von Sachsen, Maria Annunziata von Neapel-Sizilien und Marie Therese von Braganza) und hatte sechs Kinder. Aus seiner zweiten Ehe mit Maria Annunziata stammen unter anderen die Söhne Franz Ferdinand, der spätere Thronfolger, und Otto.

Erzherzog Otto Franz Joseph (1865–1906) Der Vater des letzten österreichischen Kaisers, Karl I., ging als »der schöne Otto« in die Geschichte der Stadt Wien ein. Sein Leben lang war er leichtsinnig, oft in Skandale verwickelt, was ihn wiederum beim Volk sehr beliebt machte. Am 1. November 1906 starb Erzherzog Otto an Syphilis.

Erzherzogin Maria Josepha (1867–1944) Die Mutter des letzten österreichischen Kaisers, Karl I., geborene Prinzessin von Sachsen, war eine vornehme, liebenswürdige Frau und gute Mutter. Ihre Ehe mit Erzherzog Otto lebte sie gottergeben. Im Ersten Weltkrieg pflegte die Erzherzogin verwundete Soldaten. Nach dem Ende der Monarchie ging sie mit Kaiser Karl und dessen Familie ins Exil.

Die Franz-Josephs-Gruft

Die Franz-Josephs Gruft sowie die anschließende Gruftkapelle wurden in den Jahren 1908/1909 vom Hofarchitekten Cajo Perisić im Stil des Secessionismus, des reinen Wiener Jugendstils, gestaltet. Beide Räume wirken durch ihre nüchterne, kühle Klarheit. Die Wände sind mit weißen, polierten Marmorplatten verkleidet, unten ein schwarzer Sockel. Aus den Wänden ragten einst Kapuzinerhände, wie Pater Eberhard Kusin, ehemaliger Kustos der Kaisergruft, schreibt, welche imitierte Fackeln als Beleuchtungskörper hielten. Die Kapuzinerhände ersetzte man später durch dezente Beleuchtungskörper.

Von Karl Schleritzko, dem verantwortlichen Architekten der Kaisergruft, erfahren wir, dass der Boden der Gruft aus Untersberger Kalkstein besteht, das obere Abschlussgesimse aus violett-grauem Steinfries, in dem sich teils aus Goldmosaik ein Kreuzmotiv befindet und Messingrahmen mit Gläsern oder Gitter, die sich als elektrische Beleuchtung darstellen. Nach oben hin schließt den Raum ein Spiegelgewölbe ab, das in der Mitte ein zartes Stuckrelief aufweist. In der Franz-Josephs-Gruft stellt es ein von Engeln umgebenes Marienhaupt dar, in der Kapelle das Haupt Jesu. Der Kupfersarkophag von Kaiser Franz Joseph I. steht mitten im Raum auf einem weißen Marmorsockel. Dass er erhöht über seiner Gemahlin und seinem Sohn ruht, symbolisiert die Einsamkeit in den letzten Jahren seines Lebens.

Kaiser Franz Joseph (1830–1916) Bis heute ist Kaiser Franz Joseph in den Ländern der einstigen Donaumonarchie gegenwärtig. Derzeit findet nahezu eine Renaissance statt. Im kroatischen Opatija, dem alten österreichischen Seebad Abbazia, wurde 1996 die Uferpromenade in Kaiser-Franz-Joseph-Promenade umbenannt, obwohl sie zur Zeit der Monarchie nicht so hieß. Kaiser Franz Joseph war nicht nur aufgrund seiner langen Regierungszeit, die von 1848 bis zu seinem Tod 1916 währte, zur Integrationsfigur seines Vielvölkerreichs geworden. Er war ein politisches und menschliches Symbol für fast drei Generationen. Schon zu seinen Lebzeiten entstanden Legenden über seine Selbstdisziplin, Arbeitsmoral und Religiosität. Sein Bild als gütiger, fürsorglicher »Übervater seiner Völker« hält sich bis heute und überdeckt die Strenge und den Neoabsolutismus, mit denen er als junger Herrscher die Revolution und den Freiheitskampf der Ungarn niedergeschlagen hat. Nach dem Ungarischen Ausgleich bekam er von den Ungarn den Kosenamen »Ferenc Jóska«.

Die Integrationskraft Franz Josephs macht sich auch an der Kontinuität fest, die er vermittelt hat, sowie an dem Bild von Sicherheit, welches er seinen Untertanen gab. Er war ein Kontinuum in einer Zeit des Wandels. Als er geboren wurde, hatte die Welt des 18. Jahrhunderts noch nicht aufgehört zu bestehen. In seine Regierungszeit fielen die ungeheure Dynamik der Industrialisierung, die das alte Europa veränderte, sowie das nationale Erwachen Deutschlands und Italiens. Österreich war 1866 aus Deutschland hinausgedrängt worden und hatte sieben Jahre zuvor die Lombardei verloren. Das Reich musste umgebaut werden, 1867 folgte der Ausgleich mit Ungarn, zu dem geplanten Ausgleich mit Böhmen und Mähren kam es nicht mehr. Allein die Nationalitätenkonflikte konnten zum Beispiel mit dem Mährischen Ausgleich von 1905 eingedämmt werden. Bald übernahm die Bukowina das Modell, mehr konnte aufgrund des Ersten Weltkrieges nicht mehr umgesetzt werden.

In der Regierungszeit Kaiser Franz Josephs erreichte das Reich einen ungeheuren Wohlstand, hohe Stabilität und eine kulturelle Blüte. Als der amerikanische Präsident Theodore Roosevelt während seiner Europareise im Jahr 1911 den Kaiser besuchte, fragte er ihn, was denn der Sinn der Monarchie im 20. Jahrhundert sei. »Meine Völker vor ihren Regierungen zu beschützen!«, lautete die Antwort. Manchmal wünscht man sich auch heute jemanden, der uns vor den Regierungen beschützt …

Der Kaiser, bereits zu seinen Lebzeiten eine Legende geworden, starb am 21. November 1916, mitten im Krieg. Erzherzog-Thronfolger Karl war bereits einige Tage vorher von der Südtiroler Front zurückgerufen worden und besuchte zusammen mit seiner Frau den alten Kaiser an dessen Sterbetag um die Mittagszeit. Am Nachmittag ruhte Franz Joseph auf Anraten seines Leibarztes, Dr. Kerzl, der die ganze Zeit anwesend war, ein wenig in einem Lehnstuhl aus. Er hatte 39,5 Fieber, ein Bronchialkatarrh hatte sich zu einer Lungenentzündung ausgeweitet. Danach setzte er sich wieder an den Schreibtisch, sein Pflichtgefühl siegte über das Ruhebedürfnis. Einer der letzten Akte, den er unterschrieb, war die Begnadigung einer zum Tod verurteilten Kindesmörderin. Gegen 19 Uhr gestattete er, dass man ihn zu Bett brachte, nicht ohne zu bitten, ihn am nächsten Morgen wie üblich um halb vier zu wecken. Er sei mit seiner Arbeit nicht fertig geworden. Um 21:05 Uhr starb er. Katharina Schratt, die in den Vorräumen gewartet hatte, wurde vom neuen Kaiser Karl persönlich ans Bett ihres Freundes geführt, um sich von ihm zu verabschieden. Der kleine Otto, nunmehr Kronprinz, legte am nächsten Tag ein kleines Sträußchen Veilchen auf das Bett des toten Kaisers.

Bei der Aufbahrung des Kaisers in der Hofburgkapelle zogen die Menschen zutiefst betroffen am Leichnam Franz Josephs vorüber. Es war spürbar, dass sich eine Epoche dem Ende zuneigte. Der alte Herr mit dem gütigen Gesicht war tot. Viele seiner Untertanen hatten keinen anderen Kaiser gekannt. Man wurde unter der Regierung Franz Josephs geboren und starb unter ihr. Fast sieben Jahrzehnte hatte er regiert.

Als der Obersthofmeister mit dem Zeremonienstab an die Tür der Kapuzinerkirche klopfte, stand der spätere Schriftsteller Joseph Roth im Soldatenspalier, der sich erinnerte: »Als er begraben wurde, stand ich, einer seiner vielen Soldaten der Wiener Garnison, in der neuen feldgrauen Uniform, in der wir ein paar Wochen später ins Feld gehen

Eine düstere und traurige Stimmung herrschte am Tag des Begräbnisses von Kaiser Franz Joseph.

Die Aufbahrung des alten Kaisers. Funeralkronen und Orden umgeben seinen Sarg.

sollten, ein Glied in der langen Kette, welche die Straße säumte. Der Erschütterung, die aus der Erkenntnis kam, daß ein historischer Tag eben verging, begegnete die zwiespältige Trauer über den Untergang eines Vaterlandes, das selbst zur Opposition seiner Söhne erzogen hatte. Und während ich es noch verurteilte, begann ich schon, es zu beklagen. Und während ich die Nähe des Todes, dem mich noch der tote Kaiser entgegenschickte, erbittert maß, ergriff mich die Zeremonie, mit der die Majestät (und das war Österreich-Ungarn) zu Grabe getragen wurde. Die Sinnlosigkeit seiner letzten Jahre erkannte ich klar, aber nicht zu leugnen war, dass eben diese Sinnlosigkeit ein Stück meiner Kindheit bedeutete. Die kalte Sonne der Habsburger erlosch, aber es war eine Sonne gewesen.«[12]

Kronprinz Rudolf (1858–1889) Die Geburt des Kronprinzen am 21. August 1858 löste unsagbare Freude im ganzen Land aus. Nach zwei Töchtern war der ersehnte Thronfolger da. Niemand ahnte zu diesem Zeitpunkt, welch Tragik – persönlich und politisch – das Leben

Rudolfs entwickeln sollte. In seiner Erziehung wurde so ziemlich alles falsch gemacht, was falsch gemacht werden konnte. Das hochsensible Kind war eher ein Wittelsbacher denn ein Habsburger. Aber Kaiserin Elisabeth, die Wittelsbacher Mutter, kümmerte sich nicht um ihn, griff nur ein Mal ein, als ihr die militärischen Erziehungsmethoden für einen Sechsjährigen doch zu rabiat vorkamen, um dann aber gleich wieder zu verreisen. Die Erziehung als »Staatskind« führte zu der Entfremdung von den Eltern mit allen Konsequenzen.

Schon früh allerdings wurde Rudolfs Neigung zur Naturwissenschaft erkannt und gefördert, der Tierforscher Alfred Brehm war einer seiner Lehrer. Kronprinz Rudolf war hochintelligent, unternahm Reisen durch die ganze Welt und publizierte darüber, manchmal unter seinem Namen, oft unter einem Pseudonym. Das sogenannte »Kronprinzenwerk«, eine Enzyklopädie Österreich-Ungarns, war seine Idee. Er schrieb auch selbst Beiträge dafür. Aufgrund seines großen Interesses für die Ornithologie und zahlreicher Abhandlungen darüber wurde er von der Universität Wien zum Ehrendoktor ernannt.

Das Verhältnis des Kronprinzen zu seinem Vater lässt sich wahrlich nicht als harmonisch bezeichnen. Zu verschieden waren die beiden. Außer seinen militärischen und Repräsentationspflichten gab es für einen Kronprinzen kein fest umrissenes Aufgabengebiet. Rudolf, hochtalentiert, aber psychisch labil und mindestens alkoholabhängig, war politisch ambitioniert und liberal eingestellt. Unter Pseudonym veröffentlichte er zahlreiche schonungslose Analysen über den Zustand der Monarchie. Über seine unglückliche Ehe tröstete er sich mit zahlreichen Liebschaften hinweg, von denen Baronesse Mary Vetsera eine war.

Als am Morgen des 30. Jänner 1889 der Tod des Kronprinzen und der Baronesse in Mayerling entdeckt wurde, tat man alles, um die Anwesenheit der Leiche Vetseras zu verschleiern. Über die Auffindesituation erhielt selbst das Kaiserpaar zuerst falsche Informationen. Prinz Philipp von Coburg berichtete, der Kaiser sei zutiefst getroffen gewesen, habe ihn umarmt und bitterlich geweint. Die Mitteilung des Hofes an die Öffentlichkeit, der Kronprinz sei an einer Herzattacke gestorben, die sich widersprechenden Gerüchte, das zögerliche Zugeben, der Kronprinz habe sich selbst im Zustand geistiger Umnachtung erschossen, und die Vereidigung der beteiligten Personen durch den Kaiser, absolutes Stillschweigen über den Hergang zu bewahren, der schnelle Umbau des Jagdschlosses in ein Kloster – all dies trug zur Mythenbildung um Mayerling bei. Über den wahren Hergang werden wir wohl nie etwas erfahren, zu viele Unterlagen sind nicht mehr auffindbar. Am wahrscheinlichsten ist immer noch die Selbstmord-Theorie, wobei die Gründe im Dunkeln bleiben. Ohnedies darf bezweifelt werden, dass Rudolf je seinen Vater beerbt hätte. Es gab zahlreiche Anzeichen einer Syphilis-Erkrankung, die aufgrund der schlechten Behandlungsmöglichkeiten eher früher als später zum Tod geführt hätte.

Das Begräbnis Rudolfs fand am 5. Februar 1889 in eisiger Kälte statt. Dem vorangegangen war die Erklärung, der Kronprinz habe sich in einem Zustand geistiger Verwirrung erschossen, war doch zu damaligen Zeiten ein christliches Begräbnis für Selbstmörder unmöglich. Zur Aufbahrung in der Hofburgkapelle stellten sich nahezu 100 000 Wiener an, um einen Blick auf den Toten zu werfen, was aber nur 20 000 von ihnen gelang. Sein Sarg wurde in der Gruft zunächst neben den seines Onkels Maximilian gestellt, des glücklosen Kaisers von Mexiko. Auf dem Gedenkbild beziehungsweise Sterbebildchen standen die Gebetserinnerungen »Bei dem Herrn ist Verzeihung, bei dem Herrn ist Erbarmung und überreiche Erlösung.« (Die Psalmen 129, 4,7) und »Wenn Eure Sünden wären wie Scharlach, sollen sie weiß werden wie Schnee.« (Das Buch Jesaja 1,18).[13]

Kaiserin Elisabeth (1837–1898) Auf kein anderes Mitglied der Habsburgerdynastie wurden und werden so viele Projektionen gelegt wie auf Kaiserin Elisabeth. Zahlreiche Mythen ranken sich um diese Frau, die als 16-jährige bayerische Prinzessin den 24-jährigen Kaiser Franz Joseph heiratete. Die Einsame, die Rebellin, die Freiheitsliebende, die Esoterikerin, die Schönheitsfanatikerin – jede Zeit legt ihr gerade bevorzugtes Frauenbild auf Elisabeth. Zudem ist sie, ein angeheiratetes und verstorbenes Mitglied der Familie Habsburg, nach wie vor einer der treibenden Wirtschaftsfaktoren der Stadt Wien. Die Marke Elisabeth kann mit einem Milliardenwert beziffert werden. Sissi-Museum, Sissi-Musical, Sissi-Torten, Sissi-Tassen, Sissi-Veilchen, Sissi-Schokolade – die Schaufenster der Wiener Innenstadt sind voll mit dem Bild der Kaiserin von Franz Xaver Winterhalter, jenes in Ballrobe mit den berühmten Sissi-

Sternen im Haar. Die »Sissi«-Trilogie von Ernst Marischka gehört zum Standard-TV-Programm zu Weihnachten, nicht nur in den deutschsprachigen Ländern. Romy Schneider selbst, die als blutjunges Mädchen mit atemberaubender Schönheit die Kaiserin verkörperte, litt ihr Leben lang unter den Projektionen und dem Klischee.

Wie wird man dieser Persönlichkeit gerecht? Sicher ist, dass sie als Teenager wohl kaum wusste, worauf sie sich einließ, als ihr Franz Joseph seinen Antrag machte. Andererseits gibt man dem Kaiser von Österreich keinen Korb. Tagebucheintragungen ihrer Schwiegermutter Erzherzogin Sophie belegen, dass das Verhältnis zu Elisabeth keineswegs so schlecht war wie kolportiert. Aber die Anforderungen des Hofes mit seinem starren Zeremoniell waren hart für ein Mädchen, das in völliger Freiheit aufgewachsen war. Wäre man böswillig, könnte man sagen, dass sie die Privilegien ihrer Stellung nutzte, ohne die damit einhergehenden Pflichten zu erfüllen. Aber das hält einer Überprüfung nicht stand. Wenn ihr Mann sie gebraucht hat, war sie da und unterstützte ihn. Er sah, dass sie das Herz der Ungarn berühren konnte, und setzte diese Fähigkeit bei dem dringend benötigten Ausgleich mit Ungarn ein. Wahr ist aber auch, dass Elisabeth absolut unpolitisch war. Ebenso waren karitative Aufgaben, sonst die vornehmste Pflicht von Herrschergattinnen, nicht in ihrem Fokus. Für die Erziehung ihrer Kinder interessierte sie sich wenig. Ein einziges Mal sprach sie ein Machtwort: als es um den Wechsel eines Erziehers für Kronprinz Rudolf ging.

Die verlorene Freiheit während ihrer Jugend machte sie wett mit ausgedehnten Reisen, oft war sie über viele Monate hinweg nicht bei Hof in Wien. Ihr Mann schrieb ihr sein Leben lang rührende Briefe und ermöglichte ihr viele ihrer Capricen, wohlwissend, dass die Ehe mit ihm und seiner Stellung nicht zu ihrem Glück gereichte.

Der furchtbarste Schicksalsschlag, der sie traf, war der Tod ihres einzigen Sohnes. Niemals hat sich Elisabeth davon erholt. Bis an ihr Lebensende trug sie nur mehr Schwarz. Sie haderte mit Gott und suchte gleichzeitig Trost im Gebet. Einige Wochen nach Rudolfs Begräbnis ließ sie sich mitten in der Nacht in die Kapuzinergruft fahren und bat die Patres, sie mit ihrem Sohn allein zu lassen. Einige Zeit blieb es still in der Gruft, plötzlich hörten die Patres die Kaiserin laut den Namen des Kronprinzen rufen: »Rudolf ...« Es blieb ganz still. Dann noch zwei Mal laut und flehentlich: »Rudolf ...« Erst nach langer Zeit kam die Kaiserin aus der Gruft. Schmerzgebeugt, den schwarzen Trauerschleier vor dem Gesicht. Ohne ein Wort zu sagen, stieg sie die Treppen hinauf, eine einsame, untröstliche Gestalt, und verließ das Kloster.

Am 10. September 1898 ging Kaiserin Elisabeth, die gerade in Genf weilte, mit ihrer Hofdame Irma von Sztáray zum Anlegeplatz eines Raddampfers, der sie zur Villa Rothschild ans Ufer des Genfer Sees bringen sollte. Plötzlich sprang ein junger Mann auf die Kaiserin zu, versetzte ihr einen Stoß gegen die Brust und lief davon. Elisabeth stürzte zu Boden, erhob sich aber gleich wieder und ging mit ihrer erschrockenen Hofdame weiter zum Schiff. Dort verlor sie das Bewusstsein. Gräfin Sztáray veranlasste, dass die Kaiserin sofort ins Hotel zurückgebracht wurde, wo sie starb, ohne das Bewusstsein wiedererlangt zu haben.

Als Kaiser Franz Joseph von der Ermordung seiner geliebten Gemahlin erfuhr, sagte er erschüttert: »Nur Gott weiß, wie sehr ich diese Frau geliebt habe. Mir bleibt doch nichts erspart.«

Der Begräbnistag von Kaiserin Elisabeth, der 17. September 1898, war ein kühler, sonniger Herbsttag. Trauerfahnen überall. Entlang der Strecke des Trauerkonduktes standen die Menschen dicht gedrängt. Die Stimmung war düster, die Traurigkeit greifbar. Obwohl die Menschen sich an die ständige Abwesenheit der Kaiserin gewöhnt hatten, sie kaum mehr vermissten, erschütterte sie ihr schrecklicher Tod. Auch dem alten Herrn, Kaiser Franz Joseph I., dessen Leben eine Aneinanderreihung von schweren Schicksalsschlägen war, wollten sie ihre Anteilnahme zeigen.

Monarchen aller europäischen Länder sowie deren Vertreter, 80 Erzbischöfe, Bischöfe, Minister, hohe Beamte, Ritter des Ordens vom Goldenen Vlies und Sternkreuzordensdamen begleiteten neben der Familie den Trauerzug. Neben dem Wagen, auf welchem der mit einem schwarzsamtenen Bahrtuch bedeckte Sarg Kaiserin Elisabeths lag, gingen die ungarische Leibwache, Bogenschützen und hohe Offiziere in Dreierreihen, gefolgt von der berittenen Garde.

Alle Kirchenglocken Wiens läuteten. Ansonsten war es ganz still. Ein gespenstischer Zug. Die Straßen, die der Leichenzug passierte, waren dick mit Sand bestreut, damit das Klappern der Pferdehufe und das Rollen der Räder nicht zu hören waren. Als der Zug vor der Kapuzinerkirche anhielt, erkannten die Menschen kurz die einsame Gestalt des alten Kaisers, der von seinen Töchtern begleitet die Kirche betrat. Die letzte Zeremonie für Kaiserin Elisabeth begann. Als Kaiser Franz Joseph in der Gruft von seiner Gemahlin Abschied nahm, brach er weinend zusammen. Niemals zuvor war ihm passiert, dass er öffentlich die Fassung verlor.

Die Gruftkapelle

Der gleiche kühle und elegante Stil, der die Franz-Josephs-Gruft auszeichnet, zieht sich durch die Gruftkapelle. In ihr sind bedeutende Mitglieder der Familie Habsburg beigesetzt, deren Geschichte bis in das gegenwärtige Jahrhundert reicht: Zita (1892–1989), die letzte Kaiserin von Österreich und letzte gekrönte Königin Ungarns, und ihr Sohn Otto (1912–2011), einst Kronprinz Österreich-Ungarns und Visionär Europas.

Betritt man die Kapelle von der Franz-Josephs-Gruft kommend, steht linker Hand eine Büste Kaiser Karls (1887–1922), stets mit Blumen geschmückt, in Erinnerung an den letzten regierenden Kaiser und König. An ihm sollte sich der Satz von Erzherzog Franz Ferdinand erfüllen, wonach die Habsburgerkrone eine Dornenkrone sei.

Als Karl 1887 geboren wurde, ahnte noch niemand, am wenigsten seine Eltern Erzherzog Otto und Erzherzogin Maria Josepha, geborene Prinzessin von Sachsen, dass ihr Sohn dereinst Kaiser werden und den Untergang der Donaumonarchie erleben würde. Als durch die verschiedenen Todesfälle innerhalb der Familie die Möglichkeit immer reeller wurde, war es an der Zeit, sich intensiver mit der Ausbildung des jungen Karl zu beschäftigen. Sorgfältig geplant von den Eltern, die sich in nichts so einig waren wie in der Erziehung der Kinder (ein zweiter Sohn, Maximilian, war 1895 zur Welt gekommen), stets abgesprochen mit Kaiser Franz Joseph, genoss der junge Karl eine umfassende Ausbildung bis hin zu Studien der Staatspolitik mit Professoren beider Prager Universitäten. Mit seinem Onkel Franz Ferdinand führte er eine herzliche Beziehung, die von seiner jungen Frau Zita von Bourbon-Parma, die er 1911 geheiratet hatte, geteilt wurde.

Die Schüsse von Sarajevo veränderten das Leben des jungen Paares, welches bereits zwei Kinder, Otto und Adelheid, hatte, grundlegend. Karl war Thronfolger und wurde als Verbindungsoffizier an der Front eingesetzt, erhielt aber auch eigene Kommandos. Im November 1916 wurde er nach Wien zurückgerufen, da es dem alten Kaiser mehr als schlecht ging. Kaiserin Zita berichtete später bewegend von ihrer letzten Begegnung am Nachmittag, bevor der Kaiser am Abend des 21. November 1916 starb.

Bereits vor Kriegsausbruch hatte Karl sich oft mit seinem Schwager Sixtus von Bourbon-Parma über die Zukunft der Monarchie und ihres engen Bündnisses mit Deutschland unterhalten. Sein Plan war es, Österreich aus der deutschen Umklammerung zu lösen, um so ein stärkeres Gleichgewicht in Europa zu bilden. Nun, mitten im Krieg, musste natürlich alles versucht werden, um zu einem Frieden zu kommen. Kaiser Karl wollte mithilfe seines Schwagers mit den Alliierten ins Gespräch kommen. Dieser meistversprechende Friedensversuch im Ersten Weltkrieg scheiterte aber an den Gebietsgelüsten Italiens und am unerschütterlichen Glauben der Deutschen an den Sieg.

Im November 1918 brach das über Jahrhunderte zusammengewachsene Mitteleuropa auseinander. Im Gegensatz zum Deutschen Kaiser dankte Karl nicht ab, sondern verzichtete lediglich vorübergehend auf seinen Anteil an den Regierungsgeschäften. Die kaiserliche Familie musste ins Exil in der Schweiz. Von dort aus versuchte Kaiser Karl noch zwei Mal, den Thron in Ungarn zurückzuerlangen, versprach er sich doch davon eine neue Stabilisierung Mitteleuropas. Die Versuche misslangen, die Alliierten verbannten die Habsburger nach Madeira, mitten im Atlantik. Dort starb der Kaiser, völlig entkräftet, am 1. April 1922. Er wurde in der Kirche Nossa Senhora do Monte oberhalb von Funchal begraben. Kaiserin Zita, die zu diesem Zeitpunkt mit ihrem letzten Kind schwanger war, vertraute den Leichnam dem Bischof von Funchal an.

Schon bald nach seinem Tod setzte sowohl in der Heimat als auch auf Madeira die Verehrung für den tief religiösen Kaiser ein. Aus einem Gebetskreis entwickelte sich die »Kaiser Karl Gebetsliga für den Völkerfrieden«, die bis heute existiert. Kaiser Karl wurde 2004 von Papst Johannes Paul II. seliggesprochen, der ihn als Vorbild für alle in

Europa tätigen Politiker empfahl. Vielfach wird über eine Rückkehr des Kaisers nach Österreich spekuliert. Allerdings ist dies nicht eine Angelegenheit der Familie, sondern der Kirche, handelt es sich doch um die sterblichen Überreste eines Seligen, die stets einer ordnungsgemäßen Verehrung ausgesetzt sein müssen. Dies ist mit Sicherheit nicht in der von Touristen überlaufenen Kapuzinergruft möglich. Am ehesten könnte man sich noch Mariazell vorstellen. Auf Madeira wird der Kaiser zutiefst verehrt, er gilt dort als *der* Nationalheilige. Zudem ist kein übergroßer Wunsch nach einer Rückkehr des Seligen aus dem österreichischen Episkopat bekannt.

Kaiserin Zita widmete sich nach dem Tod ihres Mannes, sie war gerade 29 Jahre alt, vor allem der Erziehung ihrer Kinder. In Madrid brachte sie am 31. Mai 1922 ihr letztes Kind, Elisabeth, auf die Welt. Bis zum Ende der 1920er-Jahre lebte die Familie in Lekeitio im Baskenland. Als die Frage des Studiums der ältesten Kinder aufkam, zog man nach Steenokkerzeel, gelegen zwischen Brüssel und der katholischen Universität Louvain.

Die Kaiserin sah sich stets als Sachwalterin des Erbes ihres Mannes, das sie für ihren Erstgeborenen Otto bewahren musste. Infolgedessen erzog sie ihn als Thronfolger und sorgte dafür, dass er und alle seine Geschwister eine exzellente Ausbildung bekamen. Jedes der Kinder erreichte einen Studienabschluss. Es ist ihr zu verdanken, dass diese Familie nicht auf Yellow-Press-Niveau gesunken, sondern ihrer Berufung treu geblieben ist: der Hingabe und dem Einsatz für die Völker Mitteleuropas.

Die braune Flut Hitlers, der Habsburg hasste, hatte das Werk der Nationalisten des Ersten Weltkrieges vollendet. Als die deutschen Soldaten am 10. Mai 1940, einen Tag nach dem 48. Geburtstag Zitas, die Grenze Belgiens überschritten, mussten die Habsburger flüchten. Zita zog mit den jüngeren Kindern nach Quebec in Kanada, Otto und die anderen älteren Geschwister betrieben in New York, Washington und London Lobbyarbeit für das besetzte Österreich. Mehrfach traf die Kaiserin Präsident Roosevelt, um ihn für die österreichische Sache zu sensibilisieren, und organisierte Care-Pakete für die leidende Bevölkerung in der Heimat.

Erst in den späten 1950er-Jahren kehrte sie nach Europa zurück und nahm Wohnung in Zizers in der Schweiz. Aufmerksam beobachtete sie die politischen Entwicklungen, führte eine zahlreiche Korrespondenz und widmete sich ihren Kindern und Enkelkindern. Nach Österreich blieb ihr, die sich weigerte, die verlangte Verzichtserklärung zu unterschreiben, die Einreise verwehrt. Es war König Juan Carlos von Spanien, der Bundeskanzler Kreisky 1982 bei einem Treffen auf Mallorca darauf ansprach, er möge die nun 90-jährige Dame doch wieder einreisen lassen. Nach 63 Jahren durfte die Kaiserin nach Österreich zurückkehren, das sie 1919 hatte verlassen müssen.

Die große, starke und unbeugsame Frau starb am 14. März 1989. Ihr Leichnam wurde zunächst nach Stift Klosterneuburg gebracht und dort einige Tage aufgebahrt. Auf ihrem Sarg lag der Erzherzogshut. Am 1. April 1989, dem 77. Todestag ihres Mannes, wurde sie unter großer Anteilnahme der Bevölkerung in der Kapuzinergruft beigesetzt. Vorangegangen war ein feierliches Requiem im Stephansdom sowie der Kondukt durch die Wiener Innenstadt. Ihr Sarg wurde auf der alten Trauerkutsche gefahren, ein mächtiges schwarzes Gefährt, gezogen von sechs Rappen. Internationale Ehrengäste, zahlreiche Abordnungen aus ganz Österreich, aber auch aus der gesamten ehemaligen Monarchie waren gekommen, um ihr die letzte Ehre zu erweisen. Es war wie ein Aufwachen des alten Mitteleuropas, dessen viele Völker sich damals noch jenseits des Eisernen Vorhangs befanden. Ihr Herz aber ruht neben dem ihres geliebten Mannes in der neuen Familiengruft in Muri in der Schweiz.

Neben Zita steht in der Gruftkapelle der Sarg ihres Sohnes ***Karl Ludwig (1918–2007)***, der das letzte Kind des Kaiserpaares war, das noch zur Zeit der Monarchie das Licht der Welt erblickt hatte. Die drei weiteren Kinder kamen bereits im Exil zur Welt.

Karl Ludwig studierte Rechts- und Politikwissenschaften in Kanada und trat 1943 in die US-Armee ein. Als Offizier nahm er an der Landung der Alliierten in der Normandie 1944 teil. Später leitete er als Manager verschiedenste Industriegesellschaften. Zum Begräbnis seiner Mutter durften er und sein Bruder Felix trotz der noch immer geltenden Habsburgergesetze für wenige Stunden nach Wien einreisen.

Schließlich leisteten er und Felix 1996 eine Verzichtserklärung und erhielten ihre österreichischen Reisepässe ohne den diskriminierenden Zusatz »Gilt nicht für die Ein- und Durchreise nach Österreich«.

Karl Ludwig starb am 11. Dezember 2007 und wurde im Jänner 2008 in der Kapuzinergruft beigesetzt. Otto von Habsburg nahm an der Beisetzung teil. Wohl von daher kommt sein Ausspruch: »Ich gehe so ungern in die Gruft, weil ich jedes Mal das Gefühl habe, dass die Kapuziner schon Maß an mir nehmen für den Sarg.«

Links und rechts neben dem Gruftaltar stehen die Särge von ***Otto (1912–2011)*** und ***Regina (1925–2010)*** von Habsburg, die am 16. Juli 2011 dort beigesetzt wurden. Regina von Sachsen-Meiningen und Otto von Habsburg hatten sich Ende der 1940er-Jahre in München kennengelernt, als Otto zusammen mit seiner Schwester Adelheid vor dem Kommunismus geflüchtete Ungarn in ihren Lagern in Bayern besuchte. Am 10. Mai 1951 fand die glanzvolle Hochzeit in Nancy statt, in der Kirche von Saint-François-des-Cordeliers, in deren Gruft die Herzoge von Lothringen liegen. Da der einstige Kronprinz damals nicht nach Österreich einreisen durfte, hatten Getreue Erde aus der Heimat mitgebracht, die in die Kissen auf den Kniebänken des Brautpaars eingenäht war. Eine Kopie der Muttergottes aus Mariazell stand am Altar.

Die Ehe, aus der sieben Kinder hervorgingen, war ausgesprochen glücklich, beide waren viel symbiotischer, als man es von außen sehen konnte. Otto von Habsburg betonte oft, wie unendlich viel er seiner Frau zu verdanken habe. Während er reiste und politisch aktiv war, kümmerte sich Regina um die Erziehung der Kinder. In Pöcking am Starnberger See war die stille und bescheidene Dame durch zahlreiche karitative Tätigkeiten bekannt. Als oberste Schutzfrau verlieh die tief religiöse Regina dem Sternkreuzorden besondere geistige Tiefe. Es gibt nicht wenige, die sagen, sie habe ein heiligmäßiges Leben geführt.

Da Regina von Habsburg 13 Jahre jünger als ihr Mann war, hatten beide nie damit gerechnet, dass sie einmal vor ihm sterben würde. Daher traf ihr Tod am 3. Februar 2010 Otto von Habsburg zutiefst. Ohnehin nach einem schweren Sturz im Juni 2009 beeinträchtigt, zog er sich nach ihrem Ableben völlig aus der Öffentlichkeit zurück.

Regina von Habsburg wurde zunächst in der Sachsen-Meiningischen Gruft auf der Heldburg im Süden Thüringens beigesetzt. Im Juli 2011 erfolgte die gemeinsame Beisetzung in Wien. Ihr Herz ist auf der Heldburg verblieben.

Was steckt dahinter? Die Werkstätten

So wie an den sterblichen Überresten der Verstorbenen, so nagt der Zahn der Zeit auch an den Särgen selbst. Bis weit ins 18. Jahrhundert verwendete man für die Särge Zinn, später bestimmte Kaiser Joseph II. die Verwendung des billigeren Kupfers, von dem man dachte, dass es dauerhafter sei als das teure Zinn. Um das Gewicht der Innensärge zu tragen, vor allem das Gewicht des Sarkophagdeckels selbst, sind im Inneren ausgetüftelte Eisenverstrebungen und Holzgestänge angebracht, im Besonderen im Doppelsarkophag Maria Theresias, dessen Deckel allein circa 1,7 Tonnen wiegt.

Korrosion, Luftfeuchtigkeit, Temperaturschwankungen und die berüchtigte Zinnpest machten den Särgen zu schaffen. Vor allem die Zinnpest, eine allotrope Umwandlung von Zinn, sorgte für Korrosionskrater, Löcher und Risse an den Oberflächen. Teilweise brachen die Bodenplatten. Die Gusskerne vieler Figuren hatten sich im Lauf der Jahrhunderte vollgesaugt und drohten von innen die Form zu sprengen. Hilfe tat not.

In den 1950er-Jahren entstand auf Initiative des damaligen Kustos der Gruft, Pater Urban Roubal, die »Gesellschaft zur Rettung der Kapuzinergruft«, die bis heute existiert und durch Spenden einen erheblichen Anteil an den Restaurierungen trägt. Die Öffentlichkeit wurde auf den verheerenden Zustand vieler Särge aufmerksam gemacht und die Sanierung in Angriff genommen.

Hinter der öffentlichen Gruft befinden sich große Räumlichkeiten, die als Werkstätten dienen. Hier werden die Särge restauriert. Hochqualifizierte Expertenteams verschiedenster Fachrichtungen arbeiten Hand in Hand zusammen, unter Zuhilfenahme modernster Techniken, um die Särge für die Zukunft zu erhalten. Werden an einem Sarkophag Schäden festgestellt und die Restaurierung beschlossen, so wird der

Ein Sarg wird zur Restaurierung verladen, als es noch keine hauseigenen Werkstätten gab.

betreffende Sarkophag in die Werkstatträume überführt. Gemäß den Vorschriften wird der Sarkophag in Anwesenheit eines Mitglieds des Hauses Habsburg und je eines Vertreters des Bundesdenkmalamtes, der Wiener Bestattung sowie der Kapuzinerpatres geöffnet. Ist der Innensarg unbeschädigt, wird er für die Dauer der Restaurierung in einem Depotsarg in der Toskanagruft untergestellt. Ist der Innensarg beschädigt, werden die sterblichen Überreste von der Wiener Bestattung zwischenzeitig in einen anderen Sarg umgebettet. Nach der Restaurierung des Sarkophags werden sie in einem neuen Innensarg wieder eingesetzt.

Ein größerer Arbeitsaufwand ist die Restaurierung der Prunksärge. Kaiser Karl VI. wurde 1985/1986 in seiner Ruhe gestört. Der Prunksarg musste in mehrere Einzelteile zerlegt, der Deckel gehoben und das allein 500 Kilo schwere Unterteil in die Werkstätten gebracht werden. Der Innensarg war in einem guten Zustand, sodass auf eine Öffnung verzichtet wurde. Er wurde für die Dauer der Restaurierung in einem Depotsarg in der Toskanagruft untergebracht.

Der Stephansdom

Das Wahrzeichen Wiens und Nationalheiligtum, von den Bewohnern liebevoll Steffl genannt, ist der über 800 Jahre alte Dom zu St. Stephan, das Herz der Innenstadt. Zahlreiche Sagen und Legenden ranken sich um den alten Dom, der als romanische Kirche noch von den Passauer Bischöfen – Wien war damals noch kein eigenständiges Bistum – im Jahr 1147 eingeweiht wurde.

Die Sagen über Baumeister Hans Puxbaum, den Zahnwehherrgott, das Neidhartgrab außerhalb des Doms, das Zeichen des Widerstands gegen die Nazis, »OE«, neben dem Riesentor, die Ellen, Maßeinheiten an der Westfront, die Totenleuchte, die Wasserspeier, das Asylring-»Leo« (durch Berühren konnten sich Verfolgte unter den Schutz der Kirche stellen, diese Verordnung geht auf Leopold den Glorreichen zurück, daher »Leo«), die gotische Capistrankanzel (an der Ecke des Nordchores, hier wurde Mozart eingesegnet) – all dies spiegelt die Geschichte und Bedeutung des Doms für Wien und Österreich wider.

Von Anfang an war der Dom auf das Engste mit den Landesherren verbunden. Der Babenbergerherzog Friedrich II. der Streitbare initiierte den Bau des Riesentors und der beiden Heidentürme. Die Bezeichnungen dieser Namen sind nicht geklärt, gehen aber vermutlich auf einen riesigen Mammutknochen, der über dem Tor hing, zurück, oder darauf, dass Reisende sich hier den Abschiedssegen holten (»risen«, reisen). Die Bezeichnung »Heidentürme« kommt möglicherweise von den Steinen, die für den Bau verwendet wurden und angeblich aus römischen Ruinen stammen. Steht man vor dem Dom, ist die alte romanische Fassade noch erkennbar.

Ein Dom ist immer eine Baustelle. Die Landesherren, von den Babenbergern über Ottokar II. Přemysl bis zu den Habsburgern, verpflichteten berühmte Bauherren und Dombaumeister. Jedes Jahrhundert baute und baut am Dom.

Der Südturm des Doms ist 136,4 Meter hoch, der Nordturm wurde nie vollendet und ist 68 Meter hoch. In ihm befindet sich die Pummerin, Österreichs berühmteste Glocke. Die Pummerin wird nur bei besonderen Ereignissen geläutet wie zum Beispiel zu Weihnachten, in der Neujahrsnacht und beim Tod des Bundespräsidenten oder des Papstes. Auch beim Begräbnis von Otto von Habsburg sowie Kaiserin Zita wurde sie geläutet.

Hatte der Dom alle Kriege, selbst den Zweiten Weltkrieg, einigermaßen unbeschadet überstanden, so geschah die Katastrophe schließlich doch. Ausgelöst durch Funkenflug eines in der Nähe brennenden Gebäudes, brannte im April 1945 das Wahrzeichen der Stadt. Die Pummerin stürzte herab. Der Wiederaufbau, der nur fünf Jahre dauerte, war ein Gemeinschaftswerk aller Bundesländer Österreichs. Im Inneren des Doms erinnert eine Gedenktafel an diesen Kraftakt in der kargen Zeit nach dem Krieg:

> Die dich in dieses Gotteshaus ruft, DIE GLOCKE, spendete das Land Oberösterreich,
> Das dir den Dom erschließt, DAS TOR, das Land Steiermark,
> Der deinen Schritt trägt, DEN STEINBODEN, das Land Niederösterreich,
> In der du betend kniest, DIE BANK, das Land Vorarlberg,
> Durch die das Himmelslicht quillt, DIE FENSTER, das Land Tirol,
> Die in festlicher Helle erstrahlen, DIE KRONLEUCHTER, das Land Kärnten,
> An der du den Leib des Herrn empfängst, DIE KOMMUNIONBANK, das Burgenland,
> Vor dem deine Seele sich in Andacht neigt, DAS TABERNAKEL, das Land Salzburg,
> Das die heiligste Stätte des Landes behütet, DAS DACH, spendete im Verein mit vielen hilfreichen Händen die Stadt Wien.

Die Herzogsgruft

Herzog Rudolf IV. (1339–1356) lieferte sich mit seinem kaiserlichen Schwiegervater Karl IV. in Prag einen kulturellen Wettstreit. Wien sollte ebenso prächtig werden wie Prag. Unabdingbar dafür waren eine Universität, die Alma Mater Rudolphina, und ein Bischofssitz. Also trieb er den Bau von St. Stephan voran. Eine prächtige Bischofskirche sollte es werden, und er bemühte sich um die Errichtung des Wiener Bistums. Zwar erfolglos – erst seinem Nachfahren Friedrich III. sollte dies gelingen –, aber all diese Aktivitäten trugen ihm den Beinamen »der Stifter« ein.

Da er von der besonderen Sendung des Hauses Habsburg überzeugt und über dessen Nichterwähnung in der Goldenen Bulle[14] Karls IV. empört war, ließ er ein Urkundenkonvolut erstellen, das die Bedeutung der Habsburger und ihre Herkunft bereits ab den römischen Cäsaren belegen sollte. Die Fälschung, als »Privilegium Maius« in die Geschichte eingegangen, flog jedoch durch den Humanisten Francesco Petrarca auf und wurde von Karl IV. in keinem Punkt anerkannt. Nur gegen den Titel »Erzherzog« wurde seltsamerweise kein Einspruch erhoben. Seither sind die Habsburger nicht mehr nur Herzoge, sondern Erzherzoge.

Eine Kirche wie der Stephansdom braucht natürlich auch eine herzogliche Grablege. 1359 ließ Rudolf unter dem Albertinischen Chor einen Gruftraum anlegen, der durch eine Treppe betreten werden konnte. Als Erster wurde sein Bruder Herzog Friedrich der Freigiebige (gestorben 1362) dort begraben. Der talentierte und ehrgeizige Rudolf selbst starb 1365 auf einer Reise nach Mailand mit nur 27 Jahren. Die Herzogsgruft, in der Rudolf IV. der Stifter und seine Frau Katharina von Böhmen (1342–1395) begraben liegen, wurde bis zum Jahr 1566 genutzt. Danach geriet sie infolge langwieriger Kriege, Unruhen und der Tatsache, dass viele nachfolgende Regenten als Könige von Böhmen in Prag bestattet wurden, in Vergessenheit.

Durch einen Zufall wurde sie wiederentdeckt. Im Jahr 1645 ließ sich Johann Philipp Schnepf, Kammerdiener von Kaiser Ferdinand III., nahe der Herzogsgruft, von der niemand mehr etwas wusste, eine Familiengruft bauen, bei deren Bau man auf die alte Herzogsgruft stieß. Man fand 13 Leichen, die in Lederhäute eingenäht, ohne in Särge gebettet zu sein, auf dem blanken Boden lagen. In der Mitte Rudolf IV., eingenäht in eine schwarze Ochsenhaut. Als man die Ochsenhaut entfernt hatte, sah man den jungen Herzog, bedeckt von einem Grabtuch, dessen goldene Fäden immer noch einen lebhaften Glanz hatten. Nur einer der Handschuhe war noch übrig, neben der linken Hand lag ein Ring, ebenso ein zweischneidiges Schwert ohne Spitze, auf der Brust Rudolfs ein Kreuz aus Blei. Die Inschrift auf dem Kreuz bestätigte die Identität der Leiche. Das

Die Grabkammer im Stephansdom

Grabtuch stammte aus Persien und ist heute im Dommuseum ausgestellt. Kaiser Ferdinand III. bestimmte die Gruft zur Aufbewahrung der Intestina (Eingeweide).

1739, fast 100 Jahre später, wurde die Gruft unter Kaiser Karl VI. erneut geöffnet und untersucht. 15 Jahre danach, im Jahr 1754, ließ Maria Theresia die Leichen ihrer Vorfahren in Eichensärge und diese in Kupfersärge betten. Eigentlich hatte Maria Theresia die Absicht, ihre Ahnen von St. Stephan in die Kapuzinergruft überführen zu lassen, sie ließ es aber dabei bewenden, dass ab da die Intestina (manchmal auch Augen, Gehirne und Zungen) der verstorbenen Habsburger im Dom bestattet wurden, die Körper jedoch in der Kapuzinergruft. Die alte Herzogsgruft birgt unter anderen die sterblichen Überreste von:

† Herzog Friedrich III. der Freigiebige (gestorben 1362)
† Herzog Rudolf IV. der Stifter (gestorben 1365)
† Herzogin Katharina von Böhmen (gestorben 1395)
† Herzog Albrecht III. mit dem Zopf (gestorben 1395), jüngerer Bruder von Rudolf IV.
† Herzog Albrecht IV. (gestorben 1404), Sohn von Herzog Albrecht III.

- † Herzog Wilhelm der Freundliche (gestorben 1406)
- † Herzog Leopold IV. der Dicke (gestorben 1411)
- † Herzogin Johanna Sophia von Niederbayern (gestorben 1410), Witwe von Herzog Albrecht IV.
- † Erzherzog Georg (gestorben 1435), Sohn von König Albrecht II.
- † Erzherzog Albrecht VI. (gestorben 1463), Sohn von Erzherzog Ernst dem Eisernen

Später wurden durch Umbettungen noch weitere Habsburger in der Herzogsgruft beigesetzt:

- † König Friedrich der Schöne (gestorben 1330), ursprünglich in der Kartause Mauerbach beigesetzt
- † Drei früh verstorbene Kinder von Kaiser Maximilian II.
- † Königin Elisabeth (gestorben 1592), Witwe von Karl IX. von Frankreich, ursprünglich in dem von ihr gegründeten Königinkloster begraben
- † Kaiserin Eleonora (gestorben 1655), ursprünglich in dem von ihr gegründeten Siebenbüchnerinnenkloster beigesetzt

Somit ist der Stephansdom die größte habsburgische Grablege nach der Kapuzinergruft.

Die Herzogsgruft nach der maria-theresianischen Renovierung

Der Deckel des Sarkophags von Rudolf IV. dem Stifter

Rechts neben dem Wiener Neustädter Altar steht das Kenotaph Rudolfs und Katharinas. Ursprünglich im Zentrum des Chormittelschiffs platziert, wurde es im Zuge der Beisetzung von Kaiser Friedrich III. an die Seite verschoben. Der Unterbau des Marmorkenotaphs ist mit Arkaden und Säulen verziert, die Deckplatte zeigt die eindrucksvollen Liegefiguren des Stifterpaares. Die Köpfe liegen auf Polstern und sind mit dem Erzherzogshut bekrönt. Ursprünglich waren die Figuren farbig gefasst und vergoldet, die Krone mit Edelsteinen geschmückt. Woher die Beschädigungen stammen, ist nicht bekannt. Interessant ist der Erzherzogshut von Rudolf, mit dem er sich auch porträtieren ließ. Dieses berühmte Bild, gern als ältestes Porträt des Abendlandes benannt, ist im Dommuseum zu besichtigen. Mit der Ausgestaltung der Krone zeigte er jedermann seinen imperialen Anspruch – eben durch den Bügel, der stets ein Zeichen der Kaiserwürde ist.

Das Hochgrab von Kaiser Friedrich III. Im Apostelchor steht das prachtvolle Grabmal von Kaiser Friedrich III., ein Meisterwerk der spätmittelalterlichen Steinmetzkunst. Bereits ab 1460 machte Friedrich Pläne für seine Grablege und engagierte dazu den Steinmetz Nikolaus Gerhaert von Leyden aus Straßburg. Wenige Jahre später war der Deckel fertig und wurde in Wiener Neustadt aufbewahrt. Weitere Grabkünstler sind Max Valmet und Michael Trichter.

Das Grabmal besteht aus einer Balustrade, dem Unterbau sowie Sarg und Deckelplatte. Auf der Rückseite des Grabmals sind Treppenstufen angebracht, die erlauben, den Deckel zu betrachten, was sonst bei über zwei Meter Höhe nicht möglich wäre. Der Kaiser ist in vollem Prunkornat dargestellt, reich bestickt und geschmückt. Allein der Ornat wirkt zusammen mit der Stola wie ein priesterliches Gewand. An die religiöse Dimension des kaiserlichen Amtes erinnert auch die Mitra, die unter der Krone zu sehen ist. Bemerkenswert sind die Lebendigkeit und ungeheure Plastizität der Darstellung. Porträtgenau sind seine Gesichtszüge gezeichnet, die herabwallenden Locken durchbrechen ein wenig seinen ernsten Blick. Zwar ist das Haupt des Kaisers auf ein Kissen gebettet, aber die Füße stehen auf einem Podest. Mit der angedeuteten Bewegung von Standbein und Spielbein kommt Lebendigkeit in die marmorne Statue. Der Kaiser schreitet seiner Auferstehung entgegen.

Aus diesem Grabmal spricht eine nahezu unüberbietbare Herrscherikonografie. Rings um den Kaiser sind die wichtigsten Wappen dargestellt: das Kreuz des St.-Georg-Ordens, das Lombardische Wappen, das Reichswappen mit der Kaiserkrone, das Wappen Österreichs mit dem Erzherzogshut, der Bindenschild, der habsburgische Löwe, der steirische Panther und der Schild mit dem rätselhaften Monogramm »AEIOU«. Friedrich ließ dieses Monogramm an allen seinen Gegenständen und Orten von Relevanz anbringen. Seine eigene Deutung können wir heute nicht mehr nachvollziehen. Im Lauf der Jahrhunderte haben sich mehr als 300 verschiedene Interpretationen entwickelt, zum Beispiel »Alles Erdreich Ist Österreich Untertan«, »Austria Erit In Orbe Ultima« oder, ein wenig scherzhaft: »Allen Ernstes Ist Österreich Unersetzlich«.

Etwa 200 Figuren bevölkern das Grabmal. Es sind dies die Kurfürsten sowie mehr als 40 Schutzheilige der Habsburger. Auf der vorderen

Tumbadeckel des Grabmals von Kaiser Friedrich III.

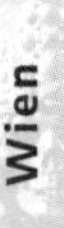

Das Hochgrab von Kaiser Friedrich III. im Wiener Stephansdom

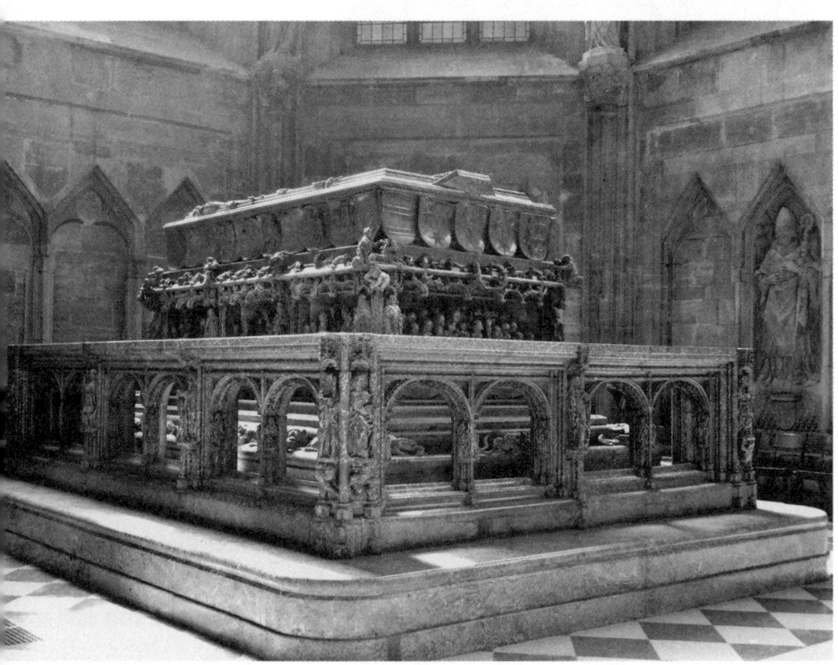

Schmalseite sehen wir Christus am Kreuz, an dem Tumbawänden sind die geistlichen Stiftungen und guten Werke des Kaisers aufgeführt. Am Rande des Deckels sitzen klagende Mönche, die für das Seelenheil des Kaisers beten. Allerlei Getier treibt sich am Sockel des Grabmals herum: Drachen, Affen, Hunde, Frösche und Mäuse. Totenköpfe verweisen auf die Vergänglichkeit. Der Detailreichtum ist reine gestaltliche Rhetorik, die in früheren Zeiten genau verstanden wurde.

Kaiser Friedrich III. starb am 18. August 1493 an den Folgen einer Beinamputation in Linz. Herz und Intestina wurden in der Linzer Stadtpfarrkirche beigesetzt, sein Leichnam (inklusive des amputierten Beines) mit dem Schiff über die Donau nach Wien gebracht, wo am 28. August die Beisetzung in der Herzogsgruft stattfand. Sein Grabmal war noch nicht fertiggestellt, die Steinmetze arbeiteten noch 20 Jahre an dem mehr als acht Tonnen schweren Denkmal, das aus 171 Einzelteilen besteht. Schließlich konnte sein Sohn Maximilian 1513 zur feierlichen Übertragung des Leichnams seines Vaters von der Gruft in sein Grabmal einladen.

Die Dominikanerkirche Maria Rotunda

Kirche und Kloster der Dominikaner datieren bis ins Jahr 1225/1226 zurück. Der Babenberger-Herzog Leopold VI. wies den Dominikanern im Nordosten der Stadt ein Grundstück zu. Durch Zukäufe und Schenkungen erweitert, wurden nach wiederholten Bränden und Zerstörungen Kirche und Kloster immer wieder aufgebaut. Die jetzige Kirche wurde 1634 geweiht, nachdem Kaiser Ferdinand II. 1631 den Grundstein gelegt hatte. Die Vollendung und Ausgestaltung der Kirche zog sich bis zum Ende des 17. Jahrhunderts hin.

In der südlichen Querschiffkapelle weist der Doppeladler mit den Initialen C und L im Wappen, für Claudia und Leopold, auf den kaiserlichen Hof als Stifter der Kapelle hin. Auf dem Boden der Kapelle bezeichnet eine große Marmorplatte mit Bronzeadler und der lateinischen Inschrift »Hic iacet Claudia Leopoldi Caesaris conjunx« (Hier liegt Claudia, die Gattin von Kaiser Leopold) die Grabstätte von Kaiserin Claudia Felicitas von Tirol (1653–1676).

Die Dominikanerkirche Maria Rotunda
Kaiserin Claudia Felicitas

Claudia Felicitas war die Tochter von Erzherzog Ferdinand Karl von Habsburg-Tirol und Anna de' Medici. Im Jahr 1673, nach dem Tod von Margarita Teresa, der ersten Gemahlin des Kaisers, wurde die 20-jährige Claudia Felicitas mit Leopold I. vermählt. Die Ehe war sehr glücklich, Kaiserin Claudia Felicitas hat wesentlich dazu beigetragen, dass der Haushalt des Hofes in dieser Zeit bestens bestellt war, da sie Missstände in der Hofhaltung aufgezeigt hat und beheben ließ. Als sich die musisch begabte Kaiserin zum ersten Mal in gesegneten Umständen befand, erschien in Wien ein Gedicht von 80 Silben in Kreuzform – zu lesen nach den Regeln des Rösselsprungs. Dieses Gedicht – es ist vielleicht die älteste Schrift dieser Art – war nach dem Geschmack dieser Zeit verfasst und fand großen Anklang. Kaiser Leopold, welcher mit Wohltaten und Belohnungen sehr freigiebig war, ließ dem Dichter für jede Silbe einen Dukaten auszahlen.

Kreuzgedicht in Rösslsprungform
Es maß ein himmlisch Winkelmaß
Den halben Mond ohn' Unterlaß,
Es maß ihn ab von Zoll zu Zoll,
Bis daß der Mond ward rund und voll,
Und überscheinet Land und Leut
Mit längst gewünschter Fruchtbarkeit.
Ach, sprach der Feind, wenns also geht,
Der Sonnenzeiger nicht recht steht,
Zu stark ist dieser Aderlaß,
Hör auf, halt ein, Felicitas.

Die Kaiserin starb im Alter von 22 Jahren an schwerer Tuberkulose, auf eigenen Wunsch wurde sie in der Dominikanergruft bestattet, bekleidet im Dominikanerhabit. Dies hängt mit ihrer persönlichen Lebensgeschichte zusammen. Claudia Felicitas gehörte dem dritten Orden des heiligen Dominikus an, war also Dominikanerterziarin und legte eine Art Gelübde ab, sodass sie offiziell mit dem Dominikanerorden verbunden war. Auf einer Inschrift in der Gruft kann man lesen: »Sie hat in ihrem Leben den heiligen Dominikus immer im Herzen getragen. Deshalb wollte sie nach ihrem Tod im Dominikanerhabit unter seinen Füssen liegen.«

Der Zinnsarkophag von Claudia Felicitas ist aufgrund seines überaus schlechten Zustandes, für dessen Renovierung jahrelang die Mittel fehlten, nunmehr in Restaurierung. Auf dem Zinnsarkophag steht eine Herzurne mit dem Herz ihrer zweiten Tochter, Maria Josepha, die im Alter von elf Monaten, vier Monate nach ihrer Mutter, gestorben ist. Es war der ausdrückliche Wunsch Kaiser Leopolds, dass die Herzurne seiner kleinen Tochter auf den Sarkophag der Mutter gestellt wird. Der Sarkophag von Maria Josepha Klementine und ihrer Schwester Anna Maria Sophie befindet sich in der Kapuzinergruft.

In der Dominikanergruft steht auch der Sarkophag der Mutter von Claudia Felicitas, der Florentinerin Anna de' Medici. Sie war eine Tochter von Großherzog Cosimo II. von Toskana und Maria Magdalena von Österreich. Sie starb nur wenige Monate nach ihrer Tochter und hat hier ihre letzte Ruhestätte gefunden.

Die Minoritenkirche

Mitten in der Stadt gelegen, ein paar Schritte nur von der Hofburg entfernt, steht eine der ältesten und künstlerisch wertvollsten Kirchen Wiens. Der Platz um die Kirche wirkt nahezu zu jeder Tageszeit wie ausgestorben. Ein Geisterforum nannte ihn der Journalist und große Erzähler Siegfried Weyr. Tatsächlich spürt man auf diesem Platz die Vergangenheit ganz deutlich. Von den alten Grabsteinen, welche die Wände der Kirche schmücken, lässt sich viel ablesen.
Der Bettelorden der Minoriten kam etwa zur gleichen Zeit nach Wien wie die Dominikaner. Der Orden war erst wenige Jahre alt und wurde wahrscheinlich vom Babenbergerherzog Leopold VI. dem Glorreichen nach Wien gerufen. Man schenkte ihm ein Grundstück, das vor den Mauern der Stadt lag, zwischen dem Schottenkloster und der Babenbergischen Residenz, auf dem möglicherweise schon ein Kirchlein stand. Auf jeden Fall lässt sich aus einem Schreiben von Papst

Die Minoritenkirche

Gregor IX. aus dem Jahr 1234 entnehmen, dass der letzte Babenberger, Herzog Friedrich II. der Streitbare, gebeten wurde, den Dominikanern und Minoriten Schutz angedeihen zu lassen. Ebenso wurde in diesem Jahr der Bau eines Klosters urkundlich erwähnt.

Im Jahr 1235 dürfte es bereits eine österreichische Ordensprovinz gegeben haben. Die Minoritenbrüder bauten die Kirche um und weihten sie dem Heiligen Kreuz. Brände an Kirche und Kloster sowie das rasche Anwachsen der Minoritenpatres machten es notwendig, eine neue Kirche zu bauen. König Ottokar von Böhmen legte 1276 den Grundstein zu jener Kirche, die heute noch auf dem Minoritenplatz steht.

Die Minoritenkirche blickt auf eine bewegte Baugeschichte zurück. Sie diente auch der evangelischen Kirche, war in der napoleonischen Zeit ein Lager und wurde, nachdem 1784 die Minoriten in das aufgehobene Trinitarierkloster im 9. Wiener Bezirk übersiedelten, der Italienischen Kongregation in Wien übergeben. Die übrigen Klostergründe fielen an den Staat und wurden im späten 19. Jahrhundert abgerissen. An dieser Stelle wurde unter anderem das Haus-, Hof- und Staatsarchiv errichtet.

Heute mitten im Regierungsviertel gelegen, war die Minoritenkirche Grablege bekannter Persönlichkeiten. Unter diesen ist Blanche de Valois (geboren 1282 in Paris, gestorben 1305 in Wien), Tochter des französischen Königs Philipp III., zu nennen. Sie war die Gemahlin von Herzog Rudolf III. von Habsburg und somit Herzogin von Österreich und Steiermark. Eine zarte junge Frau sei sie gewesen, die gern lachte und sang, kann man in den alten Chroniken lesen. Aber schon mit 23 Jahren starb sie bei der Geburt ihrer Tochter, und das Kind mit ihr, tief betrauert von ihrem Gemahl.

Am Deckel ihres prachtvollen Sarkophags, der leider verschollen ist, konnte man die junge Mutter sehen, gekleidet in eines jener fließenden Gewänder der gotischen Zeit. Noch im Tod hielt sie darauf ihr Neugeborenes beschützend im Arm. In ihrem Testament stellte sie großzügige Spenden, unter anderem an die Minoriten, und einen ansehnlichen Betrag für die Errichtung eines Hochgrabes aus Marmor bereit. Dieses prachtvolle gotische Tumbengrab der Herzogin Blanche, welches anlässlich des Umbaues der Minoritenkirche im Zuge der Übergabe an die italienische Kongregation im Jahr 1784 an den kaiser-

Hochgrab von Blanche de Valois

Gedenktafel für Margarete Maultasch, Herzogin von Tirol

lichen Hofarchitekten Johann Ferdinand Hetzendorf von Hohenberg übergeben wurde, möglicherweise an Zahlung statt, war nach dem Umbau der Kirche nicht mehr vorhanden. Grabungen nach dem Hochgrab circa 70 Jahre später, von kunstsinnigen Menschen veranlasst, waren vergebens und führten nicht zur Auffindung. Das Hochgrab zählte damals zu den schönsten Kunstdenkmälern Wiens und hätte heute in unserem Kulturraum kein Gegenstück.

Als Grablege diente die Minoritenkirche vielen Adelsgeschlechtern. Besonders zu erwähnen sind zwei, nicht mehr vorhandene, Grabstätten: jene der Tiroler Landesfürstin Margarete Maultasch (1318–1369), die Rudolf IV. dem Stifter nach dem Tod ihres Sohnes Meinhard das Land Tirol vermachte, sowie das Grab von Isabella von Aragón (1300–1330).

Alles, was wir über die Grabstätte Margarete Maultaschs wissen, ist Bemerkungen, aufgeschrieben von Mönchshand, zu entnehmen: »Ihr Grab liegt gegenüber dem der Aragonierin [...] und [...] für das Begräbnis haben die Minoriten zwei Tuniken der Verewigten bekommen, aus denen sie eine Dalmatika machen können [...] und nicht mehr.«

Isabella von Aragón, die Gemahlin König Friedrichs des Schönen, erfüllte den Wunsch der früh verstorbenen französischen Prinzessin Blanche de Valois, eine Kapelle zu Ehren ihres Großvaters König Ludwig IX. zu errichten, der 1297 heiliggesprochen worden war. 1338, acht Jahre nach dem Tod Isabellas, war die Kapelle fertiggestellt.

König Ottokar II. Přemysl war nach seinem Tod in der Schlacht von Jedenspeigen im unsagbar heißen August des Jahres 1278 30 Wochen im Kapitelsaal des Klosters aufgebahrt, was zweifellos für die Kunst der Einbalsamierer spricht. In Scharen kam das Volk herbei, um von dem charismatischen Böhmenkönig Abschied zu nehmen. Die Wiener hatten König Ottokar, den leichtherzigen Lebemann mit der wallenden Lockenmähne, geliebt. Den neuen König, den mageren Rudolf von Habsburg, mochten sie zunächst nicht und warteten erst einmal ab. Den von der Schlacht verunstalteten Leichnam Ottokars hatte man zuerst gänzlich entblößt und nackt im Konvent aufgebahrt. Die darüber entsetzte Königin Anna, Rudolfs Frau, ließ schnell einen purpurfarbenen Mantel über den nackten Leib des Toten legen. Herz und Intestina König Ottokars wurden in der Heiligenkreuzkapelle, später Katharinenkapelle, beigesetzt, bevor sein Leichnam von böhmischen Aristokraten zuerst ins Minoritenkloster nach Znaim und später in den Veitsdom nach Prag überführt wurde. Dieser »Heimweg« König Ottokars hat 18 Jahre gedauert. Herz und Intestina blieben in der Minoritenkirche zurück. Heute weiß man nicht mehr, was aus diesen Urnen geworden ist. Sie sind verschollen.

Das von Kaiser Napoleon bestellte monumentale Mosaik vom letzten Abendmahl – eine Kopie von Leonardo da Vincis Wandfresko in Mailand – wurde den Minoriten von Kaiser Ferdinand I. dem Gütigen 1845 geschenkt und ist an der Nordseite des Gotteshauses angebracht.

Eine der Kostbarkeiten der Kirche, die »Familienmadonna« oder Säulenmadonna, gestiftet von Herzog Albrecht im Jahr 1345, wie am Monogramm »A« im Halsausschnitt des Kleides zu erkennen ist, passt sich in ihrer mütterlichen Bescheidenheit diesem kostbarsten und doch bescheiden wirkenden Gotteshaus an. Vier Statuen aus dem 18. Jahrhundert, um den Hochaltar stehend, sind ebenfalls erwähnenswert: Es handelt sich wahrscheinlich um Herzog Leopold VI., Johannes den Evangelisten, Johannes den Täufer und wahrscheinlich Ottokar II. Přemysl.

Die Augustinerkirche

Die Augustinerkirche ist nicht nur durch ihre Lage direkt am Hofburgkomplex auf das Engste mit den Habsburgern verknüpft. Gestiftet von einem Habsburger, Herzog Friedrich dem Schönen, diente die Kirche als Hofpfarrkirche. Von hier aus predigte Abraham a Sancta Clara im 17. Jahrhundert seine wuchtigen Ermahnungen an Kaiser und Volk. Bei den Augustinern fanden auch die habsburgischen Hochzeiten statt, darunter 1736: Maria Theresia und Franz Stephan von Lothringen; 1770: Maria Antonia mit dem späteren König Ludwig XVI. von Frankreich (per procurationem); 1810: Marie-Louise mit Napoleon (per procurationem) und 1854: Kaiser Franz Joseph und Elisabeth in Bayern.

Von außen wirkt die 1347 geweihte gotische Kirche unauffällig, da sie in den Albertina-Gebäudetrakt der Hofburg integriert ist. Betritt man die Kirche, beeindruckt der große Innenraum mit einer Innenausstattung aus mehreren Jahrhunderten, die dennoch einen harmonischen Eindruck hinterlässt. Nicht nur die Wiener gehen gern in diese Kirche, ist sie doch berühmt für ihre Kirchenmusik. Die Liturgie des Hochamtes am Sonntag um 11 Uhr wird durch Chor, Orchester und Orgel mitgestaltet, die das Repertoire an Messen und geistlicher Musik auf höchstem Niveau darbieten. Traditionell besucht man am Silvesterabend um 18 Uhr die Jahresabschlussmesse, bei der die Krönungsmesse von Mozart gespielt wird. Die Sakristei von St. Augustin birgt einen Schatz an alten Messgewändern, darunter den berühmten

Das Grabmal von Marie Christine, der Lieblingstochter von Maria Theresia

Schlafrock-Ornat. Kaiserin Maria Theresia hatte nach dem Tod ihres Mannes seinen Schlafrock, worunter man sich eher einen eleganten Hausmantel aus edlem Stoff vorstellen sollte, zu einem Messornat umarbeiten lassen. Weißgrundig wird der Ornat heute noch an hohen Feiertagen von den Zelebranten getragen.

Im Langhaus auf der rechten Seite befindet sich das Grabdenkmal für Erzherzogin Marie Christine von Österreich-Teschen. Die Lieblingstochter Maria Theresias war die einzige, die sich ihren Mann, Herzog Albert von Sachsen-Teschen, selbst hatte aussuchen dürfen. Nach ihrem frühen Tod beauftragte Herzog Albert den italienischen Künstler Antonio Canova mit der Errichtung eines Grabdenkmals für seine geliebte Gattin, das, zwischen 1801 und 1805 entstanden, ein Meisterwerk klassizistischer Kunst ist. Am Eingang einer Pyramide sehen wir eine allegorische Figur der Tugend, die, begleitet von zwei Mädchen mit Totenfackeln, eine Urne in die Pyramide trägt. Ihr folgt die barmherzige Liebe, die Caritas, die einen kranken Greis mit sich führt. Auf der rechten Seite beugt sich ein Engel mit einem Wappenschild über einen trauernden Löwen, der ein königliches Symbol darstellt. Es lohnt sich, diesen fast weinenden Löwen genauer anzusehen. Oberhalb des Eingangs hält die Glückseligkeit ein Medaillon der Verstorbenen. Der Schriftzug »Uxori optimae Albertus« bedeutet »Der besten Gattin – Albert«.

Ein paar Schritte weiter befindet sich ein Altar mit einer Reliquie des Seligen Kaisers Karl mit einem zeitgenössischen Bildnis des Friedenskaisers, das die Grauen des Ersten Weltkrieges darstellen soll. Es wurde vom Orden vom Goldenen Vlies gestiftet.

Am Ende des Langhauses, vor dem Presbyterium, ist der Durchgang zur Lorettokapelle, die jeden Sonntag nach dem Hochamt zur freien Besichtigung geöffnet ist. In der Lorettokapelle hinten links, hinter einer eisernen Tür, ist die Herzgruft, auch Herzlgruft genannt, der Habsburger, die 54 Herzbecher birgt. Die sogenannte getrennte Bestattung von Körper, Herz und Intestina (Eingeweiden) hatte ihren Ursprung im Mittelalter, als hygienische Maßnahme bei langen Transportwegen. Später kam der Gedanke hinzu, einem bevorzugten heiligen Ort besonders nahe zu sein. Vor der Gründung der Herzlgruft wurden die Herzen der verstorbenen Habsburger im Dom zu St. Stephan bestattet beziehungsweise die Herzbecher mit dem Leichnam zusammen in den Sarg gelegt.

Die Herzlgruft in der Augustinerkirche

Stifterin der Herzlgruft war Kaiserin Eleonora Magdalena, Gemahlin Kaiser Ferdinands III., die ihr Herz dereinst »bei unserer lieben Frawen von Loretto« bestattet wissen wollte. Sie hatte bereits 1624 eine Loretto-Kapelle gestiftet, die im Langhaus der Augustinerkirche installiert war. Doch es war ihr Stiefsohn König Ferdinand IV., dessen Herz in einem silbernen Becher als Erstes in der Herzlgruft bestattet wurde. Testamentarisch festgelegt hat der junge König dies mit den Worten: »Man möge mein herzunnser Lieben frawen Maria zu Loreto unter ihre füeß legen und begraben.«

Im Fußboden hinter dem Altar des Marienheiligtums war eine mit Marmor ausgekleidete Gruft eingelassen, die die meistens silbernen Herzbecher aufnahm. Die erste Herzurne in der Gruft ist jene von Kaiserin Anna, der Stifterin der Kapuzinergruft, als letztes wurde das Herz von Erzherzog Franz Karl Joseph, dem Vater von Kaiser Franz Joseph, dort bestattet. Später wurden die Herzen nach dem Wunsch der Familie beziehungsweise am Wunschort des Verstorbenen beigesetzt.

Im Zuge der Klosteraufhebung durch Kaiser Joseph wurde die Augustinerkirche auch Stadtpfarrkirche, und man gestaltete den Innenraum um. Das Lorettohäuschen im Langhaus wurde abgerissen, was großen Protest im Volk hervorrief. Also baute man eine neue Lorettokapelle in einem Zubau der südlich gelegenen St.-Georgs-Kapelle. Links neben dem Altar wurde die Herzlgruft in ihrer jetzt sichtbaren Form neu gestaltet. Die Herzbecher stehen aufgereiht an der Rückwand. Die Urne des Herzogs von Reichstadt, die bei der Überführung seines Leichnams nach Paris vergessen wurde, trägt ein schmales blau-weiß-rotes Band. In der St.-Georgs-Kapelle befindet sich das Kenotaph von Kaiser Leopold II., das ursprünglich für die Kapuzinergruft vorgesehen war, dort aus Platzmangel aber nicht aufgestellt wurde.

Das Salesianerinnenkloster am Rennweg: das Kloster der Kaiserin

Inmitten der Nonnen im Salesianerinnenkloster am Rennweg hat sie ihre letzte Ruhestätte gefunden: Kaiserin Amalia Wilhelmina, geborene Prinzessin von Braunschweig-Lüneburg. Sie war die Tochter von

Die Salesianerkirche, Kloster der Heimsuchung Mariens

Herzog Johann Friedrich von Braunschweig-Lüneburg und Pfalzgräfin Benedikte Henriette von der Pfalz. Die Familie Amalia Wilhelminas war ursprünglich protestantisch, aber bereits 1651 zum katholischen Glauben konvertiert. So stand einer Heirat ins erzkatholische Haus Habsburg nichts im Weg. Am 24. Februar 1699 fand in Wien die Hochzeit der 16-jährigen Amalia mit Erzherzog Joseph, dem Thronerben des Heiligen Römischen Reiches und ältesten Sohn von Kaiser Leopold I., statt. Das kaiserliche Paar hatte drei Kinder, jedoch starb der Kronprinz, Leopold Joseph, im Alter von nur einem Jahr.

Kaiserin Amalia Wilhelmina galt als stille und gütige Frau. Zunächst verlief ihre Ehe mit dem charismatischen Kaiser Joseph sehr harmonisch, sie war das Pendant zu ihrem temperamentvollen Gemahl. Doch mit der Zeit litt sie unter der leichtfertigen Art ihres Gatten. Nach seinem plötzlichen Tod, Kaiser Joseph I. starb 1711 im Alter von nur 33 Jahren an den Pocken, reifte in ihr der Gedanke, sich in ein Kloster zurückzuziehen. Amalia Wilhelmina war eine fromme Frau, welche die Zurückgezogenheit liebte, zunächst aber erfüllte sie ihre Pflicht, sich der Erziehung ihrer beiden Töchter zu widmen.

Mit ihrer Schwiegermutter Kaiserin Eleonora hatte sie sich immer gut verstanden, daher war sie erstaunt, als man diese als Regentin vor-

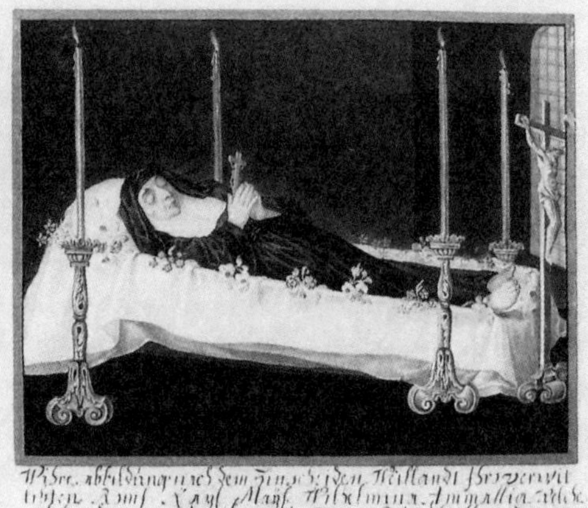

Aufbahrung von Kaiserin Amalia Wilhelmina im Habit der Salesianerinnen

Kaiserin Amalia Wilhelmina als Witwe, Gemälde von Johann Kupetzky

zog, bis Karl, der Bruder von Joseph I., aus Spanien nach Wien zurückkehrte, um den Kaiserthron zu übernehmen.

Die nächsten Jahre brachten Amalia Wilhelmina schwere Zeiten. Sie litt unter dem Tod ihres Gemahls, fühlte sich von ihrer Schwiegermutter und ihren Töchtern nicht respektiert, eine verheerende Pestepidemie brach aus, die Tausende Opfer forderte, und so wurde der Gedanke in ihr, sich in ein Kloster zurückzuziehen, immer stärker. Da die in Wien vorhandenen Klöster für sie scheinbar nicht infrage kamen, dürfte in ihr der Wunsch nach einem Rückzugsort, an dem sie ihren Lebensabend verbringen könnte, so weit gereift sein, dass sie selbst ein Kloster stiftete. So ersuchte die Kaiserin den Erzbischof von Mechelen um Entsendung von Nonnen des heiligen Franz von Sales (Heimsuchungsschwestern) und erwarb einen Grund am Rennweg. Am 13. Mai 1717, dem Tag der Geburt von Maria Theresia, erfolgte die

Grundsteinlegung, zwei Jahre später fand am 13. Mai 1719 die feierliche Einweihung der Kirche und Inbesitznahme der Klostergebäude durch die Ordensfrauen statt.

Ein weiterer Wunsch von Amalia Wilhelmina war es, im Kloster am Rennweg auch eine Bildungsstätte und ein Pensionat für Töchter aus verarmtem Adel und gehobenem Bürgertum zu stiften. Das religiöse Leben Wiens sollte mit dieser Stiftung ebenfalls bereichert werden.

Nachdem Kaiserin Amalia Wilhelmina ihre Töchter standesgemäß verheiratet und deren Recht auf die Thronfolge nach Karl VI. unterstützt hatte, zog sie sich nach der Krönung ihres Schwiegersohnes, des bayerischen Kurfürsten Karl Albrecht, und ihrer Tochter Amalia, die unter Missachtung der Pragmatischen Sanktion in den Erbfolgekrieg gegen Österreich eingriffen, in ihr Kloster zurück. Sie hatte für sich einen eigenen Trakt im Kloster bauen lassen und sich das Recht vorbehalten, das Kloster zwischendurch verlassen zu dürfen, da sie weiterhin am Leben ihrer Töchter und Enkelkinder teilnehmen wollte. Am Hof von Kaiserin Maria Theresia war sie stets willkommen. Am Klosterleben und an den Gebeten und Gesprächen mit den Nonnen nahm Amalia Wilhelmina regen Anteil. Am 10. April 1742 starb Kaiserin Amalia Wilhelmina in ihrem geliebten Kloster am Rennweg. In ihrem Testament wünschte sie, im Ordenskleid der Salesianerinnen bestattet zu werden. Ebenso verfügte sie, dass außer der Entnahme ihres Herzens keine weitere Exenterierung vorgenommen werde.

In der stillen Gruft unter dem Hochaltar ruht sie in einem weißen Steinsarkophag, auf dessen Deckel eine Krone abgebildet ist. Wunschgemäß wurde ihr Herz in einer Urne zu Füßen ihres Gatten, Kaiser Joseph I., in der Kaisergruft beigesetzt. Der Sockel trägt folgende Inschrift: »AMALIA. WILH. AUG. COR SUUM AD. PED. JOSEPH. IMP. A. CONIUG. DULCISS. REP. IUSS. XIV. AP. CICI-CCXLII« (Amalia Wilhelmina, Kaiserin, hat ihr Herz zu Füßen des Kaisers Joseph von Österreich, ihres allerliebsten Gemahls, legen lassen, den 14. April 1742). Das »Kloster der Kaiserin« ist ein bezauberndes, in sich ruhendes Gebäude. Auf Schritt und Tritt fühlt man in diesen Mauern Frieden und Gottes Allmacht.

Wien, Hütteldorf: die rote Erzherzogin

Elisabeth Marie, genannt Erzsi, das einzige Kind von Kronprinz Rudolf, war fünf Jahre alt, als ihr Vater starb. Sie war die Lieblingsenkelin des alten Kaisers, der sie maßlos verwöhnte und ihre Mutter und sie in seiner unmittelbaren Nähe wohnen ließ. Schon früh zeigte sich, dass sie einen starken Charakter hatte und unnachgiebig ihren Standpunkt verteidigte. Als ihre Mutter, Kronprinzessin-Witwe Stephanie, nach elfjähriger Witwenschaft den ungarischen Grafen Elemér Lónyay heiratete, brach sie die Verbindung zu ihr ab. Das Verhältnis zu Stephanie war immer kühl gewesen. Sie gab ihrer Mutter Mitschuld an Rudolfs Tod in Mayerling. Ein von Kronprinzessin Stephanie im Jahr 1935 verfasstes Buch, in welchem sie über ihre schwierige Ehe mit Rudolf schrieb, ließ ihre Tochter sofort verbieten.

Elisabeth Marie, die rote Erzherzogin, einzige Tochter von Kronprinz Rudolf

Im Alter von 19 Jahren verliebte sie sich Hals über Kopf in Prinz Otto Windisch-Graetz und erzwang nahezu die Heirat mit ihm. Kaiser Franz Joseph war nicht begeistert, überredete aber Windisch-Graetz, der eigentlich schon einer anderen Dame verpflichtet war. Wenn der Kaiser einen bittet, die Enkelin zu heiraten, sagt man nicht nein.

Das Grabmal der roten Erzherzogin

Immerhin erhob ihn der Kaiser in den Fürstenstand, auch um die Nichtstandesgemäßheit zu überspielen. Die Ehe war äußerst turbulent. Ganz Wien tuschelte über die öffentlich ausgetragenen Streitereien des Paares, das sich schließlich nach dem Tod von Kaiser Franz Joseph trennte. Die vier Kinder blieben bei ihrer Mutter, was Fürst Windisch-Graetz nicht hinnahm. Jahrelang stritten die beiden um das Sorgerecht. Als das Gericht 1921 die Kinder dem Vater zusprach und der Gerichtsvollzieher mit 22 Gendarmen die Kinder abholen lassen wollte, versperrten ihnen etwa 100 sozialdemokratische Arbeiter den Eingang zum Anwesen. Schließlich blieben die Kinder bei der Mutter.

Elisabeth Windisch-Graetz war überzeugte Sozialistin der ersten Stunde. Bereits 1919 war sie der Sozialistischen Partei beigetreten, die sie mit ihrem reichen Erbe finanziell unterstützte. Man sah sie bei Aufmärschen und Demonstrationen. Leopold Petznek, Parteimitglied, ruhig, besonnen, Schutzbundkommandant, Politiker und Lehrer, wurde ihr Lebenspartner. 1944 wurde er von den Nazis verhaftet und ins Konzentrationslager Dachau geschickt. 1948 heirateten die beiden und führten eine äußerst glückliche Ehe. Elisabeth Petznek starb am 16. März 1963 in ihrer Villa in der Hütteldorfer Straße. Auf eigenen Wunsch wurde sie in einem namenlosen Grab am Hütteldorfer Friedhof bestattet.

Niederösterreich

Stift Heiligenkreuz: Rot-Weiß-Rot im Wienerwald

Was den Habsburgern die Kapuzinergruft, ist den Babenbergern der Stift Heiligenkreuz. Die babenbergische Gründung am Rande des Wienerwalds steht in einer ungebrochenen Tradition und ist bis heute eines der bedeutendsten geistlichen Zentren Österreichs. Seit knapp 900 Jahren singen dort die Zisterzienser jeden Tag das Lob Gottes, nicht einmal durch die Klosteraufhebungswelle von Kaiser Joseph II. unterbrochen.

Heiligenkreuz war die zweite Klostergründung von Herzog Leopold III., genannt »der Heilige«. Sein Sohn Otto hatte während seiner Studienjahre in Frankreich die Zisterzienser von Morimond kennengelernt und war, begeistert von deren Lebensweise, dem Orden beigetreten. Wenig später wurde er Bischof von Freising, musste aber seinen Vater nicht lange überreden, im Wienerwald, an der Via Sacra nach Mariazell, das Kloster im Jahr 1134/1135 als eine Filiation des Stifts Morimond zu gründen. Damit ist Heiligenkreuz, noch zu Lebzeiten des heiligen Bernhard entstanden, nach Stift Rein das älteste durchgehend seit seiner Gründung bestehende Zisterzienserkloster in Österreich.

Alle auf den heiligen Leopold folgenden Babenberger Herzoge waren dem Stift auf das Engste verbunden, gaben großzügige Schenkungen und förderten den Aufbau nach Kräften. Etwa 50 Jahre nach der Gründung konnte 1187 die große Klosterkirche feierlich eingeweiht werden, wozu Herzog Leopold V. dem Stift das namensgebende Geschenk machte. Von seinem Kreuzzug ins Heilige Land hatte er ein sehr großes Stück des Kreuzes Christi mitgebracht. Die Klosterkirche wurde »Unserer Mutter vom Heiligen Kreuz« geweiht, das Kreuzreliquiar wird bis heute verehrt.

Bereits früh war das Kloster auch als Grablege gedacht. In Heiligenkreuz liegen insgesamt 13 Babenberger, darunter babenbergische Prominenz, die auf das Engste mit der österreichischen Geschichte und ihren Mythen verbunden ist.

Herzog Leopold V. (1157–1194) brachte von seinem Kreuzzug ins Heilige Land nicht nur die Kreuzreliquie, sondern ebenso einigen Ärger über den englischen König Richard Löwenherz mit, der ein österreichisches Feldzeichen herabgerissen haben soll, was damals als höchst beleidigend gewertet wurde. Als Löwenherz auf seiner Rückreise nach England schließlich durch Österreich kam, wurde er in der Nähe von Wien aufgegriffen und erst einmal auf Burg Dürnstein festgesetzt. Leopold ließ ihn gegen ein horrendes Lösegeld frei – von diesem Geld wurden später die Wiener Stadtmauer und die Befestigung Wiener Neustadts gebaut.

Viele Jahrhunderte war die Legende weit verbreitet, Herzog Leopold sei für das »Rot-Weiß-Rot« verantwortlich. Bei der siegreichen Schlacht von Akkon am 12. Juli 1191 habe er sich so tapfer geschlagen, so viele Gegner zu Tod gebracht, dass sein weißes Gewand ganz blutgefärbt gewesen sei. Als er den Schwertgurt abnahm, soll ein weißer Streifen zu sehen gewesen sein. Diese Geschichte war offensichtlich sogar so glaubwürdig, dass sie in das kaiserliche Patent vom 6. August 1806 aufgenommen wurde: Über das nunmehrige Hauswappen, ein silberner Querbalken im roten Felde, steht dort: »Das mittlere Feld verlieh 1191 Heinrich VI. nach einer denkwürdigen, unwiderlegten Überlieferung Herzog Leopold dem Tugendhaften von Oesterreich, babenbergischen Stammes, zur Verewigung des Heldenmuthes, den er bey der Belagerung von Ptolomais bewies, wo bey einem Ausfalle sein ganzes weißes Panzerhemd, bis auf die Stelle, die sein Schwertgehänge bedeckte, vom Blute der Ungläubigen gefärbt war.«[15]

Die historische Wissenschaft weiß es besser. Der Bindenschild geht mit hoher Wahrscheinlichkeit auf Herzog Friedrich II., genannt der Streitbare, zurück. Er initiierte nicht nur den Bau des Stephansdoms, sondern wollte Österreich mit einem neuen Wappenschild eine stärkere Unabhängigkeit vom Reich verschaffen. Rot-Weiß-Rot war nun an das Territorium gebunden, es ist der Wechsel von einem reinen Amtswappen zu einem auf das Land bezogenen Symbol. Der Bindenschild, dessen ältestes Zeugnis, ein wächsernes Amtssiegel vom 30. November 1230, sich im Stift Lilienfeld befindet, ist damit das

Der Kapitelsaal in Stift Heiligenkreuz, Grablege der Babenberger und zweier Habsburger

älteste Staatssymbol Europas. Später legte Friedrich der Schöne (1289–1330) den Bindenschild erstmals auf den Reichsadler, und somit war das österreichische Wappen, das bis heute gilt, erfunden. Freilich dachte damals niemand an Ketten, Hammer und Sichel. Was aber hat das alles mit den Habsburgern zu tun?

Der letzte Babenberger, Herzog Friedrich II., hatte nicht umsonst den Beinamen »der Streitbare«. Er verlor sein Leben 1246 in der Schlacht an der Leitha gegen den ungarischen König Béla IV. Damit waren die Babenberger im Mannesstamm ausgestorben. Nun stand die Frage des babenbergischen Erbes im Raum, welche sich zwischen zwei Frauen abspielte – Friedrichs Nichte Gertrud und seiner Schwester Margarete. Zu dieser Zeit wurden die Erbstreitigkeiten von den jeweiligen Gatten ausgetragen. Gertrud zog den Kürzeren, ihre beiden Männer starben, ihr Sohn Friedrich, der einen Anspruch gehabt hätte, wurde hingerichtet.

Margarete hingegen ehelichte in zweiter Ehe den um 20 Jahre jüngeren goldenen König von Böhmen, Ottokar II. Přemysl, der natürlich auf das babenbergische Erbe spekulierte. Sein Machtbereich reichte damit von der Elbe bis an die Adria. Gut scheint die Ehe nicht gewesen zu sein, Ottokar ließ sich 1261 von Margarete scheiden, behielt aber selbstverständlich ihre territoriale Mitgift.

Nach einer 20-jährigen »schrecklichen kaiserlosen Zeit« (die gar nicht so kaiserlos war) verlieh die Wahl von Graf Rudolf von Habsburg zum römisch-deutschen König Rudolf I. dem Reich wieder Stabilität. Rudolf trachtete danach, vor allem die rechtsstaatlichen Verhältnisse wiederherzustellen, was im Besonderen hieß, dass altes Reichsgut wieder zurückzustellen war. Dies betraf in diesem Falle insbesondere die Herzogtümer Kärnten und Krain, die sich der böhmische König angeeignet hatte, ohne bei der Reichsautorität anzusuchen. Zwischen Rudolf und Ottokar begann ein Machtspiel, welches in der berühmten Schlacht bei Dürnkrut und Jedenspeigen auf dem Marchfeld 1278 sein Ende fand. Ottokar fiel, und in der Folge belehnte Rudolf seine Söhne Albrecht und Rudolf mit den Herzogtümern Österreich ob und unter der Enns, Kärnten, Krain, Steiermark und der Windischen Mark. Damit waren die Habsburger in Österreich angekommen. Dies hatte auch Konsequenzen für die Klöster. Albrecht setzte sehr rasch seinen Freund Benzo von Worms als Abt von Heiligenkreuz ein, womit die enge Verbundenheit des Hauses Habsburg mit Heiligenkreuz begann. Vor allem aber unterstützten die Habsburger den weiteren Ausbau des Klosters.

Heiligenkreuz ist in typisch zisterziensischer Tradition gebaut. Anders als die Benediktiner, die sich gern in burgartigen Klosteranlagen auf Bergen oder Hügeln niederließen, bevorzugten die Zisterzienser Talniederungen in der Nähe von Bächen beziehungsweise kleinen Flüssen. Der reiche Baumbestand und der fischreiche Sattelbach garantierten die wirtschaftliche Überlebensfähigkeit des Klosters. Ein besonderes Zeichen, dass die Habsburger unter Umgehung der Regierung Ottokars direkt an die babenbergische Tradition anknüpften, war der Bau des Brunnenhauses an der Südseite des Kreuzgangs Ende des 13. Jahrhunderts. Mit hoher Wahrscheinlichkeit abgesprochen zwischen Abt Benzo und Herzog Albrecht, wurden in den prachtvollen Fenstern die Babenberger Herzoge abgebildet.

Die herzogliche Grablege befindet sich im Kapitelsaal, einer quadratischen dreischiffigen Halle, die bis heute der Versammlungssaal des Konvents ist. Elf Grabsteine sind im Kapitelsaal zu finden, acht Platten liegen an der Ostwand, im Zentrum des Saales steht das Hochgrab von Herzog Friedrich II., links und rechts daneben befinden sich zwei unbe-

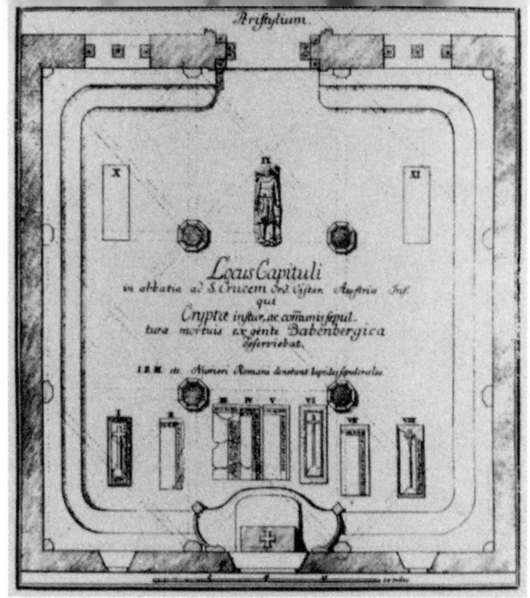

Der Grabplan im Kapitelsaal, Stich von Salomon Kleiner

schriftete Grabplatten. Pater Herrgott ließ eine Zeichnung anfertigen, an der Lage der Gräber hat sich bis heute nichts geändert. Der Konvent bezeugt seinen hohen Respekt vor den dort bestatteten Toten, ständig brennt eine Kerze vor den Gräbern. Begraben sind im Kapitelsaal:

† Herzog Leopold IV. der Freigiebige (um 1111–1141), Sohn von Leopold III. dem Heiligen

† Herzog Leopold V. der Tugendhafte (1157–1194), Sohn von Herzog Henrich II. Jasomirgott, schenkte das Kreuzreliquiar

† Herzog Friedrich I. der Katholische (1175–1198), Sohn von Leopold V., starb bei der Rückreise aus Palästina

† Herzog Heinrich der Ältere (1158–1223), Bruder von Leopold V.

† Herzog Heinrich der Jüngere (gestorben 1236), Sohn von Heinrich dem Älteren

† Adalbert »der Andächtige« und Ernst, zwei Söhne von Herzog Leopold III.

† Gertrud von Braunschweig, Gemahlin von Herzog Heinrich II. Jasomirgott

† Richardis, Tochter von Gertrud und Heinrich II. Jasomirgott

† Herzog Heinrich der Grausame, Sohn von Leopold VI.

† Agnes von Thüringen, Gemahlin von Heinrich dem Grausamen

† Herzog Friedrich II. der Streitbare (1211–1246), Sohn von Leopold VI., der letzte Babenberger im Mannesstamm

Die letzten fürstlichen Begräbnisse, die im Kapitelsaal stattfanden, gaben keinen Babenbergern die letzte Ruhe, sondern zwei Habsburgern, genauer gesagt zwei Enkeln von König Rudolf I. Er ließ hier die 1280 früh verstorbenen Söhne Rudolf und Heinrich seiner Tochter Katharina aus ihrer Ehe mit Herzog Otto III. von Niederbayern begraben. Dies kann als eine bewusste Anknüpfung an die Geschichte der Babenberger und als Wunsch nach Kontinuität gewertet werden. Wo man seine Toten bettet, dort möchte man auch bleiben.

Das Dominikanerinnenkloster »Zum Heiligen Kreuz«: die namenlosen Kinder von Tulln

Zwischen Wien und der Wachau befindet sich Tulln, ein kleines Städtchen in einer paradiesgleichen grünen Landschaft, direkt an der Donau. Tulln, von jeher verkehrsgünstig gelegen, ist eine der ältesten Städte Österreichs und war bereits in der Babenbergerzeit Residenzstadt und bedeutender Handelsplatz.

Die Bürger von Tulln hatten König Rudolf I. wohl beeindruckt, als sie ihn und seine Truppen im Herbst 1276 – eben auf dem Weg zum ersten Feldzug gegen den Böhmenkönig Ottokar II. Přemysl – willkommen hießen. Ein politischer Umschwung lag in der Luft, sodass man gut daran tat, sich der Gunst des möglicherweise neuen Herrschers zu versichern.

Die Rechnung der Tullner Bürger ging auf. Nach der Schlacht auf dem Marchfeld vom 26. August 1278 war die Herrschaft Ottokars über Österreich beendet. Eine neue Ära brach an. Rudolf erinnerte sich nun dankbar an die Tullner. Als geschickter Stratege war ihm wichtig, anknüpfend an alte Traditionen neue Kontinuitäten zu gründen. In Tulln gab es die Kapelle »Zum Heiligen Kreuz«, in der ein Partikel des Kreuzes Christi aufbewahrt war, das der Babenbergerherzog Leopold V. von seinem Kreuzzug ins Heilige Land mitgebracht hatte. Diese Kapelle, die eigentlich zum Schottenstift in Wien gehört hatte,[16] war der Nukleus für das Kloster, welches Rudolf nun aus Dankbarkeit für seinen Sieg über Ottokar II. Přemysl stiftete. Die Kreuzreliquie verwies auf den Freitag, den Tag der Kreuzigung Jesu

Rudolf von Habsburg vor dem gefallenen Böhmenkönig Ottokar II. Přemysl bei der Schlacht auf dem Marchfeld

Christi. Die Schlacht am Marchfeld hatte ebenfalls an einem Freitag stattgefunden.

Tulln war Rudolfs einzige geistliche Stiftung. Entscheidend für die Ortswahl war nicht nur das freundliche Entgegenkommen der Stadt im Vorfeld der Auseinandersetzung mit dem Böhmenkönig und das Vorhandensein einer kirchlichen Stätte wie der Kreuzkapelle, sondern auch die passende Baufläche, für die Landschreiber Konrad von Tulln seinen Besitz zur Verfügung stellte. Im ersten Stiftsbrief vom 31. August 1280 wurden die Ausstattung und die monastischen Konstitutionen festgelegt. Dominikanerinnen sollten das Kloster beleben und bewirtschaften. Die ökonomische Basis wurde im zweiten Stiftsbrief belegt. Bei der Grundsteinlegung war Rudolf selbst anwesend, er schenkte dem Kloster wertvolle Reliquien und bestätigte seine immerwährende Schutzherrschaft über das Kloster, die von zahlreichen seiner Nachfolger erneuert wurde.

Das Kloster nahm gerade aufgrund dieser engen Verbindung zum Herrscherhaus einen enormen Aufschwung. Viele Frauen aus adeligen und bürgerlichen Familien zog es wegen des hohen Renommees zu den Tullner Dominikanerinnen. Gleichwohl ist die Geschichte des Klosters durch Katastrophen geprägt. Brände und Türkeneinfälle hinterließen ihre Spuren. Im Jahr 1491 vernichtete ein Brand das Stiftsge-

In der Dreikönigskapelle in Tulln befinden sich letzte Überreste der ersten Habsburgergeneration in Österreich.

bäude und den Meierhof. Der Türkenkrieg von 1529 und der Dreißigjährige Krieg verursachten massive Schäden am Wirtschaftsgut des Klosters und führten damit einhergehend zu schweren wirtschaftlichen Einbußen. Schließlich zerstörte ein Brand 1626 erneut die Gebäude und vor allem das Archiv. 1752 schlug noch einmal eine Feuersbrunst zu, was zu einem barocken Wiederaufbau der Kirche führte.

Von Anfang an war das Kloster auch als Grablege der Habsburger gedacht. Wer aber wurde in Tulln bestattet? Wir wissen es heute nicht mehr, können es nur noch ahnen. Alle Dokumente wurden durch Brände vernichtet. Nicht einmal die Anzahl der Bestatteten ist gesichert, man geht von 16 oder 18 Habsburgern aus. Das Tullner Kloster sollte also nicht nur Gedächtnisort für die gewonnene Schlacht am Marchfeld sein, sondern ebenso als familiäre Grabstätte in Österreich dienen – ein Zeugnis davon, dass Rudolf sehr wohl schon früh daran dachte, seine Familie, die Habsburger, dauerhaft in dieser Region zu installieren. Seine eigenen Vorfahren waren in geistlichen Stiftungen der Familie bestattet worden, vor allem in Kloster Muri[17] im schweizerischen Aargau, einer Stiftung von Bischof Werner von Habsburg (gestorben 1028), Graf Radbot von Habsburg (gestorben vor 1045) und dessen Frau Ita von Lothringen (gestorben nach 1034). Nun also sollte ein neues Familienbegräbnis entstehen. Ein alter Stich zeigt die Tumba vor dem Altarraum in der Klosterkirche, auf der eine schwere Steinplatte den Eingang zur Gruft markiert. An den Freipfeilern der alten Kirche waren der Überlieferung nach Statuen von König Rudolf und seiner Frau Anna, sowie von König Albrecht I. und dessen Gemahlin Elisabeth angebracht.

Eine Abschrift der entsprechenden Urkunden, die sich in Krems befindet, gibt Auskunft darüber, wer in der Tullner Gruft seine letzte Ruhestätte fand:

† Friedrich, ein Sohn König Rudolfs
† Sieben Kinder von Albrecht I., die Namen sind nicht bekannt
† Zwei Söhne Rudolfs von Böhmen
† Zwei Enkel von Rudolf I.
† Drei Nachkommen König Friedrichs des Schönen
† Eine »soror Euphemia filia regis«
† Ein weiteres Enkelkind König Rudolfs[18]

Eine Legende besagt, dass auch das Herz Rudolfs in einer Urne Platz in der Gruft gefunden hat, allerdings ist das historisch nicht nachprüfbar. Vielmehr scheint diese eine Erfindung der Nonnen gewesen zu sein, die im Lauf der Jahrhunderte mit zunehmendem Bedeutungsverlust zu kämpfen hatten. Öffnungen der Gruft im 18. Jahrhundert konnten keine weiteren Erkenntnisse über die dort Bestatteten bringen. Kaiserin Maria Theresia erinnerte sich wieder an die Stiftung ihres Ahnherrn und wollte die habsburgischen Denkmäler sowie die sterblichen Überreste retten, doch in ihrer Umgebung vermochte sich niemand mehr dafür zu begeistern. Das Ende der Dominikanerinnen nahte unweigerlich. Niemand interessierte sich mehr für eine der ältesten habsburgischen Grablegen in Österreich, am allerwenigsten Kaiser Joseph II. Nicht im Geringsten schreckte er vor der einzigen geistlichen Stiftung König Rudolfs zurück, als er die Klöster in Österreich 1782 aufheben ließ. Ein letzter Rettungsversuch scheiterte: den Dominikanerinnen sollte das Überleben gesichert sein, wenn sie sich mit Ursulinen zusammenschlössen und sich fortan der Mädchenbildung widmeten. Im Jahr 1785 kam es zur Aufhebung des Klosters und Entweihung der Kirche, die in der Folge fast völlig demoliert wurde. In die übrig gebliebenen Gebäude zogen erst eine Haarzopfbandfabrik ein, dann eine Zuckerfabrik, danach wurden Zündhölzer produziert.

Schließlich nutzte die Stadt Tulln die Gebäude als Kaserne, und bis 1990 befand sich auf dem Gelände das Allgemeine Landeskrankenhaus.

Wo aber befinden sich die Gebeine der namenlosen Kinder aus der Gruft? Nach der Zerstörung der Kirche wurden die Knochen in umliegenden Gärten verscharrt. Was später wiedergefunden wurde, fand seine letzte Ruhe in der Dreikönigskapelle, einem Beinhaus neben der Pfarrkirche St. Stephan.

Der Doppelkönig von Mauerbach: Friedrich der Schöne

Nach dem Tod König Rudolfs im Jahr 1291 bemühten sich die Habsburger mit großer Selbstverständlichkeit, im Reich buchstäblich das Zepter in der Hand zu behalten, waren sie doch von ihrer Sendung für das Reich überzeugt. Freilich hatte nicht jeder das strategische Geschick, das politische Talent und die Langlebigkeit Rudolfs.

Seinem Sohn Albrecht war es noch gelungen, sich wählen zu lassen, sein Königtum nutzte er vor allem für eine strategisch angelegte Heiratspolitik für seine Kinder, die mit den bedeutendsten Dynastien Europas verbunden wurden. Allerdings hatte Albrecht durchaus Probleme innerhalb der eigenen Familie. Johann, der Sohn seines verstorbenen Bruders Rudolf, fühlte sich in Bezug auf sein väterliches Erbe übervorteilt und ermordete seinen Onkel am 1. Mai 1308 in der Nähe der Habsburg, dem Stammsitz der Familie.

Das Rennen um den deutschen Königsthron war wieder eröffnet, doch die Habsburger befanden sich in einer tiefen Krise. War es Ehrgeiz, Größenwahn oder einfach nur politische Ungeschicklichkeit? Der nächste Bewerber aus dem Haus Habsburg, Friedrich, jagte in den nächsten 17 Jahren von einer Niederlage zur nächsten. Als zweiter Sohn von König Albrecht, der erste war bereits 1307 gestorben, war er das erste Kind der neuen Dynastie in den österreichischen Ländern, das einen betont babenbergischen Namen erhalten hatte. Damit wollte man bewusst an die alte babenbergische Kontinuität anknüpfen. Und der ehrgeizige Friedrich versuchte natürlich, die Kurfürsten davon zu

Die Kirche der Kartause Mauerbach
König Friedrich III., auch Friedrich der Schöne genannt

überzeugen, ihn zum nächsten König zu wählen, zog aber den Kürzeren. Sie wählten Heinrich von Luxemburg. Dieser verstand es geschickt, das Königreich Böhmen in den folgenden Jahren an sich und seine Familie zu binden, womit die Luxembuger einen festen Platz in der Reichspolitik erlangten. Als Heinrich 1313 starb, sahen die Chancen für Friedrich vermeintlich besser aus. Doch er hatte einen ernsthaften Konkurrenten: Ludwig den Bayern. Beide wurden gewählt. Friedrich hatte drei Kurfürsten auf seiner Seite, Ludwig zählte fünf Wähler. Das Mehrheitsprinzip gab es damals noch nicht, es war überhaupt nicht verbindlich festgelegt, wer überhaupt wählen durfte. (Erst Kaiser Karl IV. machte diesem Missstand 1356 mit der Goldenen Bulle ein Ende.) Also zählte die Symbolpolitik.

Am 25. November 1314 wurde Friedrich im Bonner Münster vom Erzbischof von Köln mit der Reichskrone zum König gekrönt. Am gleichen Tag wurde Ludwig in Aachen mit einer Kopie der Krone gekrönt. Der eine also mit dem richtigen Koronator und der richtigen Krone, der andere am richtigen Ort. Beide versuchten in den darauffolgenden Jahren, eine Anerkennung ihrer Wahl beim Papst zu erlangen, der sich aber heraushielt. Zwangsläufig musste es zu einer bewaffneten Auseinandersetzung zwischen den beiden Königen kommen.

Doch Friedrich hielt sich erst einmal zurück. 1315 hatte sein Bruder Leopold bei der Schlacht bei Morgarten eine empfindliche Niederlage gegen die Eidgenossen eingefahren.

In diese Zeit fällt die Gründung der Kartause Mauerbach. Gemeinsam mit seinen Brüdern Leopold, Heinrich, Albrecht und Otto gründete Friedrich das Kloster und das Spital und übergab es dem Kartäuserorden. Reich ausgestattet mit wirtschaftlichen Gütern, die die Eigenständigkeit des Klosters absicherten, verpflichteten sich die Mönche um Prior Gottfried zu Anniversarfeiern für König Rudolf I., für König Albrecht und seine Frau Elisabeth und für die Brüder nach ihrem Ableben.

Zur Schlacht zwischen den beiden Kontrahenten Friedrich und Ludwig kam es 1322 bei Mühldorf am Inn. Der Plan sah vor, dass Friedrichs und Leopolds Soldaten vorher zusammentreffen und dann gemeinsam losschlagen sollten. Doch Leopold kam zu spät, der Bayer siegte und nahm die Brüder Friedrich und Heinrich gefangen, mit den Worten: »Vetter, ich sah Euch nie so gern wie heute!« Dem Vernehmen nach konnten sich die beiden Gefangenen in der oberpfälzischen Burg Trausnitz frei bewegen. Ludwig versuchte unterdessen, seine Regentschaft zu festigen. Er einigte sich mit Friedrich, ihn freizulassen, unter der Bedingung, dass dieser auf den Thron verzichtete. Im Gegenzug würde er ihn wieder mit Ober- und Niederösterreich sowie der Steiermark und der Krain belehnen. Voraussetzung war die Zustimmung aller Habsburgerbrüder. Doch Friedrich gelang es vor allem nicht, Leopold von diesem Deal zu überzeugen, er kehrte freiwillig in die Gefangenschaft zurück. Dieses Verhalten inspirierte später Friedrich Schiller zu dem Gedicht: »Deutsche Treue«.

Friedrich von Schiller: Deutsche Treue

Um den Szepter Germaniens stritt mit Ludwig dem Bayer
Friedrich aus Habsburgs Stamm, beide gerufen zum Thron;
Aber den Austrier führt, den Jüngling, das neidische Kriegsglück
In die Fesseln des Feinds, der ihn im Kampfe bezwingt.
Mit dem Throne kauft er sich los, sein Wort muß er geben,
Für den Sieger das Schwert gegen die Freunde zu ziehn;
Aber was er in Banden gelobt, kann er frei nicht erfüllen,

Siehe, da stellt er aufs neu willig den Banden sich dar.
Tief gerührt umhalst ihn der Feind, sie wechseln von nun an,
Wie der Freund mit dem Freund, traulich die Becher des Mahls,
Arm in Arm schlummern auf einem Lager die Fürsten,
Da noch blutiger Haß grimmig die Völker zerfleischt.
Gegen Friederichs Heer muß Ludwig ziehen. Zum Wächter
Bayerns läßt er den Feind, den er bestreitet, zurück.
»Wahrlich! So ists! Es ist wirklich so! Man hat mirs geschrieben.«
Rief der Pontifex aus, als er die Kunde vernahm.

Im Jahr 1325 wurde doch ein Kompromiss gefunden. Ludwig erkannte Friedrich als Mitregenten an, was als Doppelkönigtum in die Geschichte einging. Allerdings verlor Friedrich mit dem Tod Leopolds 1326 seinen wichtigsten Unterstützer und trat in der Folge politisch bis zu seinem Tod 1330 kaum mehr in Erscheinung. Seinem Wunsch entsprechend wurde er in Mauerbach bestattet. Nach ihm sollte es 100 Jahre dauern, bis wieder ein Habsburger zum römisch-deutschen König gewählt wurde. Kaiser Friedrich III. überging bei seiner Zählung seinen Verwandten, der ihm wohl zu peinlich war, und nannte sich »der Dritte« und nicht »der Vierte«. Den Beinamen »der Schöne« erhielt der hochgewachsene, aber hochmütige Habsburger erst im 16. Jahrhundert.

War Friedrich innerhalb der Familie nicht sonderlich beliebt, charakterlich eher hochmütig und arrogant sowie prunkliebend, so verdanken wir ihm doch die Kartause Mauerbach, die sich zu einer der bedeutendsten Kartausen in Österreich entwickelte. Ihr Kreuzgang ist mit 500 Metern einer der längsten Kreuzgänge Europas. Typisch für die Kartäuser ist der Kreuzganglettner, der durch die hohe Saalkirche durchführt und damit den Mönchsbereich vom Laienbereich trennt.

König Friedrich III. und auch später seine Tochter Elisabeth wurden nach Kartäusertradition ohne Grabdenkmal bestattet, in einfachen Särgen zwischen denen der Kartäuserbrüder, der genaue Ort geriet in Vergessenheit. Als Kaiser Maximilian I. im Zuge seiner genealogischen Nachforschungen die Kartause Mauerbach aufsuchte, mussten die Mönche drei Tage suchen, bis sie die sterblichen Überreste des glücklosen Königs fanden. Die Gebeine wurden in Wein gewaschen und in der Sakristei erneut beigesetzt. Maximilian dachte ein Mausoleum an, aber dazu kam es nicht mehr.

Der Türkensturm von 1529 verwüstete Kirche und Stift. Die Särge wurden aus der Gruft herausgerissen und nach Wertgegenständen untersucht, die Gebeine schließlich auf den umliegenden Wiesen verstreut. Nachdem die Türken weg waren, sammelten Anwohner die Knochen ein und brachten sie wieder in das Stift. Ob ein Grabdenkmal über der Gruft gebaut wurde, darüber ist sich die Wissenschaft uneinig, Entwürfe im Renaissancestil hat es auf jeden Fall dafür gegeben.

Als die Türken 1683 wieder vor Wien standen, beschloss Prior Leopold Brenner, den Stifter der Kartause vor dem erneuten Schicksal einer Plünderung zu bewahren und nahm die Knochen auf der Flucht in einem »krystallenen Kasten« mit. Pater Herrgott fand bei seinen Untersuchungen in Mauerbach ein provisorisches Grabmal vor: einen Tisch mit einer Samtdecke, einer Funeralkrone und davor eine kleinere, mit Gebeinen gefüllte Kiste.

Die Kartause Mauerbach, die im 18. Jahrhundert ein finanziell gesundes Kloster war, wurde gleich zu Beginn der josephinischen Aufhebungswelle aufgelöst. Eine Untersuchung hatte grobe Missstände in der Klosterdisziplin zutage gebracht. Das, was von Friedrich und Elisabeth noch übrig war, wurde in die Herzogsgruft des Stephansdoms gebracht. In den Gebäuden wurde eine Versorgungsanstalt der Stadt Wien für bis zu 700 Alte und Kranke eingerichtet. Nach dem Zweiten Weltkrieg verfiel der Komplex zusehends. 1962 ging er in den Besitz der Republik über. 1984 wurde die Anlage vom neuen Nutzer, dem Bundesdenkmalamt, saniert. Man brachte die Restaurierwerkstätten darin unter. Die einstige hochbarocke Pracht ist gerade in der Kirche wieder sichtbar.

Traurige Berühmtheit erlangte der »Mauerbacher Schatz«. Zwischen 1966 und 1994 diente die einstige Kartause als Depot für Restitutionsgüter, das heißt von Raubkunst, die die Nationalsozialisten Juden gestohlen hatten. Von den österreichischen Behörden wurde diese Kunst zunächst als »herrenloses Kunstgut« bezeichnet. Erst in den 2000er-Jahren fand die Republik zu einer würdigen Restitution an die Familien der Eigentümer.

Gaming: Albrecht der Lahme und die reiche Kartause Marienthron

Die Gründung der Kartause Marienthron in Gaming steht in unmittelbarem Zusammenhang mit der Schlacht bei Mühldorf 1322. Die Enkelgeneration von König Rudolf versuchte verzweifelt, wieder die Hauptrolle im Reich zu spielen beziehungsweise den Königsthron zu erlangen. Im sogenannten deutschen Thronstreit standen sich der Habsburger Friedrich und der Wittelsbacher Ludwig unversöhnlich gegenüber. Beide waren gewählte und gekrönte Könige. Die Schlacht von Mühldorf sollte die Entscheidung bringen, wer nun der rechtmäßige König war. Wie wir wissen, ist die Sache für die Habsburger schlecht ausgegangen. Friedrich spielte im Reich keine Rolle mehr, und in den darauffolgenden 100 Jahren beschäftigten sich die Habsburger mit der Konsolidierung ihrer Macht in Ober- und Niederösterreich, der Steiermark und der Krain, bevor sie wieder in der Reichspolitik Fuß fassen konnten.

Herzog Albrecht II. und sein Bruder Leopold hatten im Vorfeld der Schlacht das Gelübde abgelegt, ein Kloster zu gründen. Da Leopold 1326 starb, entschied sich Albrecht, das Kloster nicht wie ursprünglich geplant bei Luzern zu gründen, sondern in Gaming. Leopold wurde noch in Königsfelden nahe der Habsburg begraben, Albrecht plante

für sich eine eigene Grabstätte, um noch im Tod als Landesfürst präsent zu sein. Geografisch lag Gaming ideal, im Grenzgebiet zwischen den Herzogtümern Österreich und der Steiermark und auf dem Weg zum damals schon prominenten Wallfahrtsort Mariazell. Die Habsburger hatten in Österreich Platz genommen.

Den Ausschlag für die Wahl des Kartäuserordens hat wohl die enge Bekanntschaft mit Gottfried von Mauerbach gegeben. Der Prior war den habsburgischen Brüdern immer ein enger Berater gewesen. Es waren dann auch Mönche aus Mauerbach, die die Kartause Marienthron in Gaming als Erstes besiedelten.

Albrecht war dem Stift, dessen Grundstein er am 13. August 1332 selbst legte, stets zugetan, was die überaus großzügigen Zuwendungen beweisen. Schon von Anfang an hatte man nicht die für Kartäuserkonvente übliche Zahl von zwölf Mönchen geplant, sondern gleich 24 der

Die Kartause in Mauerbach heute

Die Kartause Marienthron in Gaming (Mitte)

Pater Herrgott und Salomon Kleiner fanden die Gruft in Gaming so vor. Man sieht noch den Zopf der Schwiegertochter des Stifterpaares (rechts, mittleres Skelett).

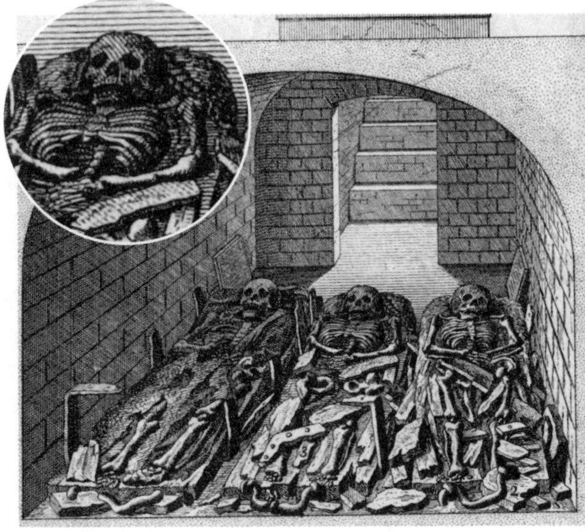

typischen Einzelhäuschen gebaut. Als die Mönche glaubten, der große Reichtum passe nicht so recht zu ihrem Armutsgelübde und ihren Förderer baten, nicht so viel zu schenken, meinte Albrecht: »Nembt die weil man euch gibt gern; es kombt die zeit, da sein alleß zuwenig würd werden.«

Nach dem Tod des glücklosen Königs Friedrich teilten sich Albrecht und sein jüngerer Bruder Otto die Regierung aller habsburgisch-österreichischen Länder. Es gelang beiden, das Herzogtum Kärnten an sich zu ziehen. Otto spielte in dieser Causa die Hauptrolle.

Eine Krankheit, vermutlich Polyarthritis, machte Albrecht zum Teil bewegungsunfähig, daher sein Beiname »der Lahme«. Seinen anderen Beinamen, »der Weise«, erhielt er aufgrund seiner immer wieder nachgefragten Vermittlertätigkeit in politisch brisanten Angelegenheiten anderer Höfe. Papst Benedikt XII. bat ihn 1335 gar, den einstigen »Feind« Kaiser Ludwig zu einer Aussöhnung mit der Kirche zu überreden.

Albrecht und seine Frau Johanna von Pfirt (aus der Grafschaft Fürth im Sundgau im südlichen Elsass) hatten insgesamt elf Kinder. Fünf davon starben bereits als Säuglinge beziehungsweise wurden tot geboren. Sie alle fanden ihre Ruhestätte in der Herzogsgruft im Wiener Stephansdom. Gerade diesem war Albrecht sehr zugetan, er förderte den Bau nach Kräften. In seiner Zeit wurde mit der Errichtung des Chors begonnen, sodass bis heute noch vom »Albertinischen Chor« gesprochen wird. Die Dimensionen entsprachen damals schon von der Größe her einer Bischofskirche, obwohl Wien zu dieser Zeit noch kein eigenes Bistum war, sondern dem Bischof von Passau unterstand. Albrechts Sohn, Rudolf IV. der Stifter, führte dieses Werk fort und bemühte sich um die Einrichtung eines Wiener Bistums.

Albrecht starb am 20. Juli 1358 mit 60 Jahren in Wien. Er wurde an der Seite seiner Frau Johanna, die bereits 1351 bei der Geburt des letzten Sohnes gestorben war, in der Gruft der Stiftskirche von Gaming beigesetzt. Später wurde auch die Schwiegertochter der beiden, Elisabeth von Luxemburg, Frau von Albrecht III., in Gaming begraben, die 1373 im Alter von 15 Jahren gestorben war. Vor dem Hochaltar der Kirche stand die Stiftergrabstätte, eine Steinplatte davor verschloss die Treppe zur Grabkammer. Als Pater Herrgott die Gruft 1739 öffnen ließ, waren die Särge zerfallen, aber der Zopf von Herzogin Elisabeth noch gänzlich erhalten.

Der josephinische Klostersturm traf zuerst die Kartausen. Vorwand waren Berichte über die geistige Verkommenheit, die vor allem Mauerbach vor den Toren Wiens betraf. In Gaming aber lebten die Kartäuser immer noch streng die Regel des heiligen Bruno. Im Zeitalter der Aufklärung, in der alles der Nützlichkeit unterzogen wurde, gab es allerdings keinen Sinn mehr für das der Welt abgewandte eremitische Leben der Kartäuser. Mauerbach war im Jänner 1782 die erste Kartause, die aufgehoben wurde, gleich danach folgte die Kartause Marienthron in Gaming.

Die Rücksichtslosigkeit und Kälte von Joseph II. und seiner Aufhebungskommission überrascht dabei. Am 26. Jänner kam die Aufhebungskommission an, am 27. Jänner galt die Kartause bereits als aufgelöst. Es war nicht nur eine Katastrophe für die Mönche, die zum Teil seit Jahrzehnten ihr Eremitenleben geführt hatten und in eine für sie höchst fremde Welt gehen mussten. Ein Kloster war ein Wirtschaftsfaktor und hatte zahlreiche Angestellte. Die standen nun alle auf der Straße, und es ist anzunehmen, dass sie gerade in und um Gaming nicht sofort wieder Arbeit fanden und zu Bettlern wurden. Viele der Klosterauflösungen von Kaiser Joseph II., insgesamt etwa 900, führten zu schwerwiegenden wirtschaftlichen Folgen in den einzelnen Regionen.

Nach seiner Aufhebung verfiel die Kartause. Die Gruft wurde aufgerissen, die Särge und Insignien verschwanden mit der Zeit. Bischof Hohenwart von St. Pölten fand bei einer Visitation 1796 die Gebeine offen in der Gruft herumliegen. Auf Veranlassung von Kaiser Franz II. wurden die sterblichen Überreste von Albrecht und seiner Familie in die Pfarrkirche von Gaming übertragen.

Die Kartause von Marienthron wechselte mehrfach den Besitzer, bis im Jahr 1985 eine Privatperson das Anwesen erwarb und seither die Gebäude, deren charakteristische Klosterarchitektur aus dem 14. Jahrhundert erhalten ist, mit Engagement renoviert und restauriert. Mittlerweile befindet sich ein Hotel im Gebäude, eine Brauerei, ein Museum und die amerikanische Franciscan University of Steubenville, die dort ihren Europastudiengang unterhält.

Die Gebeine des Stifters wurden 1985 von der Pfarrkirche Gaming wieder zurück in die Stiftskirche überführt.

Wiener Neustadt: die allzeit Getreue

Wiener Neustadt war in seiner Blütezeit[19] im 15. Jahrhundert eine der Hauptresidenzen der Habsburger. Nicht nur Kaiser Maximilian ist hier begraben, sondern neun weitere Familienmitglieder, früh verstorbene Geschwister seines Vaters Friedrich ebenso wie seine Mutter Eleonore von Portugal und früh verstorbene Schwestern und Brüder Maximilians.

Neustadt oder Nova Civitas wurde 1194 vom Babenberger Herzog Leopold V. als Stadt gegründet und geplant. An der Grenze der zwei Herzogtümer Österreich unter der Enns und Steiermark brauchte man eine befestigte Stadt gegen mögliche Bedrohungen aus dem Osten: Zuerst gegen die Ungarn, später erfüllte die mit starken Mauern und Türmen befestigte Stadt immer wieder eine wichtige Funktion als Bollwerk im Kampf gegen die Türken. Die geografische Lage war ideal. Noch heute spiegelt sich die Planstadt auf der Karte wider, in rechteckiger Form, durchkreuzt von geraden Straßen. Das nötige Kapital hatte man aus dem Lösegeld für Richard Löwenherz.

Herzog Leopold V. stattete seine neue Stadt großzügig mit der vollen Gerichtsbarkeit und dem Marktrecht aus, Privilegien, die König Rudolf I. gern bestätigte, sah er sich doch selbst als Förderer der Städte und des Bürgertums.

Zur habsburgischen Residenz wurde Neustadt unter der leopoldinischen Linie. Erzherzog Ernst, der zunächst in Graz residierte, baute die Burg weiter aus, ließ die Gottleichnamskapelle zubauen, an deren Platz heute die Georgs-Kathedrale steht, und machte damit Wiener Neustadt zur Residenzstadt. In Wien residierte sein Vetter Albrecht V. von der albertinischen Linie. Ernst starb 1424, als sein ältester überlebender Sohn Friedrich erst neun Jahre alt war. Onkel Friedrich IV., Herrscher über Tirol und die Vorlande, bekannt als Friedel mit der leeren Tasche, übernahm die Vormundschaft über den Buben, der mit seiner Mutter und seinen Geschwistern in der Neustädter Burg lebte.

Zeit seines Lebens war Friedrich dieser Stadt verbunden, die er die »allzeit Getreue« nannte und in die er sich immer wieder zurückzog. Er hat der Burg ihr heutiges Gesicht gegeben, an ihren Mauern und Schmucksteinen tauchte erstmals das rätselhafte »AEIOU« auf, jene

Buchstaben, die bis heute nicht richtig enträtselt sind und für die sich im Laufe der Jahrhunderte eine Vielzahl von Interpretationen entwickelt hat.

Der Ausbau der Burg begann 1437. Von 1449 bis 1460 wurde die Georgskirche von Baumeister Peter von Pusica errichtet. Er zeichnete auch für die eindrucksvolle Wappenwand an der Ostseite der Kirche verantwortlich. Im Ganzen sind darauf 107 Wappen abgebildet, zwölf davon stellen die habsburgischen Länder dar, 95 weitere sind Fantasiewappen. In der Kirche hatte der von Friedrich gegründete St.-Georgs-Ritterorden seinen Sitz. Später genehmigte der Papst sogar die Errichtung eines eigenen Bistums[20] in Wiener Neustadt.

Friedrich beauftragte auch die Errichtung eines Hochgrabs für seine jung verstorbenen Geschwister Alexander (gestorben 1420), Rudolf und Leopold (gestorben vor 1424), Anna (gestorben 1429) und Ernst (gestorben 1432). Das Grab befand sich zunächst im Chor vor dem Hochaltar. Noch 1732 fand Pater Herrgott das Hochgrab und den Eingang zur Krypta unversehrt vor. In den folgenden Jahren wurde das Grab zerstört.

Kaiserin Maria Theresia ordnete die Übertragung der Grabplatte, die zwischenzeitlich an der Außenseite des Domes aufgestellt war, wieder in das Innere des Domes an. Sie befindet sich heute im nördlichen Seitenschiff neben dem Altar.

In Wiener Neustadt nahm Friedrich im Februar 1440 Kenntnis von seiner Wahl zum römisch-deutschen König. Bewusst knüpfte er in der Zählung an den letzten Stauferkaiser Friedrich II. an, überging damit das Gegenkönigtum des Habsburgers Friedrich des Schönen und nannte sich Friedrich III. Zwei Jahre später erfolgte die Krönung in Aachen. Am 19. März 1452 wurde Friedrich als letzter Habsburger vom Papst in der Peterskirche in Rom zum Kaiser gekrönt. Drei Tage zuvor hatte er die 15-jährige Eleonore von Portugal geheiratet, die mit ihm zur Kaiserin gekrönt wurde.

Was mag die Prinzessin aus dem sonnenverwöhnten und kultivierten Portugal wohl gedacht haben, als sie an der Seite des etwas kauzigen Friedrich in Wiener Neustadt ankam? Sie schenkte dem Kaiser sechs Kinder, von denen aber nur Maximilian und Kunigunde überlebten. 1467 starb die portugiesische Prinzessin im Alter von knapp 31 Jahren.

Kaiserin Eleonore starb bereits sehr jung.
Kaiser Maximilian I. ließ sich als einfacher Sünder begraben.

Bereits 1444 hatte Friedrich einen lang gehegten Wunsch verwirklicht: die Gründung eines Zisterzienserklosters in Neustadt. Neukloster wurde es genannt und in den Gebäuden eines Dominikanerklosters in der Nähe der Burg untergebracht. Die ersten Mönche kamen aus Stift Rein. Ihrem Wunsch gemäß wurde Kaiserin Eleonore in der Kirche von Stift Neukloster beigesetzt. Ebenso fanden drei Kinder des Kaiserpaares dort ihre letzte Ruhe: Christoph (gestorben 1456), Helene (gestorben 1461) und Johann (gestorben 1467) wurden am Boden vor dem Hochaltar beigesetzt. Eleonores Grab war ursprünglich eine Krypta seitlich des Hochaltars in der Kirche. Erhalten ist bis heute der beeindruckende Grabstein aus rotem, weißgeädertem Salzburger Marmor. Je nach Perspektive erscheint die Kaiserin stehend oder liegend. Ihr Kopf ruht auf einem Kissen, wohingegen die Körperhaltung eine Standhaltung suggeriert. Über ihrem Kopf ist ein zeltartiger Baldachin angebracht. Das Haar ist offen und mit einer Krone bekrönt, sie trägt einen Krönungsmantel sowie Zepter und Reichsapfel als Zeichen ihrer Kaiserinnenwürde. Wie entrückt schaut sie aus in ihrem eigenen Raum. Es liegt die Vermutung nahe, dass der Grabstein zumindest ein Entwurf des gleichen Künstlers ist, der auch das

Hochgrab von Kaiser Friedrich III. im Wiener Stephansdom gestaltet hat. Heute lässt sich der Grabstein hochstehend an der Evangelienseite des Chors bewundern.

Ein einfacher Sünder: das Grab von Kaiser Maximilian I.

Sehr einfach und bescheiden ist die tatsächliche Grabstätte von Kaiser Maximilian I., der sich gern als »letzter Ritter« stilisierte. Der Prunk dagegen spielt sich in der Hofkirche in Innsbruck ab, in der ein prächtiges Kenotaph von 40 schweren, überlebensgroßen Bronzestatuen, die die Ahnen des Kaisers darstellen, umgeben ist.

Das Grab in Wiener Neustadt ist eines der schlichtesten von allen Habsburgern. Nur der Schriftzug »Maximilianus I.« ziert den Altar, unter dem die Gebeine jenes Herrschers liegen, der den Habsburgern das Tor zur Weltmacht eröffnet hat.

Am 22. März 1459 wurde Maximilian in der Burg geboren, drei Tage später in der St.-Georgs-Kathedrale getauft. Er wuchs auf den wenig gastlichen Höfen von Wiener Neustadt und Graz relativ ungezwungen auf. Besonders hing er an seiner Mutter, die im Gegensatz zum verschlossenen Vater temperamentvoll und aufgeschlossen war. Ihr früher Tod war für den achtjährigen Buben eine Katastrophe. Charakterlich war er das Gegenteil seines Vaters. Extrovertiert und voller Lebensfreude genoss er Feste, Tanzvergnügen und die Gesellschaft schöner Frauen.

Alles, was Maximilian war, verdankte er Burgund. Die Idee von Friedrich III., seinen Sohn mit der einzigen Erbin Burgunds zu verheiraten, sollte sich zum Glücksfall sowohl für Maximilian persönlich wie für das Haus Habsburg entwickeln, allerdings den Grundstein für den jahrhundertelangen Konflikt mit Frankreich legen.

Maximilian war 18 Jahre alt, als er am 18. August 1477 mit prächtigem Gefolge in Gent einzog und dort zum ersten Mal seiner Verlobten, Maria von Burgund, begegnete. Am nächsten Tag wurde Hochzeit gefeiert, das junge Paar schwelgte im Eheglück, was keineswegs der Normalfall bei Fürstenheiraten war. 1478 wurde Sohn Philipp geboren, 1480 Tochter Margarete. Der junge Habsburger war zutiefst beeindruckt von der Kultur Burgunds und bemühte sich, rasch die burgundische Staatskunst zu erlernen. Die geistig-kulturelle Verwurzelung

Habsburgs im burgundischen Stil fand ihren ersten Ausdruck im Leben Maximilians. Der Orden vom Goldenen Vlies wurde zum Hausorden der Habsburger.

Maria von Burgund starb 1482 an den Folgen eines Reitunfalls. Maximilian kam nie so richtig über diesen Verlust hinweg. Später heiratete er Bianca Sforza, aber deren Attraktion bestand für ihn, der chronisch überschuldet war, hauptsächlich in ihrer üppigen Mitgift.

»Wer sich im Leben kein Gedächtnis macht, der hat auch nach dem Tode kein Gedächtnis und wird mit dem Glockenton vergessen«, das war Maximilians Meinung über die Geschichte, und er selbst hat sich diesen Satz zu Herzen genommen. In einer Zeit, als das Rittertum vor dem Aussterben stand, inszenierte er sich als »der letzte Ritter« und vergaß nicht, dies der Nachwelt mitzuteilen. Als einer der wenigen Herrscher schrieb er seine Memoiren, »Weisskunig« und »Theuerdank«, sich selbst natürlich ins rechte Licht setzend. Früh erkannte er die Bedeutung des Buchdrucks und setzte das neue Medium, das gedruckte Papier, gezielt zur Legendenbildung über seine eigene Person ein. Alle sollten wissen, dass er es war, der das Haus Habsburg neu erfunden hat.

Nach dem Vorbild der burgundischen Verwaltung modernisierte er die herrschaftlichen Strukturen in seinen Erblanden und gab diesen die Form, die sie in weiten Teilen bis 1918 haben sollten. Seine Bilanz als Kaiser des Heiligen Römischen Reiches ist indes eher mager. Immerhin gelang es ihm, auf dem Wormser Reichstag 1495 den »Ewigen Landfrieden« durchzusetzen, mit dem jedes Fehdewesen ein Ende hatte. Auch ein Reichskammergericht setzte er ein, die erste selbstständige Reichsbehörde. Bei weiteren Reformvorhaben stieß er auf den Widerstand der Reichsfürsten.

Seine Heiratspolitik hingegen war von Erfolg gekrönt, sowohl im Westen wie im Osten. Seine Kinder Philipp und Margarete verheiratete er mit den Erben Spaniens: Juana (später bekannt als Johanna die Wahnsinnige) und Juan. Philipps und Johannas Sohn war der spätere Kaiser Karl V. Seine Enkel Ferdinand und Maria wiederum wurden mit den Erben Böhmens und Ungarns verheiratet, Anna und Ludwig, was zur Folge hatte, dass Böhmen und Ungarn nun an die Habsburger gefallen waren.

Nach dem Reichstag in Augsburg wollte Maximilian im Oktober 1518 in sein geliebtes Innsbruck ziehen. Er fühlte sich müde und dem Tod nahe. Doch eine letzte Demütigung wurde ihm nicht erspart. Die Innsbrucker Wirte verweigerten die Aufnahme des Kaisers und seines Gefolges aufgrund vorher nicht bezahlter Rechnungen. Er zog weiter nach Wels. Bereits seit einigen Jahren hatte der kaiserliche Tross den Sarg mit sich geführt, in dem Maximilian begraben werden wollte. In Wels ging es dem Kaiser immer schlechter. Seinem Beichtvater gab er genaue Anweisungen, wie sein Leichnam zu behandeln sei: keine Obduktion, keine Einbalsamierung. Man solle ihm das Haar scheren und ihm die Zähne ausreißen. Sein Leichenhemd und die Hosen ließ er sich vor dem Tod bringen und zog sie sich selbst an. In einen Sack aus Leinen, gefüllt mit ungelöschtem Kalk, wollte er eingenäht werden in den Gewändern des St.-Georgs-Ordens.

Der Kaiser starb am 12. Jänner 1519. Das Totenbild von Maximilian, das nur wenige Monate von dem prachtvollen Dürerbildnis mit dem Granatapfel zu trennen ist, zeigt ein eingefallenes, ausgemergeltes Gesicht, das Haupt bedeckt mit einer roten Haube, auf der Brust ein Georgs-Kreuz liegend. Der tote Kaiser wurde zunächst nach Wien überführt und am 3. Februar 1519 unter dem Hochaltar der St.-Georgs-Kathedrale beigesetzt.

Vier Mal wurden seither Gruft und Sarg geöffnet. Kaiser Maximilian II. ließ den morschen Holzsarg durch einen neuen ersetzen. 1739 konnte Pater Herrgott Einblick in den Gruftraum nehmen. Nach einem Erdbeben musste 1770 der Hochaltar neu gebaut werden. Bei dieser Gelegenheit wurde der Sarg geöffnet. Man fand die Gebeine ohne Spuren von Haaren und ohne Zähne, dazu ein zerfallenes Holzkreuz mit Goldverzierungen, einen Ring, ein Beutelchen aus rotem Samt und ein eiserenes Kästchen. Kaiserin Maria Theresia ließ ihren Ahnen in einen neuen Holzsarg und kupfernen Übersarg neu betten. Nach einer Einsegnung wurde der Sarg neu beigesetzt.

Inzwischen hatte die Wiener Neustädter Burg eine neue Verwendung gefunden. Maria Theresia hatte aufgrund der leidvollen Erfahrungen des preußischen Überfalls auf Schlesien gesehen, in welch desaströsem Zustand das Militär war. Abhilfe konnte nur eine systematische Ausbildung schaffen. Und so veranlasste sie 1751 die Grün-

Die Burg in Wiener Neustadt, Lieblingsort von Kaiser Friedrich III., birgt heute die Österreichische Militärakademie.

Der unbeschädigte Sarg von Kaiser Maximilian nach dem verheerenden Bombenangriff

dung einer Kadettenanstalt, die bereits ein Jahr später als Theresianische Militärakademie in der Wiener Neustädter Burg den Unterricht aufnahm. Bis heute werden dort österreichische Offiziere unterrichtet und ausgebildet. Damit ist die MilAk, wie sie auch genannt wird, die älteste existierende Militärakademie weltweit. Die St.-Georgs-Kathedrale ist die Kathedrale der österreichischen Militärdiözese und Sitz des Militärbischofs.

Verheerende Bombenangriffe während des Zweiten Weltkrieges zerstörten Burg und Kirche fast vollständig. Der Sarg von Kaiser Maximilian aber überstand die Angriffe in seiner Gruft nahezu unbeschadet. Für die Dauer der Restaurierung und des Wideraufbaus der Burg wurde der Sarg vorläufig neben dem von Kaiserin Eleonore in der Neuklosterkirche beigesetzt und schließlich wieder in die neu aufgebaute St.-Georgs-Kathedrale zurückgebracht.

Die Familiengruft Hohenberg in Schloss Artstetten: der ermordete Thronfolger

Eine starke Persönlichkeit, ebenso genial wie polarisierend (bis heute) war Erzherzog Franz Ferdinand, der 1896 mit 33 Jahren Thronfolger seines Onkels Kaiser Franz Joseph wurde. Nachdem Kronprinz Rudolf 1889 in Mayerling unter bis heute ungeklärten Umständen ums Leben kam, ging die Thronfolge zunächst auf den jüngeren Bruder des Kaisers, Erzherzog Karl Ludwig, über, der allerdings 1896 starb.

Die politische Rolle eines Thronfolgers war in der Monarchie nicht eindeutig definiert, aber Franz Ferdinand versuchte, das Beste daraus zu machen. Seine Wiener Residenz beherbergte die sogenannte Militärkanzlei, seinen Beraterstab, mit dem er aktiv an der Politik mitwirkte. Mit der Zeit gewann er einen gewissen Einfluss beim Kaiser, insbesondere im Bereich der Personal- und Militärpolitik. Aus seiner antiliberalen Einstellung machte er kein Hehl, ebenso wenig aus seiner Kritik am österreichisch-ungarischen Dualismus, die ihm als antiungarisch ausgelegt wurde. Neuere Forschungen belegen, dass dies jeglicher Grundlage entbehrt. Franz Ferdinand war nicht der Einzige in der Donaumonarchie, der die staatliche Konstruktion als dringend reformbedürftig erkannte. Sein politisches Herz gehörte den Slawen, in seinen Memoranden mahnte er dringend einen Ausgleich mit den slawischen Völkern der Monarchie an, die mittlerweile die Bevölkerungsmehrheit innehatten.

Sein privates Herz gehörte Gräfin Sophie Chotek, die zwar aus einem uralten böhmischen Adelsgeschlecht stammte, dennoch aber nicht als standesgemäß für einen Habsburger galt. Nach langem Zögern willigte Kaiser Franz Joseph in eine Ehe ein, allerdings nicht ohne auf einen feierlichen Renunziationseid zu bestehen, mit dem Franz Ferdinand auf die Thronfolgerechte für die Kinder aus dieser Verbindung verzichtete. An der arroganten Haltung des Hochadels gegenüber Sophie konnte ihre Erhebung in den Herzogstand nichts ändern. Sich dessen bewusst, dass die Zurücksetzung seiner geliebten Frau selbst im Tod andauern und sie mit Sicherheit keinen Einlass in die Kapuzinergruft finden würde, entschloss sich Franz Ferdinand, im Familienschloss Artstetten eine Gruft zu bauen. Der

Schloss Artstetten in Niederösterreich

äußere Anlass dazu war die Totgeburt seines vierten Kindes im Jahr 1908.

Die Gruft wurde unter der Kirche gebaut, die mit dem Schloss verbunden ist, aber auch als Pfarrkirche des Ortes Artstetten fungiert. Ursprünglich war nur eine einfache Gruft vorgesehen, in der die Särge schmucklos nebeneinander stehen sollten.

Mit den Jahren besserte sich die Position der Herzogin. Kaiser Franz Joseph hatte ihr den Namen Hohenberg gegeben, nicht zuletzt als Reminiszenz an Gertrud von Hohenberg, der Frau von König Rudolf I. Die politische Lage allerdings wurde immer komplizierter. Die europäischen Nationen lieferten sich ein Rüstungswettrennen. Seit der verlorenen Schlacht von Königgrätz, mit der Bismarck Österreich aus Deutschland hinausgedrängt hatte, war österreichische Außenpolitik hauptsächlich Balkanpolitik. An der Südostgrenze des Reiches wuchs Serbien heran, das mit Unterstützung Russlands eine eigene nationalistische, antiösterreichische Ideologie aufgebaut hatte. Gerade im annektierten Bosnien-Herzegowina kam es immer wieder zu Instabilitäten, fleißig aus Belgrad geschürt. Die proslawische Haltung des österreichischen Thronfolgers hingegen, die dienlich hätte sein können, der südslawischen Bevölkerung des Vielvölkerstaats eine

Thronfolger Erzherzog Franz Ferdinand, seine Frau, Herzogin Sophie von Hohenberg, und ihre Kinder Ernst, Sophie und Max

stärkere österreichische Identität zu geben, widersprach dem Panslawismus Serbiens und seiner extremistischen Kreise. Eine Morddrohung löste die andere ab.

Der Thronfolger war sich offensichtlich der Gefährdungslage bewusst. Kaiserin Zita berichtete von einem Besuch zusammen mit ihrem Mann bei Franz Ferdinand und seiner Frau auf Schloss Belvedere im Frühjahr 1914. Als Herzogin Sophie die Kinder zu Bett brachte, wandte sich Franz Ferdinand zu Erzherzog Karl und seiner Frau und sagte, dass er sicher bald ermordet werden würde. In seinem Schreibtisch befänden sich Unterlagen für Karl, die dieser nach seinem Tod an sich nehmen solle. Karl und Zita waren entsetzt über die Worte des Onkels, aber er ließ keinen Widerspruch zu. Später waren die Akten nicht mehr auffindbar.

Als Generalinspekteur der gesamten bewaffneten Macht hatte der Thronfolger die Oberaufsicht über die Manöver, so auch jenes, das Ende Juni 1914 in Bosnien-Herzegowina stattfand, an das sich ein Besuch in der bosnischen Hauptstadt Sarajevo anschloss. Es war der 28. Juni, der bei den Serben als der Vidov dan, St.-Veits-Tag, begangen wird, in Erinnerung an die Schlacht auf dem Amselfeld 500 Jahre zuvor, bei der die Türken über die Serben gesiegt und damit die Oberhoheit über den Balkan gewonnen haben. Ein symbolträchtiges Datum. Es ist nicht bekannt, ob darauf bei den Vorbereitungen der Reise Rücksicht genommen worden war beziehungsweise ob eine entsprechende Sensibilität vorhanden gewesen war. Noch Anfang Juni hatte sich Franz Ferdinand gesundheitlich nicht ganz auf der Höhe gefühlt und bei Kaiser Franz Joseph gefragt, ob seine Anwesenheit bei den Manövern wirklich erforderlich sei. Der Kaiser überließ ihm die Entscheidung, und Franz Ferdinands Pflichtgefühl gewann. Zudem war es einer der ersten offiziellen Auftritte des Thronfolgerpaares in der Donaumonarchie. Nach dem Ende der Manöver sollten die Fahrt durch die Stadt in einem Autokorso sowie der Besuch im Sarajevoer Rathaus den krönenden Abschluss bilden.

Während der Fahrt durch die Stadt kam es zu einem ersten Attentat. Eine Handgranate wurde auf den Wagen des Thronfolgers geworfen, sie verletzte einen Oberstleutnant in einem der Begleitfahrzeuge. Die Kolonne fuhr zum Rathaus weiter, und Franz Ferdinand machte seinem Ärger erst einmal Luft: »Da kommt man nach Sarajevo, um einen Besuch zu machen, und man wirft auf einen mit Bomben. Das ist empörend.« Schließlich entschied man, die Fahrt wie geplant fortzusetzen, allerdings mit einer Änderung der Route, da der Thronfolger dem verletzten Oberstleutnant einen Besuch im Spital abstatten wollte.

Fatalerweise wurde die Routenänderung nicht an alle Chauffeure kommuniziert, die vorderen Fahrzeuge fuhren die alte, geplante Route. Der Wagen mit Franz Ferdinand und der Herzogin versuchte ein Wendemanöver und kam dabei an der Ladinerbrücke zum Stehen. Dies war der Moment für den Attentäter Gavrilo Princip. Er schoss aus nächster Nähe auf das Thronfolgerpaar. Die Herzogin wurde an der Bauchschlagader, der Erzherzog an der Halsvene getroffen. Beide starben innerhalb kürzester Zeit.

Man brachte die Toten in den Konak, den Amtssitz des bosnischen Gouverneurs. Dort wurden beide aufgebahrt. Noch am gleichen Abend erhielt die Schlossverwaltung in Artstetten ein Telegramm mit der Anweisung, die Gruft herzurichten. Das Schlachtschiff Viribus Unitis brachte die beiden Verstorbenen nach Triest, von dort aus wurden sie mit einem Sonderzug nach Wien gefahren. In den Abendstunden des 2. Juli kam der Zug an. Erzherzog Karl, nunmehriger Thronfolger, und Obersthofmeister Fürst Montenuovo empfingen die Särge und begleiteten sie in die Hofburgkapelle. Am 3. Juli vormittags konnte die Bevölkerung vor den aufgebahrten Särgen Abschied nehmen, am Nachmittag fand ein Requiem statt. Abends wurden die Särge im Kondukt zum Westbahnhof gebracht und von dort aus nach Pöchlarn gefahren, über die Donau gesetzt und in Artstetten in der Kirche aufgebahrt. 4er-Dragoner und 7er-Ulanen hielten die Totenwache. Am nächsten Morgen schlossen sich eine, nach Aussagen aller Anwesenden, würdige Trauerfeier und die Bestattung in der Gruft an, an der die engsten Familienangehörigen teilnahmen: die Stiefmutter Franz Ferdinands, Erzherzogin Maria Theresia mit ihren Töchtern, das neue Thronfolgerpaar Karl und Zita, der jüngste Bruder Ferdinand Karl und die drei Waisenkinder Sophie, Max und Ernst. Sie waren 13, zwölf und zehn Jahre alt.

Die ersten Proteste gegen eine angebliche Schlechterbehandlung der Herzogin Sophie noch im Tod tauchten rasch auf. Man vermutete, Obersthofmeister Montenuovo habe das Protokoll gnadenlos walten lassen. Kaiser Franz Joseph aber hatte das gleiche Protokoll gefordert wie einige Jahre zuvor für seine ebenfalls ermordete Frau.

Was sich im Lichte der kommenden mörderischen Entwicklung als fataler Fehler erweisen sollte, war der Verzicht auf eine Trauerfeier mit internationalen Gästen. Immerhin war der Thronfolger einer führenden europäischen Macht ermordet worden. Es wäre eine gute Gelegenheit gewesen, alle Staatsoberhäupter zusammenkommen zu lassen und entsprechende politische Gespräche zu führen. Nicht zu vergessen die hohe Symbolkraft einer solchen Zusammenkunft.

Vier Wochen später stand Europa im Krieg.

In Artstetten wurden die beiden Särge im Gruftraum nebeneinander gestellt, der kleine Kindersarg des toten Sohnes dazwischen. In den folgenden Jahren kamen sukzessive immer mehr Besucher, um des toten Erzherzogs und seiner Frau zu gedenken. Der Vormund der Kinder, Graf Jaroslav Thun, ließ daher die Gruft 1916/1917 umgestalten. Der Gruftraum wurde mit Kehlheimer Marmor ausgekleidet, und der gleiche Architekt, der die Gruft 1909 gebaut hatte, Ludwig Baumann, entwarf nun auch die schlichten Marmorsärge. Der Sockel der

Die Sarkophage der Ermordeten von Sarajevo. In der Wand sieht man oben die Nische mit dem Sarkophag des totgeborenen Kindes.

Särge trägt die Inschrift: »Iuncti Coniugio Fatis Iunguntur Eisdem« (Verbunden durch das Band der Ehe, vereint durch das gleiche Schicksal). Der kleine Kindersarg wurde in eine Mauernische über den Särgen seiner Eltern eingefügt.

Die Söhne Franz Ferdinands und Sophies beschlossen in den 1950er-Jahren, die Gruft um einen zusätzlichen Gruftraum erweitern zu lassen, der sich stilistisch an die Gruft der Eltern angleicht. Sie selbst wurden mit ihren Ehefrauen darin beigesetzt, ebenso wie bereits einige Enkel.

1986 wurde in der Kapuzinergruft eine Gedenktafel für die beiden Ermordeten angebracht, die Kardinal Franz König enthüllte:

> Zum Gedenken
> an die ersten Opfer des Weltkrieges 1914–1918
> Erzherzog Franz Ferdinand von Österreich-Este
> Graz 18.12.1863 † Sarajevo 28.6.1914
> Und Sophie Herzogin von Hohenberg
> Stuttgart 1.3.1868 † Sarajevo 28.6.1914
> Begraben in der Gruft zu Schloss Artstetten

steiermark

Stift Neuberg: Otto der Fröhliche und seine Familie

Tief im Mürztal, etwa 100 Kilometer von Graz entfernt, liegt südlich der Rax Neuberg an der Mürz, wo sich der ehemalige Zisterzienserstift Neuberg befindet. Gestiftet wurde er 1327 von Herzog Otto dem Fröhlichen (1301–1339), dem jüngsten Sohn von König Albrecht I. und somit einem Enkel von König Rudolf I. Die Habsburger hatten sich also bereits in den neuen Ländern eingelebt und etabliert.

Wie vielfach üblich in der damaligen Zeit, war Otto als jüngster Sohn für die geistliche Laufbahn vorgesehen und hatte somit eine sehr sorgfältige Ausbildung erhalten. Vor ihm in der Thronfolge standen die Brüder Rudolf III., Friedrich I. (als König Friedrich III.), Leopold I., Albrecht II. sowie Heinrich. Doch immer mehr von ihnen starben, und so kam Otto doch noch zum Zug. Nach dem Tod Leopolds im Jahr 1326 forderte er vehement und unter Androhung von Waffengewalt seinen Anteil am Erbe des Vaters und eine Herrschaftsteilung. Drei Jahre später gestand man ihm die Verwaltung der Vorlande zu. Schließlich starb im Jahr 1330 Friedrich, und so kam es, dass Otto sich mit seinem Bruder Albrecht die Herrschaft teilte. Albrechts Beiname lautet nicht nur »der Weise«, sondern auch »der Lahme«. Eine starke Polyarthritis ließ ihn zeitweilig bewegungsunfähig in seiner Wiener Residenz sitzen, infolgedessen kam Otto, der gern in Graz residierte, die Hauptrolle im gemeinsamen Regierungsgeschäft zu. Sein Grazer Hof war zu jener Zeit ein kulturelles Zentrum, gern förderte Otto Kunst, Literatur und das gesellige Hofleben, was ihm wohl seinen Beinamen »der Fröhliche« eintrug.

Otto und Albrecht gelang es, nach dem Tod von Herzog Heinrich von Kärnten, dem letzten Meinhardinger, Kaiser Ludwig den Bayern bei einem Treffen in Linz davon zu überzeugen, den Habsburgern das

Lehen über das nunmehr frei gewordene Land zu geben. Immerhin war ihre Mutter Elisabeth von Görz-Tirol gewesen und damit eine Meinhardingerin. Die Verhandlungen vom 5. Mai 1335 waren von Erfolg gekrönt, Ludwig belehnte die beiden Habsburger mit Kärnten, Krain und Südtirol. Otto reiste eilig nach Kärnten und fügte sich dem feierlichen Zeremoniell: Am 2. Juli 1335 nahm er auf dem Herzogstuhl am Zollfeld und auf dem Fürstenstein bei Karnburg Platz und wurde als Herzog von Kärnten inthronisiert.

Herzog Otto der Fröhliche

In erster Ehe hatte Otto im Jahr 1325 Elisabeth von Niederbayern in Straubing geheiratet, seine Cousine dritten Grades. Eigentlich hätte er sich zu dieser Verwandtenehe einen päpstlichen Dispens holen müssen. Es ist nicht überliefert, warum dies nicht erfolgt war. Papst Johannes XXII. beauftragte jedenfalls den Bischof von Passau, dem jungen Ehepaar eine adäquate Buße aufzuerlegen. Damit wurde die Ehe legitimiert. Diese Buße war die Gründung von Stift Neuberg. Andere Quellen berichten, dass der Herzog das Kloster aus Freude über die Geburt seines ersten Sohnes gegründet hat. Wie immer, Otto hatte ausreichend Grund zur Dankbarkeit: Seine Ehe war legitimiert, der Erbe geboren.

Das Neuberger Münster ist in seiner gotischen Form erhalten geblieben.

Hilfreich zur Seite stand ihm Abt Otto von Heiligenkreuz, der die neue Zisterze nur zu gern unterstützte. Die ersten zwölf Heiligenkreuzer Mönche waren schon da, bevor die Stifterurkunde am 13. August 1327 unterzeichnet wurde. Sie bezogen erst einmal ein Provisorium. Noch im gleichen Jahr wurde mit dem Bau der Kirche und des Konvents begonnen. Durch die Großzügigkeit des Herzogs war der neue Stift bestens ausgestattet. Zahlreiche Ländereien mit den dazugehörigen Landwirtschaften und Wäldern sowie Zollfreiheiten sicherten dem neuen Kloster die Lebensgrundlage. Der Abt erhielt die niedere Gerichtsbarkeit, und schon drei Jahre später bestätigte Papst Johannes XXII. alle Exemtions- und Immunitätsprivilegien des Ordens. 1347 konnten die Mönche in die fertiggestellten Stiftsgebäude übersiedeln.

Stift Neuberg genoss lange Zeit das Wohlwollen der Habsburger. Nach Ottos Tod förderte Albrecht das Kloster in der gewohnten Großzügigkeit, ebenso dessen Sohn Rudolf IV. Kaiser Friedrich III. stellte das Kloster für ewige Zeiten steuerfrei, unter anderem, um den Bau der Kirche zu ermöglichen. Diese wurde nämlich erst im 15. Jahrhundert fertiggebaut, aber immer noch nach den Plänen aus dem 14. Jahrhundert. Die Beziehungen zu Heiligenkreuz sind in der Architektur sichtbar. Typisch zisterziensisch im Stil, ist die Kirche des Neuberger Stifts der erste gotische, einheitlich in Langhaus und Chor ausgeführte Hallenkirchenbau Österreichs, der durch seine Schlichtheit besticht. Auch die Grablege wurde ähnlich wie in Heiligenkreuz geplant. Westlich der Kirche schließt sich der Kreuzgang an, an dessen Kopfseite der Kapitelsaal liegt und unter diesem die Gruft. Eine Tumba aus rotem Marmor bildete den Eingang zur Gruft.

Bereits 1330 wurde Elisabeth von Niederbayern, die Gattin des Herzogs und Mitbegründerin des Stifts, in Neuberg beigesetzt. Ihr folgte 1338 seine zweite Frau, Anna von Luxemburg, die Otto 1335 geheiratet hatte. Sie war erst 15 Jahre alt, als sie starb. Ein Jahr später folgte ihr der Herzog mit 38 Jahren. Er war auf dem Weg von Graz nach Wien, da sein Bruder Albrecht ihn an den Wiener Hof gebeten hatte. Auf der Reise erkrankte er und starb im Februar 1339. Zunächst wurde er in Wien bei den Augustinern beigesetzt, später nach Neuberg überführt. Die beiden Hoffnungsträger der Dynastie, die Söhne Friedrich und Leopold, überlebten den Vater nicht lange. Beide starben im gleichen Jahr, 1344.

Wie in vielen anderen Fällen, nahm Kaiser Joseph II. bei diesem Kloster keine Rücksicht auf seine dort bestatteten Ahnen. Am 18. Februar 1786 mussten die Neuberger Mönche die Aufhebung ihres Klosters hinnehmen. Aus der Stiftskirche wurde die Pfarrkirche des Ortes. Besitzer des Stifts war bis 1800 der steiermärkische Religionsfonds, anschließend gingen die Stiftsgebäude und Ländereien in das staatliche »Montanistische Cameral Aerarium« über.

Nach der Klosteraufhebung verfielen Kirche und Kreuzgang, die Gebäude wurden als Werkstätten benutzt, die Tumba über der Gruft verschwand, die Grabstätte wurde zum Holzlager für die Werkstätten. Im Jahr 1819 benötigte man eine Marmorplatte und erinnerte sich an die in der alten Lagerhalle. Beim Heben der Platte tauchte die Gruft auf und Gebeine von drei männlichen und zwei weiblichen Körpern wurden gefunden – auf der Erde, ohne Sarg. Unverzüglich ordnete Kaiser Franz die Renovierung von Kapelle und Gruft an und stiftete einen jährlichen Gedächtnisgottesdienst. Im März 1822 konnten die Gebeine neu beigesetzt werden.

Kaiser Franz Joseph ließ schließlich einen Teil der Klosteranlage, die Prälatur, in ein Jagdschloss umbauen. Ein anderer Teil des Stifts wurde 1869 an eine Privatgesellschaft verkauft, zuvor aber veranlasste Kaiser Franz Joseph die erneute Restaurierung der Fürstengruft und des Kreuzgangs. Ein weiteres Mal wurden die Gebeine der Stifterfamilie aus ihrer Ruhe aufgeschreckt. Zunächst schickte man sie zu Untersuchungen nach Wien, im März 1871 schließlich fand die Rückübertragung nach Neuberg statt. In der Pfarrkirche von Mürzzuschlag wurden die sterblichen Überreste von Herzog Otto und seiner Familie eingesegnet und in einer Prozession nach Neuberg gebracht. Die Bevölkerung konnte an den geöffneten Särgen vorbeidefilieren, ein feierliches Requiem wurde in Anwesenheit einer kaiserlichen Delegation und politischer Honoratioren von Fürstbischof Zwerger von Seckau zelebriert. Anschließend wurden die Särge in der Gruft beigesetzt.

Der Stift und dessen Liegenschaften gehören heute zum Verantwortungsbereich der Bundesforste. Die Kirche, der Kreuzgang, das Dormitorium und der Kapitelsaal gingen 1979 in das Eigentum der Diözese Graz-Seckau über.

Einige Jahrzehnte nach dem Erlöschen der Familie von Herzog Otto spielte der Stift Neuberg erneut eine wichtige Rolle in der Geschichte der Habsburger. Im Neuberger Teilungsvertrag von 1379 beschlossen Ottos Neffen Albrecht III. und Leopold III., die Söhne seines Bruders Albrecht II., die erneute Teilung der habsburgischen Besitzungen.

Als König Rudolf im Jahr 1283 die nach dem Tod von Ottokar II. Přemysl frei gewordenen Länder seinen Söhnen Albrecht und Rudolf als Lehen gegeben hatte, sah eine Bestimmung vor, dass die Belehnung stets »zur gesamten Hand« erfolgen solle, die Brüder und alle, die nach ihnen kamen, den Besitz also gemeinsam regieren sollten. Eine Regelung, die in der Praxis nicht immer leicht durchzuhalten war und zu zahlreichen Konflikten führte. Im Jahr 1364 beschlossen die Brüder Rudolf IV., Albrecht III. und Leopold III. die Rudolfinische Hausordnung, die besagte, dass die bereits bestehenden und künftigen Herrschaften ungeteilt und zu gemeinsamer Hand regiert werden sollten.

Rudolf IV. starb 1365. Nach Rudolfs Tod regierten Albrecht und Leopold zunächst gemeinsam, doch kam es am 25. September 1379 zwischen ihnen zum erwähnten Neuberger Vertrag, der eine Teilung der habsburgischen Territorien vorsah. Es entstanden die albertinische (oder donauländische) Linie, die sich nach Norden und Osten orientierte, und die leopoldinische (oder alpine) Linie, die sich mit Tirol und den Vorlanden einerseits und der Steiermark, Kärnten und der Krain andererseits nach Westen und Süden ausbreitete.

Nicht zu vergessen ist dabei, dass es in hochmittelalterlicher Zeit noch kein österreichisches Gemeinschaftsbewusstsein wie heute gab. Österreich hieß damals Ober- und Niederösterreich. Der Steirer war Steirer und der Tiroler war Tiroler, und beide hatten mit Österreich nichts zu tun. Österreichische Geschichte im Mittelalter ist vor allem Landesgeschichte.

In der Folge der Neuberger Teilung zeigte sich die leopoldinische Linie als die stärkere. Der Urenkel von Albrecht, Ladislaus Postumus, starb mit 17 Jahren, und auf einmal war sein Onkel, Kaiser Friedrich III., der einzig erwachsene Habsburger, der zumindest die österreichische und die steirische Linie wieder zusammenführte. Dessen Sohn, Kaiser Maximilian I,. erhielt durch einen Erbfall Tirol – und damit war alles wieder in einer Hand. Aber das sollte nicht lange dauern. Kaiser Ferdinand I. nahm bereits wieder eine Teilung vor, aber das ist eine andere Geschichte.

Stift Rein: der erste Erzherzog

Nein, Ernst der Eiserne (um 1377–1424) gehörte sicher nicht zu den feingeistigen Habsburgern. Sein Beiname deutet schon auf seinen Charakter. Der eiserne Ernst war kräftig und vor allem sowohl streitbar wie streitlustig – spielte er doch eine der Hauptrollen im verzwickten Streit zwischen habsburgischen Brüdern, Vettern und Onkeln um die Vorherrschaft.

Zwischen 1379 und 1490 hatte es mehrere habsburgische Linien gegeben, unter denen die Harmonie zu wünschen übrig ließ. Sein Vater Leopold III. und sein Onkel Albrecht III. hatten sich die habsburgischen

Der Altarraum der Stiftskirche Rein
Die Grabplatte von Ernst dem Eisernen

Besitzungen bei der Neuberger Teilung von 1379 aufgeteilt. Ernst gehörte zur leopoldinischen Linie, die hauptsächlich im Westen (Tirol und Vorlande) und im Süden herrschte. Diesen Süden nannte man »Innerösterreich«, wozu die Steiermark, die Krain und Kärnten zählten. Der junge Herzog war der dritte Sohn seines Vaters und erst neun Jahre alt, als dieser 1386 bei der Schlacht bei Sempach fiel. Sein älterer Bruder Wilhelm übernahm die Vormundschaft, starb aber bereits 1406, woraufhin Ernst die Herrschaft über die Steiermark antreten konnte.

Da die Verhältnisse trotz mehrfacher Teilungsverträge doch nicht so klar waren, kamen sich die Brüder Ernst und Leopold gegenseitig ins Gehege – der erste Bruderzwist im Hause Habsburg. Es war die Zeit der harten Verteilungskämpfe innerhalb des Adels und des Aufstiegs der Städte, Bürger und Zünfte. Ernst wollte unbedingt mehr Einfluss, insbesondere wegen seiner Vormundschaft über seinen Neffen Albrecht V., der aus der albertinischen Linie stammte, die Ober- und Niederösterreich beherrschte. Die Vormundschaft musste Ernst sich mit seinem Bruder Leopold teilen, die Streitigkeiten führten bis zu einem Bürgerkrieg, während dessen Verlauf der Wiener Bürgermeister Konrad Vorlauf und zwei weitere Ratsmitglieder auf Befehl Leopolds enthauptet wurden – das Wiener Bluturteil von 1408.

Wenn zwei sich streiten, freut sich der Dritte. Und genau so war es hier. Die ständigen Auseinandersetzungen schwächten die beiden Kontrahenten. Die bürgerlichen Stände nützten die Schwäche der Dynastie, nahmen den 14-jährigen Albrecht gegen seine Verwandtschaft in Schutz und erklärten ihn für volljährig. Damit waren die Verhältnisse geklärt, die beiden streitbaren Herzoge hatten in dieser Angelegenheit erst einmal das Nachsehen.

Dennoch urteilt die Geschichte nicht ungnädig über den eisernen Ernst. In seinem Herrschaftsgebiet führte er eine effiziente Verwaltung ein und baute Wiener Neustadt, seine Residenz, die damals noch zur Steiermark zählte, aus. Und immerhin gilt er als einer der Stammväter der Habsburger, da die albertinische Linie ausstarb. Herzog Ernst war der Vater von Kaiser Friedrich III. und der Großvater von Kaiser Maximilian I. Und er war der letzte Habsburger, der auf dem alten Zollfeld in Kärnten die Huldigungszeremonien vollzog. Von da an nannte er sich – als Erster der Familie – Erzherzog.

Dem Stift Rein, etwa 15 Kilometer nordwestlich von Graz gelegen, fühlte Ernst sich eng verbunden. Mehrfach führte er dem Stift hohe Spenden und Dotationen zu und stand in engem Kontakt zu Abt Angelus Manse (1399–1425), den er sehr verehrte. Dies gab wohl den Ausschlag für die Wahl seiner Grabstätte in Rein. Auch seine erste Frau, Margarete von Hinterpommern, liegt dort begraben. Rein ist das älteste aktive Zisterzienserkloster, das existiert. Noch zu Lebzeiten des heiligen Bernhard wurde es im Jahr 1129 von Markgraf Leopold I. aus dem Geschlecht der Traungauer gegründet. Es war die 38. Gründung des Zisterzienserordens. Alle anderen Zisterzienserklöster, die davor gegründet worden waren, fielen entweder der Französischen Revolution oder der deutschen Säkularisation zum Opfer.

Schon in der frühen Geschichte der Habsburger hatte der Stift eine bedeutende Rolle gespielt. 15 steirische und Kärntner Adelige hatten 1276 erkannt, dass der böhmische König Ottokar II. zu weit gegangen war. Instinktiv erkannten sie die kommende Macht, leisteten am 19.

September den »Reinen Schwur« und beeideten, dem Habsburger Treue und Gefolgschaft zu leisten. Damit war die Herrschaft Ottokars über Österreich beendet.

Erzherzog Ernst und seine Frau wurden in einer Krypta unter einer Tumba am rechten Pfeiler neben dem damaligen Hauptaltar beigesetzt. Pater Herrgott fand den ursprünglichen Aufstellungsort noch unversehrt vor, darunter eine kleine Grabkammer mit einem männlichen und einem weiblichen Skelett mit wertvollen Grabbeigaben. Im 18. Jahrhundert wurde die alte Kirche abgetragen und eine prachtvolle Basilika erbaut, in ihrer Gesamtheit ein Meisterwerk des Barocks mit einer farbenprächtigen Ausmalung bedeutender Künstler. Aber das Grabmal von Ernst und seiner Gemahlin passte wohl nicht mehr in das barocke Raumkonzept und wurde daher in die Kreuzkapelle an der Nordseite des Presbyteriums übertragen. Auf der beeindruckend großen Grabplatte aus rotem Salzburger Marmor (270 x 143 x 17 Zen-

Ernst rettet seine Braut Cymburgis von Masowien vor einem Bären, Gemälde von Franz Geyling

timeter mit einem Gewicht von mehreren Tonnen) ist der erste Erzherzog liegend abgebildet. In voller Rüstung mit Harnisch und Kettenpanzer, Schwert und Dolch erwartet Ernst die Auferstehung. Wir sehen einen kräftigen Mann mit Bart und einer Art Erzherzogshut auf dem Kopf, um die Schultern einen Krönungsmantel. Eine spätere Graböffnung ergab, dass die Maße der Figur auf der Tumba exakt zu den Gebeinen passen. Ernst war etwas über 1,75 Meter groß gewesen und damit für die damalige Zeit eine beachtliche Erscheinung. Nach einer erneuten Einsegnung wurden die Gebeine in einem kleinen Holzsarg wieder in die Tumba eingesetzt.

Die Klosteraufhebungswelle Josephs II. verschonte den Stift, der im Gegenzug für seine Weiterexistenz weitere Pfarren übernehmen musste. Was Joseph nicht schaffte, vollzogen die Nationalsozialisten. 1942 enteignete die Gestapo den Stift und verwies die Mönche in die von ihnen betreuten Pfarreien. Drei Jahre später kam die sowjetische Armee und plünderte das Kloster. Auch das Grab von Ernst wurde nicht verschont, aus dieser Zeit stammen die Beschädigungen an der Tumba.

Eine politische und glückliche Ehe: Cymburgis von Masowien Nachdem die erste Ehe kinderlos geblieben war, suchte Ernst nach einer neuen Braut und fand sie in Cymburgis von Masowien, die aus der masowischen Linie des polnischen Königshauses der Piasten stammte. Die Legende will, dass Ernst bereits während seiner Brautfahrt seiner späteren Ehefrau bei einer Jagd begegnete und sie vor einem Bären rettete. Der österreichische Maler Franz Geyling hat diese Szene charmant im historischen Stil dargestellt. In Wahrheit entsprang diese Ehe einem politischen Kalkül. Eine dynastische Verbindung mit Polen erschien strategisch nützlich, schon aus reiner Abwehr des Machtzuwachses von König Sigismund von Böhmen aus dem Geschlecht der Luxemburger.

Aber auch politische Ehen können glücklich sein. Cymburgis, der man enorme körperliche Kräfte nachsagte, die aber eher von sanftmütigem Gemüt war, schenkte ihrem Mann neun Kinder, darunter den späteren Kaiser Friedrich III. Auf einer Wallfahrt nach Mariazell starb die polnische Prinzessin plötzlich am 28. September 1429 in Türnitz, nur fünf Jahre nach ihrem Mann. Sie wurde im Stift Lilienfeld im Chorraum der Kirche beigesetzt.

Stift Seckau: die Pracht der Renaissance

Karl II. von Innerösterreich (1540–1590) war der jüngste Sohn und das zwölfte Kind von Kaiser Ferdinand I. und dessen Frau Anna von Ungarn. Ferdinand blieb, obwohl er den Augsburger Religionsfrieden mitausgehandelt hatte, den Protestanten gegenüber stets misstrauisch, und dieses Misstrauen übertrug sich auf seinen ältesten Sohn, den späteren Kaiser Maximilian II., der sichtbar mit dem Protestantismus sympathisierte. Dies war mit ein Grund, weshalb Ferdinand eine erneute Teilung der Erblande vornahm, obwohl es gerade erst ein paar Jahrzehnte her war, dass die über Jahrhunderte währende und schwächende Teilung der Habsburger in verschiedene Linien überwunden war. Er wollte nicht Gefahr laufen, dass die habsburgischen Lande dem Protestantismus anheimfielen, also erhielt Maximilian Ober- und Niederösterreich sowie Ungarn und Böhmen, Sohn Ferdinand erhielt Tirol und die Vorlande, und der jüngste, Karl, die Steiermark, Kärnten, Krain und die Grafschaft Görz. Bezüglich Karls Treue zur katholischen Kirche musste er sich keine Sorgen machen. Die Teilung bezog

Der Benediktinerstift Seckau

sich allerdings nur auf die Regentschaft, nach der alten Rudolfinischen Hausordnung blieben die Söhne Erzherzoge der gesamten Erbländer und gegenseitige Prätendenten.

Karl zog nach Graz und baute die Stadt zu seiner Residenz aus. Indem er Verwaltung und Institutionen reformierte, schuf er für Innerösterreich ein eigenes Staatswesen. Einfach war die Regierung nicht, immerhin hatte Innerösterreich die Hauptlast bei der Verteidigung gegen die immer wieder vorstoßenden Türken zu tragen. Die Stände sympathisierten mit dem Protestantismus und waren dem überzeugten Katholiken Karl gegenüber finanziell nicht sehr freigiebig. Karl war gezwungen, Zugeständnisse zu machen. Mit der Grazer Religionspazifikation von 1572 erhielt der Adel Religionsfreiheit, sechs Jahre später das Bürgertum, was zu einem Aufblühen der lutherischen Religion führte. Als Gegenpol holte der Erzherzog die Jesuiten ins Land, die Schulen und die Grazer Universität gründeten.

Heiratspolitisch hatte der Vater große Pläne mit Karl. Über Jahre hinweg wurde mit England verhandelt, doch die jungfräuliche Königin Elisabeth konnte sich nicht so richtig für den katholischen Habsburger erwärmen. Kurzfristig dachte man an eine Verbindung mit Maria Stuart, doch das war ebenfalls keine Option. So kam es, dass Karl bereits 31 Jahre alt war, als er 1571 seine Nichte Maria Anna von Bayern heiratete. Ihre Mutter war eine Schwester Ferdinands. Die Ehe war äußerst glücklich, 15 Kinder wurden dem Paar geboren, von denen zwölf den Vater überlebten. Neben dem permanenten Kampf gegen die Türken (Karl gründete Karlovac (Karlstadt) als Festungsstadt) und den Auseinandersetzungen mit den Protestanten förderte Karl intensiv Kunst und Musik – die Grazer Hofkapelle war über die Landesgrenzen hinaus berühmt. Nicht zuletzt geht die Gründung des Lipizzanergestüts bei Lipizza auf ihn zurück.

Als Ferdinand, das erste Kind von Karl und Maria Anna, nur wenige Wochen nach seiner Geburt 1572 starb, gab es erste Überlegungen bezüglich einer Familiengrabstätte. Es ist nicht überliefert, warum gerade der Stift Seckau ausgewählt wurde und nicht eine Kirche in Graz. Immerhin liegt Seckau bei Knittelfeld, etwa 80 Kilometer von der Landeshauptstadt entfernt, was mit einer Kutsche eine Reise von mindestens zwei Tagen bedeutete. Doch handelte es sich bei diesem Stift um eines der wichtigsten geistigen Zentren der Steiermark. Der Augustinerchorherrenstift geht auf eine Stiftung von Adalram von Waldeck von 1140 zurück. Die romanische Stiftskirche, noch im 12. Jahrhundert gebaut, ist von schlichter harmonischer Schönheit. Ab dem 14. Jahrhundert entwickelte sich um ein Muttergottesgnadenbild eine Wallfahrt, die mit Mariazell zu den bedeutendsten in Österreich zählte.

Ab 1575 begannen die ersten Planungen für das Mausoleum. Gebaut wurde ab Mitte der 1580er-Jahre, vollendet wurde das Grabmal 1612. Es ist das Hauptwerk des italienischen Baumeisters Sebastian Carlone aus Scaria am Comer See, gestaltet »im Geiste italienischer Tradition, die sich [...] im Prunkgrabmal Karls II., einer Symphonie aus Marmor, Stuck, Farbe und Bronze, zu barocker Fülle steigern und in der streng romanischen Umgebung der Basilika sichtbar entfalten konnte«[21]. Das Mausoleum in Seckau gilt als eines der prächtigsten Renaissance-Denkmäler diesseits der Alpen, stilistisch bereits im Übergang zum Barock mit zahlreichen Elementen des Manierismus. Der Kon-

Erzherzog Karl II. von Innerösterreich
Das Kenotaph von Erzherzog Karl II., ein Meisterwerk der Steinmetzkunst

trast zwischen der strengen romanischen Kirche und dem Mausoleum ist stark, und dennoch fügt es sich perfekt ein.

Steht man mit dem Rücken zum Eingangsportal, befindet sich das Mausoleum links neben dem Presbyterium. Die Abgrenzung zum Mittel- und Seitenschiff bildet eine sogenannte Schrankenarchitektur, nach vorn schließt ein schmiedeeisernes Tor zur Kapelle hin auf. Über dem Torbogen befinden sich die Wappen von Karl II. und Maria Anna von Bayern, darüber eine Kreuzigungsgruppe in Stuck mit Maria und Johannes.

Betritt man die Kapelle, so beeindruckt vor allem die Farben- und Formenvielfalt, die goldenen Säulen an der Schrankenarchitektur, der facettierte Marmorboden sowie die Reichhaltigkeit der Deckenfresken und der Gemälde. Zwischen den beiden Fenstern steht an der Wand das prachtvolle marmorne Kenotaph mit zwei lebensgroßen Liegegestalten von Karl II. und seiner Gattin. Der Blick zum schlichten Altar bleibt somit frei.

Auf dem Kenotaph befinden sich zehn Wappen in Medaillons aus weißem Marmor: Windische Mark, Görz, Tirol, Kärnten, Burgund, Österreich, Steiermark, Krain, Habsburg und Cilli, darunter in ausgebauchten Reliefs Stationen der Passion Christi. Gemälde und Fresken sind hauptsächlich das Werk des Künstlers Teodoro Ghisi, der auf Empfehlung der Schwester von Karl II., Herzogin Eleonore von Mantua, an den Grazer Hof gekommen war.

In den beiden Kreuzgewölben befindet sich zum Altar hin ein Fresko mit der Himmelfahrt Mariens, zum Eingang hin eine Allegorie auf die Ecclesia Triumphans (die triumphierende Kirche) mit Gottvater im Zentrum und ihm huldigenden Engelschören. Das Altarbild stellt die Verklärung Christi auf dem Berg Tabor dar. Die breite Wand zwischen den Fenstern und über dem Kenotaph wird durch ein großes Gemälde mit dem Thema »Lasset die Kleinen zu mir kommen« (Matthäus 18,3), welches auf die vielen toten Kinder des Paares verweist, geprägt. Immerhin liegen sechs davon in der Gruft.

Das Konzept der Ikonografie des Mausoleums steht ganz in der Tradition des absolutistischen Herrschertums. Neben den Themenkreisen Tugend und Laster sowie Leben, Schicksal und Tod wird der Ruhm des Landesfürsten und des Hauses Österreich thematisiert. Die eigentliche Fürstengruft unter der Kapelle ist über eine Treppe erreichbar, die unter einem gewaltigen Marmorstein mit fünf Zugringen für den Eingang in das Mausoleum liegt. Neun Personen fanden dort ihre letzte Ruhe:

- † Karl II. von Innerösterreich (1540–1590)
- † Ferdinand I. (1572–1572), Sohn
- † Katharina Renata (1576–1595), Tochter
- † Elisabeth (1577–1586), Tochter
- † Karl (1579–1580), Sohn
- † Gregoriana Maximiliana (1581–1597), Tochter
- † Maximilian Ernst (1583–1616), Sohn
- † Christina (25.5.–12.6.1601), Tochter von Ferdinand II.
- † Karl (geboren und gestorben am 25. Mai 1603), Sohn von Ferdinand II.

1782 hob Joseph II. den Stift Seckau auf, der 642 Jahre lang das geistige und religiöse Zentrum der Steiermark gewesen war. Wie in vielen anderen Fällen interessierte es ihn wenig, dass dort seine Vorfahren lagen. Allein die Grabstätte der Habsburger verhinderte, dass Kirche und Stiftsgebäude geschleift wurden, gegen den zwangsläufigen Verfall aber wurde nichts getan. Die Liegenschaft gehörte nun dem Staat, Wirtschaftsgebäude wie die Meierei wurden verpachtet.

Im September 1810 besuchte Erzherzog Johann auf einer seiner Rundfahrten durch die Steiermark den Stift, beziehungsweise das, was von ihm übrig geblieben war. In seinem Tagebuch notierte er: die »Einrichtung versteigert und verbrannt, wahrlich Spuren des Vandalismus«[22]. Er veranlasste den Kauf durch die Radmeister-Communität Vordernberg, in der er Vorstandsmitglied war. Allerdings war man eher an dem großen Waldbesitz interessiert. Der Verwalter Leopold von Peball hatte wohl wenig Sensibilität und Pietätsgefühl: Er ließ die Gruften öffnen, entnahm die Wertgegenstände und ließ die Zinnsärge einschmelzen.

Schließlich führte der Kulturkampf im Deutschen Kaiserreich dazu, dass die ehrwürdige Abtei Seckau nicht dem Verfall preisgegeben, sondern wiederbelebt wurde. Der Druck auf die katholische Kirche in Deutschland war immens und fand seinen Höhepunkt in der Inhaftierung des Kölner Erzbischofs. Auch die Benediktiner in Beuron wurden Opfer der katholikenfeindlichen Haltung, 1875 wurden sie ausgewiesen. Kaiser Franz Joseph gab ihnen Zuflucht zunächst in Volders, dann in Prag. Schließlich konnten sie sich in Seckau ansiedeln. Der Wiederaufbau begann, mit vielen Rückschlägen, aber schlussendlich blühte Seckau wieder auf.

Noch einmal schlugen die Deutschen zu: Im Jahr 1940 verfügte die Gestapo die Vertreibung der Mönche, doch fünf Jahre später war der Spuk vorbei. Die Benediktiner konnten wieder einziehen.

Die Krone von Graz: das Mausoleum von Kaiser Ferdinand II.

»Stadtkrone« nennen die Grazer das einzigartige Ensemble von Dom, Katharinenkirche und Mausoleum, welches mit seinen türkisfarbenen Kupferdächern das Stadtbild dominiert. Unmittelbar neben dem Dom erhebt sich die Katharinenkirche mit dem angebauten Mausoleum, dessen ovale Kuppel die erste dieser Art außerhalb von Italien war. Ein meisterhafter Bau ist dieses Mausoleum, im Stile des Manierismus – jener Kunstform, die den Übergang von Renaissance zu Barock kennzeichnet. Eine lange Treppe führt zum Platz vor den beiden Kirchen, die Katharinenkirche und das Mausoleum dominieren mit imperialer Größe die Ansicht.

Dieses Grabmal ließ sich Kaiser Ferdinand II. bauen. Nahezu 100 Jahre brauchte man bis zu dessen Fertigstellung, die besten Künstler ihrer Zeit haben daran gebaut, darin gemalt und stuckiert. Nicht nur Sakralbau, sondern auch monumentaler Repräsentationsbau sollte das Grabmal sein, mit der Verherrlichung der darin Begrabenen und des Hauses Österreich. Es handelt sich um den größten Mausoleumsbau der Habsburger.

Die Habsburger hatten gerade die jahrhundertelange Erbteilung überwunden, erst unter Kaiser Maximilian fielen die verschiedenen Linien und Herrschaften des Hauses Österreich wieder in eine Hand, als Kaiser Ferdinand I. das habsburgische Erbe wieder unter seinen Söhnen aufteilte. Nach der sogenannten Ferdinandeischen Hausordnung erhielt der älteste Sohn, Maximilian, die Krone von Böhmen und Ungarn sowie Niederösterreich, Sohn Ferdinand bekam Oberöster-

Das Mausoleum in Graz: Die Öffnung vor dem Heiligen Grab gibt den Blick in den Gruftraum frei.

reich, die Vorlande und Tirol, und Karl herrschte über Innerösterreich (die Steiermark, Kärnten, die Krain und die Grafschaft Görz).

Der spätere Kaiser Ferdinand II. war der zweite Sohn von Erzherzog Karl II. von Innerösterreich und dessen Frau Maria Anna von Bayern. Ein erster Sohn war als Säugling gestorben. Als Ferdinand am 9. Juli 1578 geboren wurde, herrschte Kaiser Maximilian II. in Wien, und es war noch lange nicht klar, dass der steirische Habsburger die verschiedenen Linien wieder zusammenführen und Kaiser des Heiligen Römischen Reichs werden würde. Vorerst war er Landesfürst von Innerösterreich, das er mit zwölf Jahren nach dem frühen Tod des Vaters geerbt hatte. Vor seiner Volljährigkeit übten Maximilian III. von Tirol, der Deutschmeister, und Erzherzog Ernst die Vormundschaft aus, in Wahrheit aber fungierte seine Mutter als Regentin. Schon Erzherzog Karl II. war ein begeisterter Verfechter der Gegenreformation, und sein Sohn, von Jesuiten in Ingolstadt erzogen, stand dem in nichts nach. Man sagt ihm den Spruch nach: »Besser eine Wüste regie-

Kaiser Ferdinand II., der Regent der Rekatholisierung

ren als ein Land voller Ketzer.« Geistliche Speerspitze der Rekatholisierung des Landes waren die Jesuiten, von Karl II. ins Land geholt und von Ferdinand eifrig gefördert, daneben stiftete er etliche Kapuzinerklöster. Das Volk sollte schon genau wissen, was der rechte Glaube war. Binnen weniger Jahre hatte Ferdinand sein Land rekatholisiert: Zunächst wurden protestantische Schulmeister und Prediger ausgewiesen, anschließend die verbliebenen Protestanten vor die Wahl gestellt, entweder katholisch zu werden oder auszuwandern. Die Reinheit im Glauben zeitigte aber negative Konsequenzen. Die Abwanderung reicher protestantischer Adels- und Bürgersfamilien hatte eine erhebliche ökonomische Schwächung zur Folge, und die verbliebenen protestantischen Stände waren nicht davon begeistert, den Regenten in seinem Kampf gegen die Türken finanziell und militärisch zu unterstützen.

Dennoch verdanken wir der Gegenreformation etwas, was bis heute das Gebiet der österreichischen Monarchie und die Landschaft zutiefst prägt: den österreichischen Barock. Prachtvolle Bauten und deren künstlerische Ausstattung setzen die Schönheit und die Kraft des Glaubens visuell beeindruckend um. Keine Mittel wurden gescheut, die besten Künstler engagiert. Sie schufen im barocken Zeitalter nicht nur in der Steiermark, sondern in allen Kronländern und darüber hinaus großartige Kunstwerke in Architektur und Malerei, die wir heute noch bewundern.

Genau in diesem Sinne spricht auch das Mausoleum zu uns, wenn wir die Treppen hinaufschreiten. Die Kirche ist der heiligen Katharina von Alexandrien geweiht, der Märtyrerin aus dem 4. Jahrhundert, Schutzpatronin der Wissenschaften und der Universitäten. Eine Sandsteinfigur der Heiligen steht weit über dem Hauptportal an der Westfassade und grüßt in Richtung Universität (von Erzherzog Karl II. gegründet und von Jesuiten geführt). Links und rechts von ihr stehen Porphyrius und Faustina, zwei von ihr bekehrte Heiden, in Sandstein und symbolisieren damit die Gegenreformation.

Im Jahr 1614 hatte Ferdinand, »Regent der Rekatholisierung«[23] und Kaiser des Dreißigjährigen Krieges, den Auftrag für das Mausoleum gegeben, welches das kunsthistorisch bedeutsamste Grabmal der Habsburger ist. Er wollte eine Grabstätte für sich und seine Familie bauen, sein Schwerpunkt lag zu dieser Zeit in Graz, noch war nicht klar, dass Kaiser Matthias kinderlos bleiben würde. Auf dem Gelände einer alten abzubrechenden Katharinenkirche und des sie umgebenden Friedhöfchens sollte eine neue Kirche und ein Mausoleum errichtet werden.

Ferdinand beauftragte den aus Lodi stammenden Giovanni Pietro de Pomis (1569/1570–1633), der den Bau im Wesentlichen in der uns heute bekannten Form entwarf. De Pomis war wohlbekannt und wohlgelitten, war er doch zuerst Kammermaler von Ferdinand II. von Tirol gewesen, bevor er Hofkammermaler in Graz wurde. Er entwarf die Kirche in Kreuzform und erweiternd zum südlichen Querschiff die anschließende Gruftkapelle in Ovalform – einem Symbol für die Auferstehung. Die Kuppeln der Katharinenkirche und Grabkapelle wurden mit den Insignien des Heiligen Römischen Reiches, Zepter und Reichsapfel, bekrönt. Zwischenzeitlich war Ferdinand im Jahr 1619 zum Kaiser gewählt worden.

Ein einzigartiger Raum eröffnet sich, klar führt das Schachbrettmuster des Bodens eine Einheit zwischen Kirche und Mausoleum. Das Querschiff wird dominiert vom imposanten Heiligen Grab, geschaffen von Veit Königer. Es ist eines der bedeutendsten Heiligen Gräber in Österreich. An den Seiten des Schaugerüstes sind Figuren aus dem Alten Testament zu sehen: Moses, David, Jesaja, Jonas, Jeremias und Daniel. Im Inneren liegt der gekreuzigte Jesus Christus. Vor dem Heiligen Grab gibt eine vergitterte Öffnung im Boden den Blick in die Gruftkapelle frei, die dominiert wird von einem gewaltigen Sarkophag aus rotem Marmor. Und so erwarten die Verstorbenen gleichsam mit Jesus Christus ihre Auferstehung.

Nach der Beauftragung des Baus durch Ferdinand gingen die Arbeiten zunächst zügig voran, dann wurde die Finanzlage prekär. Ferdinand musste große Summen in die Türkenbekämpfung stecken (die Unterstützung der Stände war aus oben genannten Gründen spärlich), so kam der Bau ins Stocken. Lange Korrespondenzen zwischen de Pomis und der Hofkammer sind überliefert, in denen sich der Baumeister über die schlechte Bezahlung beschwerte.

Unterdessen war Kaiser Matthias kinderlos gestorben, hatte aber vorher noch versucht, seine Nachfolge zu regeln. Ferdinand, der sich im Bruderzwist zwischen Matthias und Rudolf II. zunächst neutral verhalten hatte, war zwischenzeitlich auf die Seite von Matthias gerückt, wohl auch im Hinblick auf das zu erwartende Erbe. 1617 wurde er zum König von Böhmen gekrönt, 1618 zum König von Ungarn. Auch hier setzte er scharfe Maßnahmen zur Rekatholisierung in Gang. Die protestantischen böhmischen Stände dankten es ihm mit dem Prager Fenstersturz von 1618, der für ihn ein unfassbarer Affront war. Die Revolte galt nicht nur den königlichen Beamten[24] als seinen Stellvertretern, sondern ihm direkt.

Der Prager Fenstersturz war die Ouvertüre zum Dreißigjährigen Krieg, der weite Teile des Reiches und Mitteleuropas für lange Zeit ins Chaos stürzte. Ferdinand war 18 Jahre lang eine der zentralen Persönlichkeiten dieser Katastrophe, die aus vier Kriegen bestand. Der böhmisch-pfälzische Krieg konnte nach kurzer Zeit beendet werden, doch die Lunte war gelegt. Des Kaisers Feldherr Wallenstein sorgte im dänisch-niedersächsischen Krieg für das Schlachtenglück, aber der

Prager Friede von 1635 brachte nicht den erhofften Ausgleich unter den Kriegsgegnern. Die benachbarten Großmächte mischten mit und verfolgten ihre Interessen, vor allem nagte Frankreich an den Ecken des Reiches.

Ferdinand sollte das Ende des europäischen Schlachtens nicht mehr erleben. Er konnte noch seine Nachfolge auf dem Reichstag zu Regensburg im Dezember 1636 zugunsten seines Sohnes Ferdinand III. regeln. Er starb am 15. Februar 1637, kurz nach seiner Rückkehr vom Reichstag nach Wien.

Von seinem Mausoleum stand zu dieser Zeit nur der Rohbau. Dennoch wurde der Kaiser dort bestattet. Gerade noch der Gruftaltar wurde 1640 geweiht, danach geschah über 40 Jahre nichts, dem Gebäude drohte durch Wassereintritt erheblicher Schaden. Schließlich wurden die Rufe nach einer Fertigstellung von Kirche und Gruft lauter. Kaiser Leopold I., ein Enkel Ferdinands, ließ 1687 einen jungen Grazer Architekten beauftragen, der das Gebäude zu seiner Vollendung brachte: Johann Bernhard Fischer von Erlach. Innenausstattung und Stuckierung gehen im Wesentlichen auf seine Konzeption zurück. Er entwarf den Katharinenaltar und wählte die Künstler aus, die die Arbeiten – Stuckierung und Fresken – ausführten. Fischer von Erlach entwarf ein vielschichtiges architektonisches und ikonologisches Programm mit eindeutig politisch imperialer Aussage. Kaiser Leopold war sicher begeistert von der Imagekampagne des Künstlers: die Fresken im Langhaus zeigen eine Apotheose des Hauses Habsburg und den »Türkenpoldi« genannten Kaiser als glorreichen Verteidiger Wiens beim Türkensturm 1683.

Die Fresken in der Gruftkapelle bilden die Tugenden und katholischen Taten Ferdinands ab sowie einander gegenübergestellte Szenen aus Altem und Neuem Testament mit Bezug zu Auferstehung und Erlösung. Nischenfiguren als Allegorien von Glaube, Liebe, Hoffnung und Gerechtigkeit ergänzen die Szenerie.

Im Gruftraum sehen wir Stukkaturen, die die Insignien und Wappen der Länder Ferdinands darstellen, Symbole des Todes und der Sterbesakramente ebenso wie biblische Szenen.

Auf dem dominierenden Sarkophag aus rotem Marmor im Zentrum der Gruft sind die Eltern Ferdinands, Karl II. von Innerösterreich und Maria Anna von Bayern (gestorben 1608), lebensgroß dargestellt, im Sarg liegt aber nur Maria Anna, ihr Mann liegt in Seckau. Ferdinand und seine erste Frau Maria von Bayern (gestorben 1616) fanden in den Seitennischen der Gruft ihre letzte Ruhe, Marmortafeln zeigen die Ruhestätten an. Einst hatte noch ein sogenanntes Herzgrüftl existiert, in dem in Urnen die Herzen und Intestina verwahrt wurden, welche aber unter Joseph II. nach Wien gebracht und in der Herzlgruft der Augustinerkirche beigesetzt wurden.

Dieses herausragendste Bauwerk des österreichischen Manierismus und Barock fand sogar noch im 20. Jahrhundert zu seiner ursprünglichen Verwendung zurück: als Gruft für die Bischöfe der Diözese von Graz-Seckau, die ab 1960 dort bestattet wurden. 2010 hat man die Verstorbenen schließlich in eine neu gestaltete Gruft der Domkirche überführt.

Kärnten

St. Paul im Lavanttal: die lange Reise einer toten Königin

Etwa zehn Minuten von St. Andrä in Kärnten liegt der Stift St. Paul im Lavanttal, welcher mit seiner über 900-jährigen Geschichte zu den ältesten Benediktinerklöstern Österreichs zählt. Der Stift bricht gleich mehrere Rekorde: Die Kunstsammlung ist eine der größten privaten Sammlungen Österreichs, die Handschriftensammlung zählt zu einer der bedeutendsten weltweit, und die Stiftsbibliothek gilt neben der Nationalbibliothek als eine der wichtigsten Bibliotheken des Landes. Nicht umsonst wird St. Paul auch als Schatzhaus Kärntens bezeichnet.

Der Stift St. Paul ist die drittgrößte habsburgische Gemeinschaftsgrablege nach der Kapuzinergruft und dem Stephansdom in Wien und eine der wichtigsten. Hier liegt die Stammmutter des Hauses Habsburg begraben, Gertrud von Hohenberg, die Gemahlin von König Rudolf I., die nach ihrer Königskrönung den Namen Anna annahm. Aber war der Stift St. Paul von Anfang an für die Grablege vorgesehen?

Königin Annas Wunsch war es, im Basler Münster zur letzten Ruhe gebettet zu werden. Sie starb im Februar 1281 in Wien, wurde in einem langen Trauerzug nach Basel gebracht und dort an der Seite ihres früh verstorbenen Söhnchens Karl bestattet. Im Dezember folgte ihr Sohn Hartmann, der im Rhein ertrunken war. Das Hochgrab ist bis heute im Chorumgang des Basler Münsters zu besichtigen. Es ist das einzige königliche Grab in der Schweiz. Ebenso war das Kloster Königsfelden in der Nähe der Habsburg eine Grablege der frühen Habsburger gewesen. Dass die Gebeine der Habsburger nach St. Paul im Lavanttal kamen, ist das Resultat eines kleinen Abenteuers, geprägt von den Unwägbarkeiten der Geschichte.

Der Stift St. Paul im Lavanttal birgt die sterblichen Überreste von 14 Habsburgern.

Nachdem König Albrecht I. von seinem Neffen Johann Parricida, der sich um sein Erbe betrogen gefühlt hatte, ermordet worden war, gründete seine Witwe, Elisabeth von Görz-Tirol, an der Stelle der Bluttat das Kloster Königsfelden (Campus regius). Obwohl Albrecht, der sich als römisch-deutscher König im Speyrer Dom begraben ließ, schon mit den österreichischen Herzogtümern von seinem Vater König Rudolf belehnt worden war, hatte diese Generation noch nicht so ganz in Österreich Platz genommen. Königsfelden wurde zur Grablege für elf Habsburger:

† Friedrich (1316–wenige Tage nach Geburt), Sohn von Friedrich dem Schönen

† Elisabeth von Görz-Tirol (um 1262–1313), Gemahlin von König Albrecht I.

† Leopold I. der Glorwürdige (1290–1326), Sohn von König Albrecht I.

† Heinrich der Freundliche (1299–1327), Sohn von König Albrecht I.

Der Gedenkstein mit den Wappen
In der Krypta von St. Paul liegen die Gebeine in schlichten kleinen Holzsärgen.

- † Gutta (1302–1329), Tochter von König Albrecht I., Gemahlin von Ludwig VI. von Oettingen
- † Katharina von Savoyen (um 1297/1304–1336), Gemahlin von Herzog Leopold I.
- † Elisabeth von Virneburg (um 1303–1343), Gemahlin von Herzog Heinrich
- † Katharina (1320–1349), Tochter von Herzog Leopold I., Gemahlin von Enguerrand VI. de Coucy
- † Elisabeth (um 1285–1352), Tochter von König Albrecht I., Gemahlin von Friedrich IV. von Lothringen
- † Agnes (um 1281–1364), Tochter von König Albrecht I., Gemahlin von König Andreas III. von Ungarn
- † Leopold III. der Fromme (1351–1386), Sohn von Herzog Albrecht II. Er fiel bei der Schlacht bei Sempach. Bis zur Annexion des Aargaus 1415 wurde in der Montagsmesse des Klosters ein Gebet für den Herzog gesprochen: »Gedenkt bei Gott unseres gnädigen Herrn,

des Herzogs Leopold, der, bei Sempach in dem Seinen, mit den Seinen und von den Seinen erschlagen, hier begraben ist.«

Bis heute kann man in der Kirche des Klosters Königsfelden das Kenotaph des Habsburger Erbbegräbnisses sehen.

Mit der Zeit wurden die Habsburger aus ihrem einstigen Stammland hinausgedrängt. Die Schlachten von Morgarten (1315) und bei Sempach (1386) sowie die Eroberung des Aargaus 1415 durch Bern hatten zur Folge, dass die Grablegen nicht mehr in habsburgischem Gebiet lagen. Königsfelden wurde als Kloster mehr und mehr eine Art Versorgungsanstalt für Patriziertöchter. In Basel wagten es die Ratsherren, das Grab der toten Königin zu öffnen und sich an den reichen Grabbeigaben zu bedienen. Sie nahmen der Königin sogar ihre vergoldete Krone weg.

Die eidgenössischen Gebiete waren protestantisch. Besonders einem lag es am Herzen, die habsburgischen Gebeine wieder in gut katholischer Erde zu sehen: Fürstabt Martin Gerbert vom altehrwürdigen Benediktinerstift St. Blasien im Schwarzwald. Der Stift gehörte damals noch zu Vorderösterreich und damit zu Wien. Allerdings hatte Abt Martin nicht nur Pietät gegenüber den toten Habsburgern im Sinn, sondern stellte ganz praktische Überlegungen an. In der zweiten Hälfte des 18. Jahrhunderts war es bis in den Schwarzwald gedrungen, dass Kaiser Joseph II., noch Mitregent seiner Mutter Maria Theresia, den Klöstern gegenüber nicht unbedingt freundlich gestimmt war. Abt Martin spekulierte darauf, vor möglichen negativen Konsequenzen der kaiserlichen Abneigung geschützt zu sein, wenn er seinem Kloster Bedeutung verleihen würde – die Bedeutung einer habsburgischen Grablege. Er schrieb der Kaiserin nach Wien, die über diesen Plan begeistert war und für die neue Gruft ein wertvolles Reliquiar des heiligen Leopold zur Verfügung stellte. Der Abt, der ohnehin durch seine Bautätigkeit dem Kloster sein heutiges Aussehen gegeben hatte, unter anderem hat er die pantheonähnliche Kuppelkirche erbauen lassen, ließ ein riesiges Mausoleum planen, das unter der Kirche seinen Platz finden sollte. Die »Feierliche Übersetzung der kaiserlich-königlichen-auch-herzoglich-österreichischen höchsten Leichen« fand im Herbst 1770 statt. Im September wurden die Gebeine aus Königsfelden exhumiert. Dabei stellte man am Schädel von Herzog Leopold frontale und rechtstemporale Hieb- und Stichverletzungen fest. Im November erfolgten die Exhumierungen im Basler Münster. Die Gebeine wurden in einem festlichen Zug in mehreren Etappen nach St. Blasien gebracht, wo sie am Abend des 14. November mit militärischen Ehren empfangen wurden. Dem Prunk des prachtvollen Trauerzugs mit 15 Abteilungen folgte nun pragmatisches Handeln. Das große Mausoleum war nicht fertig, also wurden die Gebeine erst einmal im Klosterarchiv untergebracht. Erst im darauffolgenden Jahr richtete man eine kleine Gruft unter der Orgel her und setzte die Habsburger darin bei. Königin Anna und ihre Familie fanden dort für die nächsten 30 Jahre ihre Ruhe.

Die Napoleonischen Kriege ließen St. Blasien nicht unberührt. Mit dem Frieden von Lunéville 1801 und dem Frieden von Pressburg 1805 verlor Österreich das Gebiet. St. Blasien fiel an das Haus Baden. Am 10. Oktober 1806 schlug die Säkularisation zu, Fürstabt Berthold Rottler erhielt das Aufhebungsdekret. Hilfesuchend wandte er sich an den Karlsruher Hof, nach Paris und nach Wien. Einzig Kaiser Franz gab dem nun heimatlosen Konvent eine neue Bleibe in Spital am Pyhrn, ebenfalls ein alter Stift, der durch den josephinischen Klostersturm aufgelöst worden war und nun neuer Bewohner harrte. Was an Kunstschätzen noch übrig geblieben war, nachdem sich die neuen weltlichen Herren eifrig bedient hatten, wurde von den Mönchen zusammengepackt und nach Österreich gebracht, darunter Teile der Klosterbibliothek und das wertvolle Adelheidkreuz. Die habsburgischen Gebeine gab der Karlsruher Hof erst auf eine entsprechende Eingabe aus Wien frei. Pater Frowin Meister, der zur Bewachung der Gebeine im Schwarzwald verblieben war, machte sich im April 1808 mit Knochen und Leopoldsreliquiar auf den Weg nach Spital, wo die Habsburger vorläufig bestattet wurden.

Kaiser Franz hatte den Benediktinern zugleich noch einen Lehrauftrag am Gymnasium von Klagenfurt gegeben, was allerdings sehr weit von Spital entfernt war. Gleichzeitig bat der »Große Kärntnerisch Ständige Ausschuss« um die Revitalisierung des Klosters St. Paul im Lavanttal, aus dem ebenso die Benediktiner auf Geheiß von Kaiser Joseph II. hatten ausziehen müssen. Nunmehr war es eine ideale

Lösung für die Schwarzwälder. Bereits 1809 zogen sie mit allem, auch den toten Habsburgern, an die Lavant.

Die Särge wurden in einer kleinen Gruft unter dem Hochaltar eingesetzt. Im Jahr 1818 errichtete man im südlichen Querschiff eine große Tumba, über der die alten Habsburgerwappen aus St. Blasien angebracht wurden. Im Grabdenkmal fanden die kleinen Holzsärge ihren Platz. Knapp 100 Jahre später wurde das Grab wieder geöffnet, die mittlerweile morschen Särge durch neue ersetzt. Als die Kirche schließlich 1935 renoviert werden musste, wurden die Habsburger wieder in die neu gestaltete Gruft unter dem Hochaltar eingesetzt.

Kurze Zeit später bekamen die toten Habsburger unangenehme Gesellschaft. Die Nazis lösten den Stift auf, verjagten die Mönche und installierten in den Gebäuden eine »Napola« (Nationalsozialistische Politische Lehranstalt). Nach dem Krieg konnten die Mönche wieder einziehen.

In der Stiftskirche findet jährlich eine Gedenkmesse für die frühen Habsburger statt, die über die Jahrhunderte eine so weite Reise hinter sich gebracht hatten. Mittlerweile schaut es so aus, als ob die 14 frühen Habsburger tatsächlich ihre letzte Ruhe in St. Paul gefunden haben könnten.

Tirol

Stift Stams: Vater mit leeren Taschen und münzreicher Sohn

Das »Österreichische Grab« in der Klosterkirche von Stift Stams ist eines der eigentümlicheren und beeindruckenderen Grabdenkmäler der Habsburger. Wer am Rande der mit einem Ziergeländer aus Marmor geschmückten Grabstätte steht, fühlt sich nicht von ungefähr an die Confessio[25] im Petersdom in Rom erinnert. Man schaut hinunter auf einen kleinen Altar, an dessen Seiten die Figuren des heiligen Leopold und des heiligen Wenzel angebracht sind, als Verweis auf die Schutzpatrone der Länder, die von den dort Begrabenen beherrscht beziehungsweise mindestens ererbt wurden. Links und rechts stehen aus Holz geschnitzte und prachtvoll in Gold gefasste Statuen der hier begrabenen Fürstinnen und Fürsten. Dieses Grabmal ist das Werk des Tiroler Künstlers Andreas Thamasch, der damit den Hochbarock in Tirol eingeleitet hat. Optisch verkürzt das Grabmal, welches nahe dem Eingang zur Klosterkirche steht, die Überlänge der Kirche, lässt aber trotz der dominierenden Kreuzigungsgruppe den Blick auf den Hochaltar noch frei.

Stift Stams, der bedeutendste Zisterzienserstift im Westen Österreichs, steht circa 35 Kilometer westlich von Innsbruck und ist schon von Weitem erkennbar an den zwei riesigen Türmen, die die Landschaft und die Stiftsgebäude dominieren. Wir stehen auf altem Stauferland, die Stifterin, Elisabeth von Bayern, war die Witwe von König Konrad IV. In ihre zweite Ehe mit Graf Meinhard II. von Görz-Tirol brachte sie sowohl ihren Sohn Konradin ein als auch ausreichend Grundbesitz.

Konradin war der letzte legitime männliche Erbe aus der Dynastie der Staufer und hatte erfolglos versucht, seinen ererbten Thron wieder zurückzuerlangen. Fast noch ein Knabe, wurde er 1268 mit 16 Jahren in Neapel von seinem Gegner Karl von Anjou enthauptet. Dieser schmachvolle Tod und damit einhergehend die Exkommunikation aller Unterstützer Konradins, darunter sein Stiefvater Meinhard II., führte direkt zur Gründung von Stift Stams. »Mors Conradini – Vita Stamsii«[26] stand noch lange an der Johannespfarrkirche in Stams. Seine Mutter Elisabeth widmete sich den Rest ihres Lebens der Aufgabe, einen geeigneten Gedenk- und Gebetsort zu schaffen. Sie verhandelte mit dem Zisterzienserstift Kaisheim, der 1273 Mönche für das neu gegründete Kloster schickte. Auch Meinhard, nach der letzten Teilung seines Erbes mit seinem Bruder der alleinige Herrscher Tirols, war der Ansicht, dass es einen angemessenen Gedächtnisort und eine Grablege für die neue Dynastie bräuchte. Nicht zu vergessen, dass der päpstliche Bannspruch durch eine Klostergründung eventuell wieder aufgehoben würde.

Stift Stams, die Grablege der Tiroler Landesherren

Um die wirtschaftliche Lebensgrundlage zu sichern, wurde Stams vom Stifterpaar auf das Üppigste mit land- und forstwirtschaftlichen Gütern und reichlich mit Privilegien ausgestattet. Bald war das Kloster der vornehmste und vermögendste Stift in der Region. Bereits elf Jahre nach dem Einzug der ersten Mönche konnte 1284 die romanische Kirche festlich eingeweiht werden. Höhepunkt der Feierlichkeiten war die Übertragung der sterblichen Überreste Elisabeths, die bereits 1273 gestorben war, sowie weiterer Gebeine älterer Mitglieder der Grafen von Görz-Tirol. Damit war der Stift zur Begräbnisstätte der Tiroler Landesfürsten geworden.

Meinhard, einer der bedeutendsten Tiroler Landesherrn, überlebte seine Frau, mit der er sechs Kinder hatte, um mehr als 20 Jahre. Beide fanden ihre letzte Ruhe in einer Gruft vor dem Hochaltar. In der Meinhardsgruft, auf der Evangeliumsseite (mit Blick zum Hochaltar auf der linken Seite), befinden sich außer ihnen noch die sterblichen Überreste ihrer Kinder Albert, Ludwig und Otto. Eine in den Boden eingelassene schlichte Marmorplatte erinnert an das Stifterpaar des Klosters.

Auf der Epistelseite, also rechts, liegt die Heinrichsgruft, benannt nach dem Sohn von Meinhard II., König Heinrich von Böhmen (durch seine erste Frau Anna von Böhmen). Neben ihm liegen seine beiden späteren Frauen, Adelheid von Braunschweig und Beatrix von Savoyen, sowie einige Mitglieder der alten Tiroler Grafenfamilie.

Habsburg wird tirolerisch

Die Beziehungen der Grafen von Görz-Tirol zu den Habsburgern waren damals schon eng, auch über die gemeinsame Loyalität zu den Stauferkaisern. Insbesondere Rudolf war Kaiser Friedrich II. nahegestanden. Meinhard unterstützte den Habsburger in seiner Auseinandersetzung mit Ottokar II. Přemysl. Aus Dank dafür wurde er von Rudolf 1286 zum Reichsgrafen erhoben und mit dem Herzogtum Kärnten belehnt. Die Familien rückten ebenfalls enger zusammen: Elisabeth, die Tochter Meinhards, wurde die Frau von Rudolfs ältestem Sohn Albrecht und damit Königin. Diese Ehe war die Grundlage für die spätere Überschreibung Tirols an die Habsburger: Gräfin Margarete, genannt »Maultasch« und Enkelin Meinhards, entschied sich für den nächsten Verwandten, da ihr eigener Sohn gestorben war, und das war ihr Großneffe Herzog Rudolf IV.

Nach dem frühen Tod Rudolfs, er starb mit 26 Jahren, teilten seine Brüder Albrecht und Leopold im Neuberger Vertrag das Herrschaftsgebiet. Es entstanden die albertinische (donauländische) und die leopoldinische (alpine) Linie. Leopolds Sohn Friedrich IV. (1382–1439) herrschte ab 1406 als erster Habsburger über Tirol und war der Begründer der sehr kurzlebigen älteren Tiroler Linie der Habsburger. In der ersten Zeit seiner Regentschaft musste er sich mit etlichen Schwierigkeiten auseinandersetzen. Vom Norden her fielen die Wittelsbacher immer wieder mal ein, im Westen warfen sich die Appenzeller bedrohlich in Szene, und Venedig bedrohte den Süden. Fatal war, dass er Papst Johannes XXIII., einen der drei Päpste vom Konstanzer Konzil, unterstützte. Da setzte Friedrich gerade auf den falschen, sehr zum Missfallen von König Siegmund, der den Papst gefangen setzte und für abgesetzt erklärte. Friedrich verlor daraufhin die alten habsburgischen Kerngebiete im Aargau für immer an die Schweiz. In Tirol hingegen gelang ihm die Konsolidierung. Populär wurde er bei den Bauern und Bürgern, als er den Adel in seinen Kompetenzen im Tiroler Landtag beschnitt. Er baute Straßen, förderte Handel und Verkehr sowie den Silberabbau in Schwaz und Gossensaß – und wurde damit ein vermögender Mann, einer der reichsten Habsburger. Sein Name »Friedel mit der leeren Tasche«, der inzwischen zu einer populären Bezeichnung für ihn wurde, trifft nicht die Wahrheit, es ist wahrscheinlich, dass ihm dieser Name von missgünstigen Tiroler Adeligen zugedacht wurde.

Zwei Ehen führte Friedrich IV. Ein Kind aus der Ehe mit Elisabeth von der Pfalz starb im Jahr seiner Geburt, seine zweite Frau, Anna von Braunschweig-Lüneburg, schenkte ihm den ersehnten Erben Sigmund. Weitere Kinder starben schon im Kleinkindalter.

In Stams ließ Friedrich im Mönchschor eine weitere Gruft anlegen. Ein darüber gebautes Mausoleum wurde in späteren Jahren wegen Hässlichkeit entfernt. Ein schmiedeeisernes, in den Boden eingelassenes Gitter, installiert 1950, deckt den Eingang zur Gruft ab, auf dem Gitter befinden sich das Wappen von Tirol und der österreichische Bindenschild. In der Gruft ruhen Friedrich, seine beiden Frauen und die verstorbenen Kinder. Bei einer Graböffnung im Jahr 1950 fanden

Erzherzog Friedrich IV., der Begründer der älteren Tiroler Linie der Habsburger. Man nannte ihn auch den »Friedel mit der leeren Tasche«.
Erzherzog Sigmund von Tirol, der »Münzreiche«

sich in der Friedrichsgruft Gebeine von Kleinkindern, Neugeborenen und Fehlgeburten. Wie tragisch für die Eltern!

Der einzig überlebende Sohn, Sigmund (1427–1496), war erst fünf Jahre alt, als sein Vater starb und kam in Wiener Neustadt unter die Vormundschaft seines nur um zwölf Jahre älteren Vetters Friedrich, des späteren Kaisers Friedrich III. Dieser hielt ihn entgegen den Absprachen mit den Tiroler Landständen noch drei Jahre länger als ausgemacht fest, was zu reichlich Spannungen mit den Tirolern führte. Als 19-Jähriger konnte Sigmund dann endlich die Regierung übernehmen. Aufgrund der Verlegung der Münze (Münzprägeanstalt) von Meran nach Hall und des ansteigenden Wohlstands der Region, gab man ihm den Beinamen »der Münzreiche«, obwohl das nicht ganz den historischen Tatsachen entspricht. Sigmund war teilweise hoch verschuldet, auch beim Stift in Stams. Mit zunehmendem Alter verlor er jedes Maß und Ziel. Seine Überschuldung war dermaßen hoch, dass er um ein Haar Tirol und die Vorlande an den bayerischen Herzog Albrecht IV. verpfändete. Kaiser Friedrich III. begab sich eiligst nach Tirol, um diese Ungeheuerlichkeit zu verhindern. Die Tiroler Landstände verloren nun die Geduld, der verarmte »Münzreiche« wurde entmachtet. 1490 trat er zurück.

Sigmund hatte in Stams eine neue Gruft gleich in der Nähe des Kirchenportals anlegen lassen. Ursprünglich stand über der Gruft eine Tumba, gestaltet aus Gips. Sein Plan, seine Eltern und Geschwister in diese Gruft zu übertragen, wurde nie realisiert. In der Gruft wurden folgende Personen bestattet:

† Erzherzogin Eleonore von Schottland, die erste Frau Sigmunds
† Erzherzog Sigmund
† Kaiserin Bianca Maria Sforza, die zweite Frau von Kaiser Maximilian I.
† Johann und Ursula, zwei früh verstorbene Kinder Kaiser Ferdinands
† Friedrich, der früh verstorbene Sohn von Kaiser Maximilian II.

Mit dem Tod Sigmunds war die erste Tiroler Linie der Habsburger erloschen. Tirol fiel Kaiser Maximilian I. zu, der sich gern in diesem Land aufhielt und Innsbruck zu seinen Lieblingsresidenzen zählte.

Das Österreichische Grab

Stift Stams erlebte nach seiner Gründung und Blütezeit in den ersten Jahrhunderten, vor allem im 15. und 16. Jahrhundert, schwierige Zeiten. Naturkatastrophen, Zinsausfälle, Kriegssteuern und Bauernaufstände sorgten für ökonomische Engpässe. Verheerend war 1552 der Durchzug von Moritz von Sachsen mit seinem schmalkaldischen Heer. Die Truppen plünderten und verwüsteten die Grüften sowie Särge auf der Suche nach Wertgegenständen. Die Gebeine verstreuten sie in der Kirche. Als erste Schutzmaßnahme ließ Erzherzog Maximilian II., Regent von Tirol, ein schmiedeeisernes Gitter um die Tumba über dem Sigmundsgrab anbringen. Im 17. Jahrhundert wurde die gesamte Klosteranlage Zug um Zug renoviert sowie barockisiert und erlangte damit ihr heutiges Aussehen.

Das Sigmundsgrab passte nicht mehr in das Raumkonzept einer barockisierten Stiftskirche. Zunächst war nur ein schlichter Grabstein im Boden vorgesehen, man entschied sich dann aber zu einer anspruchsvolleren Lösung – dem Österreichischen Grab, so wie wir es

Das Österreichische Grab in der Stiftskirche von Stams

heute kennen. Links vom kleinen Altar der Gruftkapelle stehen die Statuen von Graf Meinhard II. von Tirol, Elisabeth von der Pfalz, Herzog Friedrich IV. und Anna von Braunschweig. Auf der rechten Seite: König Heinrich von Böhmen, Kaiserin Maria Bianca Sforza, Erzherzog Sigmund und Eleonore von Schottland. Die kleineren Statuen stellen die Fürstenkinder dar. Links und rechts des Altars sind kleinere vergitterte Zugänge zur Gruft selbst.

Die umgebende Balustrade stellt mit doppelseitig bemalten Wappen das genealogische Programm der Grabstätte dar. Direkt über dem Altar erhebt sich eine vergoldete Kreuzigungsgruppe mit Maria und Johannes links und rechts des Kreuzes, am Fuße kniet die trauernde Maria Magdalena.

Eine Büste des Seligen Kaiser Karl in Stift Stams

Unmittelbar rechts neben dem Österreichischen Grab steht in einer Seitenkapelle eine Büste Kaiser Karls, die auf eine Reliquie des Seligen Kaisers hinweist. Damit hat auch der letzte regierende Fürst von Tirol seinen Platz in der Tiroler Fürstengruft gefunden.

Wundersamerweise entging Stift Stams der josephinischen Klosteraufhebung, wohl aufgrund der vielfältigen seelsorgerischen und erzieherischen Aufgaben, denen die Mönche nachkamen. War dieser Kelch jedoch noch an Stams vorbeigegangen, so schlug das Schicksal in Form der bayerischen Regierung gnadenlos zu.

Im Frieden von Pressburg (1805) war Tirol an das Kurfürstentum Bayern gefallen. In der Tiroler Bevölkerung erhob sich massiver Widerstand, angeführt von Andreas Hofer. Auch wegen der Unterstützung des Volksaufstands durch den Klerus hoben die bayerischen Behörden neben anderen Stift Stams auf. Nachdem Tirol nach dem Wiener Kongress wieder an Österreich gefallen war, ließ Kaiser Franz I. Stams reaktivieren.

1938 wurde der Stift ein weiteres Mal aufgehoben. Die Nationalsozialisten beschlagnahmten das Kloster und ließen dort Südtiroler

Auswanderer unterbringen. Nach dem Zweiten Weltkrieg konnten Zisterziensermönche aus Sittich in Slowenien ihr Leben im Stift wiederaufnehmen.

Im Jahr 2011 wurde der Stift Stams Schauplatz für ein feierliches Requiem für einen Habsburger. Man trauerte in Tirol um Otto von Habsburg, der am 4. Juli 2011 gestorben war. Der Abt von Stams lud zu dieser Totenmesse, zu der nicht nur Kinder und Enkel des Verstorbenen kamen, sondern ebenso Tausende Tiroler, darunter viele Schützenkompanien.

Die Hofkirche in Innsbruck: Wer sich im Leben kein Gedächtnis macht …

»Wer sich im Leben kein Gedächtnis macht, der hat auch nach dem Tode kein Gedächtnis und wird mit dem Glockenton vergessen.« Diese Aussage hat sich, wie bereits erwähnt, Kaiser Maximilian I. zu Herzen genommen. Und zwar auch, als er sein Grabmal plante. Den ganzen Kirchenraum nimmt die fast monumentale Zurschaustellung des »memorial-genealogischen-dynastischen Verewigungsgedanken«[27] ein. Inmitten von 28 überlebensgroßen Figuren steht das Kenotaph mit dem knieenden Maximilian, der in ewiger Anbetung vor dem Hochaltar verharrt. Mit diesem Grabmal sprengte der Kaiser alles bisher Dagewesene. Niemand hatte sich vor ihm in dieser Form ein Grabdenkmal erbauen lassen. Ruhm und Glanz der Dynastie sind hier dem ewigen Gedächtnis ausgestellt. Damit war auf jeden Fall sichergestellt, dass der »letzte Ritter« nicht mit dem Glockenschlag vergessen werden würde.

Maximilian plante sein Begräbnis schon lange vor seinem Tod. Aber erst sein Enkel, Kaiser Ferdinand I., und sein Urenkel, Erzherzog Ferdinand II. von Tirol, der ebenfalls in der Hofkirche begraben liegt, verwirklichten das Konzept dieses Grabdenkmals.

Die Sorge um seinen Nachruhm trieb Maximilian um, als er sich Gedanken darüber machte, an welchem Ort seine sterblichen Überreste am besten die Auferstehung erwarten sollten. Die Überlegungen gingen zwischen Innsbruck, St. Gilgen im Salzkammergut und Wiener Neustadt hin und her. Die Tiroler Landeshauptstadt, die er so liebte, war sicher sein Favorit, das können wir schon daraus schließen, dass die ersten Figuren bereits 1509, neun Jahre vor dem Tod des Kaisers, in einer eigens dafür eingerichteten Gießerei in Mühlau bei Innsbruck gegossen wurden.

Aber noch im Herbst 1518 besichtigte er auf der Reise von Innsbruck nach Wels St. Wolfgang und St. Gilgen im Salzkammergut. In Wels schließlich fühlte er seinen baldigen Tod. Ende Dezember diktierte er sein letztes Testament und verfügte, in der St.-Georgs-Kathedrale in Wiener Neustadt begraben zu werden, unter dem Hochaltar, und zwar so, dass der Priester bei der Wandlung den Leib Christi genau über ihm erhob. Am 12. Jänner 1519 starb er.

Die »schwarzen Mander« in der Innsbrucker Hofkirche. Überlebensgroß reihen sie sich wie ein Trauerzug um das Kenotaph Maximilians.

Sein Leichnam wurde nach Wien zur Aufbahrung gebracht und später in Wiener Neustadt begraben. Sein Herz wurde in Brügge neben dem Herz seiner geliebten ersten Frau Maria von Burgund beigesetzt.

Zu diesem Zeitpunkt bestanden immer noch Planungen, das große Grabdenkmal in der Neustädter Burg zu installieren. Die fragile Statik der Kathedrale, die eigentlich im ersten Hochgeschoß liegt, erlaubte dies jedoch nicht, auch Geldmangel ließ das Projekt ins Stocken geraten.

Knapp 30 Jahre später, 1547, wurde Kaiser Ferdinand I. von Maximilians Testamentsvollstrecker an die Verfügungen seines Großvaters erinnert. Nun kam wieder Innsbruck ins Spiel. Nach einigem Hin und Her mit dem Stadtrat wurde schließlich mit der Errichtung der Hofkirche und des Franziskanerklosters begonnen. Das schlichte Äußere der Kirche täuscht über die Pracht und einmalige Konzeption des Innenraumes hinweg.

Wie Wächter stehen die 28 bronzenen Figuren um das Kenotaph – oder wie ein Leichenzug? Einige von ihnen halten Kerzen oder Fackeln in den Händen. Die dunkle Bronze der Ahnherren und Ahndamen gab der Kirche ihren volkstümlichen Namen: Schwarzmanderkirche. Ursprünglich waren 40 Statuen geplant, zur Ausführung kamen nur 28. Ihre Entstehungszeit überschreitet fast 50 Jahre, daher sehen wir in ihrer Gestaltung noch statische, spätgotische Darstellungen wie bei Ferdinand von Portugal oder Ernst dem Eisernen bis hin zu fast lebendigen Renaissancegestalten. Die Statue von König Artus ist ein Meisterwerk der Renaissance. Alle abgebildeten Persönlichkeiten stellen, abgesehen von den engsten Familienangehörigen, durch Alter, Würde und Verdienst die Machtansprüche des Hauses Habsburg dar. Unmittelbare Familienmitglieder haben ihren Platz gefunden:

- † Herzogin Maria von Burgund, erste Ehefrau
- † Kaiserin Bianca Maria (Sforza), zweite Ehefrau
- † König Philipp der Schöne, Sohn
- † Königin Johanna von Spanien (»die Wahnsinnige«), Schwiegertochter Maximilians
- † Kaiserin Cymburgis (von Masowien), Großmutter

† Kaiser Friedrich III., Vater
† Erzherzogin Margarete von Österreich, Tochter
† Herzog Karl der Kühne von Burgund, Schwiegervater
† Herzogin Kunigunde von Bayern, Schwester
Vorfahren des Kaisers und Verwandte des Hauses Habsburg ebenso:
† König Ferdinand von Portugal
† Herzog Philipp der Gute von Burgund, Stifter des Ordens vom Goldenen Vlies
† Herzog Friedrich mit der leeren Tasche
† Herzog Sigmund der Münzreiche
† Erzherzog Ernst der Eiserne
† Herzog Albrecht II. der Weise
† König Rudolf von Habsburg
† König Albrecht I.
† König Albrecht II.
† Albrecht, Graf von Habsburg
† Herzog Leopold II.
† Königin Elisabeth von Ungarn
† Königin Elisabeth (von Görz-Tirol)
† König Ferdinand V. der Katholische von Spanien

Weiters einige Schlüsselpersönlichkeiten von besonderer politischer oder moralischer Bedeutung, mit denen Maximilian die besondere Legitimierung des Hauses Habsburg und das wehrhafte Christentum unterstreichen wollte:

† König Artus, Ritter der Tafelrunde
† König Theoderich der Große, König der Ostgoten
† König Chlodwig, erster christlicher König Frankreichs
† Markgraf Leopold III. der Heilige
† Gottfried von Bouillon, Kreuzfahrer, König von Jerusalem

Zwischen den »schwarzen Mandern« steht das Kenotaph des Kaisers. Es ist ohne Sockel 1,55 Meter hoch, 2,35 Meter breit und 4,4 Meter lang. Auf ihm ist Maximilian kniend dargestellt, das Gesicht authentisch mit den markanten Zügen, das Gewand fein ausgearbeitet. Er blickt zum Tabernakel am Hochaltar, das Allerheiligste Sakrament ewig anbetend. An den vier Seiten sitzen allegorische Gestalten, die vier Kardinaltugenden darstellend. Vorn rechts vom Kaiser Fortitudo

König Rudolf I., Stammvater der Habsburger, wacht mit gestrengem Blick über seine Nachfahren.

(Stärke) mit einer Säule in den Händen. Auf der linken Seite Temperantia (Mäßigkeit), mit übereinandergeschlagenen Beinen elegant das Gleichgewicht haltend. Hinten sitzen mit Schwert und Waage Iustitia (Gerechtigkeit) und Prudentia (Klugheit) mit einem Spiegel in der Hand.

Die Deckelplatte der Tumba ist aus rotem Adneter Kalkstein, ebenso wie die umgebenden Säulen. Die Seitenwände sind mit 24 feinsten Reliefs geschmückt, die in weißem Marmor wichtige Szenen aus Maximilians Leben darstellen.

Umgeben wird das Kenotaph von einem prachtvollen schmiedeeisernen Gitter, reich ornamentiert mit Blattwerk, Blumen und Weinranken, auf der oberen Leiste sind die Wappen angebracht. Das große Wappen auf der Rückseite des Memorials ist jenes von Kaiser Ferdinand I.

Zum Grabdenkmal gehören 23 kleinere Statuetten von Heiligen, die im Zusammenhang mit dem Haus Habsburg stehen. Sie stehen auf der Nordempore der Hofkirche. Ursprünglich waren in Maximilians Konzeption 100 Heilige geplant, doch zu deren Ausführung kam es nicht. Ebenso vorgesehen waren 20 Büsten altrömischer Kaiser – immerhin hatte Maximilian doch herausgefunden, dass die Habsburger auf die alten Cäsarengeschlechter Roms zurückgingen. Die beiden Ferdinande ließen diese Büsten nicht aufstellen, heute sind sie im Schloss Ambras zu sehen.

Während des Zweiten Weltkrieges wurden die Statuen vor drohenden Bombenschäden in Sicherheit gebracht. Der Felsenkeller einer Brauerei nahm die »schwarzen Mander« auf. Fast vier Wochen dauerte der Transport von Innsbruck zur Brauerei Kundl im Winter 1943/1944, fast ebenso lange brauchte man für den Rücktransport im Oktober/November 1945. Am 11. November 1945 konnte die Hofkirche feierlich wiedereröffnet werden.

Ferdinand und Philippine

Erzherzog Ferdinand II., der das Grabmal vollenden ließ, fand selbst seine letzte Ruhestätte in der Hofkirche. Geboren wurde er 1529 in Linz, aufgrund der Türkenbedrohung konnte sich der Hof zu jener Zeit nicht in Wien aufhalten. Er war der zweite Sohn von Ferdinand I., dem späteren Kaiser, und dessen Frau Anna von Böhmen und Ungarn. Seine militärische Ausbildung erhielt er in den Heeren seines Onkels, Kaiser Karls V., den er auf seine Feldzüge gegen die Franzosen und im schmalkaldischen Krieg begleitete, wo er an der siegreichen Schlacht von Mühlberg teilnahm. Fast 20 Jahre lang wirkte Ferdinand als kaiserlicher Statthalter in Prag. Sein älterer Bruder war Maximilian (später der zweite Kaiser dieses Namens), der offen mit dem Protestantismus sympathisierte. Vater Ferdinand war misstrauisch, immerhin sahen sich die Habsburger als treue Söhne der Kirche, und nahm aus diesem Grund 1554 eine erneute Teilung der Herrschaftsgebiete unter seinen Söhnen vor. Maximilian erhielt Ober- und Niederösterreich sowie Böhmen und Ungarn, Lieblingssohn Ferdinand Tirol und die Vorlande, der dritte Sohn Karl Innerösterreich. Die Teilung kam mit dem Tod des Kaisers 1564 zum Tragen.

Erst 1567 zog Ferdinand festlich in Tirol ein. Mit ihm kam Philippine Welser, die schöne Tochter reicher Patrizier aus Augsburg, die er in Böhmen kennen- und lieben gelernt hatte. 1557 hatte er sie heimlich geheiratet, ein für diese Zeit ungeheuerlicher Vorgang. Sein Vater hatte ihn eigentlich, wie üblich, für eine strategische Ehe vorgesehen,

Erzherzog Ferdinand II. ließ das Grabmal Maximilians vollenden und baute sein eigenes hinzu.
Philippine Welser, Bürgerstochter und geliebte erste Frau von Ferdinand II.

und *das* war mit Sicherheit keine standesgemäße Bürgerstochter. Zwei Jahre später flog die heimliche Hochzeit innerhalb der Familie auf. Der Kaiser war konsterniert, wehrte sich aber nicht gegen einen Kompromiss: Die Ehe sollte weiter geheim bleiben, die Kinder erhielten den Namen »von Österreich«, wurden aber zunächst als »Findelkinder« in das elterliche Schloss aufgenommen. Philippine bekam den Namen Markgräfin von Burgau. Sie nahm es auf sich, von vielen als die »Beywohnerin« des Erzherzogs bezeichnet zu werden. Erst 1576 wurde die Ehe offiziell. Sohn Andreas sollte zum Kardinal erhoben werden und benötigte daher einen Nachweis seiner Herkunft aus einer legitimen Ehe.

Ferdinand und Philippine hatten 23 glückliche Jahre miteinander. Bevorzugt lebten sie auf Schloss Ambras bei Innsbruck, das Ferdinand von einer mittelalterlichen Burg zu einem Renaissanceschloss hatte ausbauen lassen. Seine Politik war geprägt von dem Bemühen, mit allen Nachbarländern friedliche Beziehungen zu pflegen. Innenpolitisch von Bedeutung ist die von ihm erneuerte Landesordnung, die noch bis in das 18. Jahrhundert hinein galt, sowie die Tiroler Schulordnung. Im religiösen Bereich unterstützte er die Jesuiten und alle Maßnahmen zur Gegenreformation, die er mitunter brachial durchführen ließ. Unter Erzherzog Ferdinand wurde auch das Kapuzinerkloster in Innsbruck gegründet, die erste Niederlassung des Ordens im deutschsprachigen Raum. Seine Schwester Magdalena erfuhr von ihm große Hilfe und Unterstützung bei der Gründung des adeligen Damenstifts in Hall.

Ferdinands eigentliche Bedeutung liegt aber im kulturellen Bereich. Gebildet und sinnenfreudig, liebte er Feste, Kunst und Kultur. Für seine Sammlungen ließ er eigens Museumsgebäude neben Schloss Ambras bauen, insofern kann man das Schloss als das älteste Museum der Welt bezeichnen. Er sammelte vor allem Rüstungen, Waffen und Feldherrenporträts. Seine Kunst- und Wunderkammer bildete einen wesentlichen Grundstock für die Sammlungen des Kunsthistorischen Museums in Wien, die Harnischsammlung ist bis heute die bedeutendste ihrer Art. Als typischer Renaissancefürst, der er war, veranstaltete er gern große Feste. Es war die Zeit der fürstlichen Repräsentation mit allen Sinnen, der glanzvollen Hofhaltung. Begrüßten die Tiroler Stände die von ihm getroffenen Maßnahmen zur Effektivierung der Behörden, so bemängelten sie gleichermaßen seine Verschwendungssucht und Schuldenmacherei.

Auch im Tod sollte noch repräsentiert werden. Sorgfältig plante Ferdinand seinen Begräbnisort. Da die Hofkirche mittlerweile durch das maximilianische Grabmal dominiert war und er dieses Gesamtkonzept, an dessen Umsetzung er doch selbst mitgearbeitet hatte, nicht stören wollte, musste etwas Eigenes her. An der südlichen Seite ließ Ferdinand eine weitere Kapelle anbauen, die heute unter dem Namen »Silberne Kapelle« bekannt ist, nach der in Silber getriebenen Madonna auf dem Altar. Über eine Treppe erreicht man die Kapelle, die 1577 vom Hofbaumeister Hans Jänner konzipiert wurde.

Direkt nach dem Eingang auf der linken Seite befindet sich das Grab von Philippine, die 1480 gestorben war. Der Marmorsarg, geschaffen vom Künstler Alexander Colin, ruht in einer Nische unter

Das Grabmal von Ferdinand II.: Ungewöhnlich für diese Zeit, liegt er unter Bodenniveau begraben. Eine in seinen Harnisch gekleidete Figur ist in Gebetshaltung in Richtung Altar an der Wand angebracht.

einem Rundbogen. Auf der vorderen Seite sehen wir zwei Reliefs, die auf das Leben Philippines Bezug nehmen. Rechts ist die Erschaffung Evas abgebildet zusammen mit der Symbolfigur »Fides« (Treue). Links nimmt die symbolisierte Barmherzigkeit in verschiedenen Szenen Bezug auf die vielfältige karitative Arbeit Philippines. Die auf dem Sarkophag liegende Philippine ist streng und würdevoll gestaltet, das Gesicht ist porträtgetreu wie im gelösten Todesschlaf.[28]

Im Jahr 1587 ließ Ferdinand die Kapelle für sein eigenes Grabmal erneut ausbauen, dieses Mal vom Sohn des alten Architekten, Albrecht Jänner. Die Innengestaltung verfolgte der Erzherzog mit großem Interesse, immerhin sollte sein eigener Entwurf der »Sepultur« (Grablege) umgesetzt werden. Völlig ungewöhnlich für Zeit und Usus, ließ er sich kein Hochgrab bauen, sondern bestimmte, dass er »unter der Erde« begraben werden wollte. Wieder beauftragte er den Künstler Alexander Colin, der zusammen mit dem niederländischen Bildhauer Roman Vlieschauer dem Jüngeren das Grabmal in einer Nische links vom Altar gestaltete. Makellos schwarzer Marmor wurde aus Trient herbeigebracht, der weiße Marmor stammt aus dem Ratschingstal. Die Kapelle ist ganz in Schwarz und Weiß gehalten. Am Boden, rund um die Liegendfigur des Erzherzogs, sind die Wappen aller habsburgischen Länder dargestellt. Ferdinand selbst liegt ebenso gerade da wie schon die Figur Philippines, er trägt einen Herzogshut, einen Hermelinmantel sowie den Orden vom Goldenen Vlies.

Vier Marmorreliefs bilden die wichtigen Ereignisse aus dem Leben des Verstorbenen ab. Am Kopfende die Schlacht bei Mühlberg 1546: Der unterlegene Johann Friedrich von Sachsen kniet vor Ferdinand II. und seinem Vater. An der Rückwand die Verleihung der Statthalterschaft über Böhmen durch seinen Vater Kaiser Ferdinand I. (links) und die Erstürmung einer türkischen Festung: Der Erzherzog befehligt den Vormarsch und zündet eine Kanone (rechts). Am Fußende eine Schlachtenerzählung aus dem Türkenkrieg: Ein gefangener türkischer Kommandant erfleht die Gnade des Erzherzogs. Goldene Inschriften über den Marmorreliefs erläutern die Abbildungen.

Über den Reliefs befindet sich ein aus farbigen Steinen gestaltetes Wappen Ferdinands, das in Florenz, dem damaligen Zentrum der Steinlegeindustrie, bestellt worden war. Wiederum darüber stehen kleine Statuen wichtiger Heiliger: der heilige Thomas, der heilige Georg, der heilige Franziskus und der heilige Leopold. Ähnlich wie sein Großvater eine Etage tiefer im Kirchenraum, blickt die Figur des Erzherzogs auf eine Kreuzigungsgruppe.

Ein Kuriosum befindet sich an einem Pilaster auf halber Raumhöhe: die Figur Ferdinands in seiner Prunkrüstung mit einem geschnitzten Kopf, kniend in Richtung Altar. So befindet sich der Erzherzog in ewiger Anbetung.

Auch andere Persönlichkeiten fanden ihre letzte Ruhe in der Hofkirche. Unter dem Treppenaufgang zur Silbernen Kapelle wurde Katharina von Loxan begraben, eine Tante und spätere Hofdame Philippines sowie Vertraute Ferdinands aus böhmischen Zeiten. Vermutlich hatten sich Ferdinand und Philippine auf dem Loxan'schen Schloss Březnice kennengelernt.

Gleich neben dem Eingang der Hofkirche ist das Grabmal des Tiroler Freiheitskämpfers Andreas Hofer aufgestellt. Hofer, von Kaiser Franz geadelt und von Kaiser Franz Joseph in die Liste der »berühmtesten, zur immerwährenden Nacheiferung würdiger Kriegsfürsten und Feldherren Österreichs« aufgenommen, war am 20. Februar 1810 in Mantua von einem französischen Kriegsgericht zur sofortigen Exekution verurteilt worden. Sein Leichnam wurde zunächst im Pfarrgarten der Zitadelle begraben. Tiroler Kaiserjäger exhumierten beim Rückmarsch von Neapel 1823 die sterblichen Überreste des Freiheitskämpfers und brachten sie über Trient nach Innsbruck. 1834 wurde Andreas Hofer in der Hofkirche feierlich beigesetzt.

Das Servitenkloster in Innsbruck: kein Nachfolger, dafür viele Klöster

Erzherzog Ferdinand II. von Tirol war seiner Philippine Welser, die er 1557 heimlich geheiratet hatte, sicher von Herzen zugetan. Aber je älter beide wurden, desto mehr wurde ihm die Tatsache klar, dass er keinen legitimen Erben hatte. Seine beiden Söhne wurden zwar von der Familie anerkannt, aber die Ehe galt als morganatisch, die Kinder hatten kein Erbfolgerecht. Philippine war alles andere als moribund, als Ferdinand bereits im Jahr 1573 am Hofe des Herzogs von Gonzaga um die Hand von Tochter Anna Caterina anhalten ließ, selbstverständlich höchst geheim. Das Mädchen, die Tochter seiner Schwester Eleonore, war damals sieben Jahre alt. Wie sich der Erzherzog das genau vorgestellt hat, angesichts seiner noch sehr lebendigen Ehefrau, das erhellt uns die Geschichte nicht.

Tatsächlich starb Philippine erst 1580, und obwohl Ferdinand aufrichtig um sie trauerte, machte er sich sogleich wieder an seine Heiratspläne. Immerhin war er bereits über 50 Jahre alt, die Zeit drängte. Das Haus Baden, das eine Tochter zur Verfügung hatte, winkte ab, auch bei seiner bayerischen Schwester Anna hatte er keinen Erfolg bei der Umwerbung ihrer Tochter, denn sie wusste sehr genau, dass ihr

Servitenkirche und Servitenkloster in Innsbruck, eine Gründung von Erzherzogin Anna Caterina

erzherzoglicher Bruder es mit der ehelichen Treue nicht so genau nahm. Also klopfte er wieder bei den Gonzagas in Mantua an, und der Vater der mittlerweile 16-jährigen Anna Caterina ließ sich seine Zustimmung zur Hochzeit mit allerlei Zugeständnissen abkaufen.

Am 1. Mai 1582 wurde die Hochzeit in Mantua per procurationem gefeiert. Anna Caterina reiste mit einem prachtvollen Zug über die Alpen und traf am 14. Mai am Berg Isel mit Ferdinand zusammen, der einen ebenso prachtvollen Empfang für sie arrangiert hatte. Tagelang feierte man Hochzeit in Innsbruck. Wohnsitz nahm das frische Paar in Schloss Ruhelust am Rande des Hofgartens, das Ferdinand auf das Modernste renovieren und ausstatten hatte lassen. Der erhoffte Kindersegen stellte sich im Jahr darauf pünktlich ein – doch nicht der ersehnte Sohn kam auf die Welt, sondern Tochter Anna Eleonore. 1584 wurde Maria geboren und wiederum ein Jahr später die kleine Anna. Weitere Kinder kamen nicht mehr, die eheliche Harmonie war wohl aufgrund der »robusten Sexualität« des Herzogs getrübt. Ferdinand starb am 24. Jänner 1595 ohne männlichen Erben.

Anna Caterina, die schon immer sehr fromm gewesen war, beschloss, den Rest ihres Lebens nur mehr dem Gebet zu weihen. Bereits zu Lebzeiten ihres Mannes hatte sie den Bau der Heilig-Grab-Kirche in Innsbruck und der Maria-Loreto-Kirche in Au bei Hall angeregt. Auch die Gründung des Kapuzinerklosters geht auf ihre Initiative zurück. Im Kloster ließ sie sich einen eigenen Gebetsraum einrichten, der mit einem überdachten Brückengang mit der Hofburg verbunden war, sodass sie sich jederzeit zu Gebet und Kontemplation zurückziehen konnte.

Anna Caterina als Schwester Anna Juliana im Habit des dritten Ordens der Serviten

1607 stiftete sie das Servitinnenkloster als Doppelkloster, zum einen für den zweiten Orden, ein weibliches Kloster mit strenger Klausur, zum anderen für den dritten Orden, das sogenannte Regelhaus, in das sie als Schwester Anna Juliana mit ihrer Tochter, Ordensname Mutter

Anna Katharina, einzog. Bildnisse zeigen sie in der Ordenstracht mit dem Stern auf dem Schleier, dem Zeichen des dritten Ordens. 1614 stiftete sie den Serviten (dem Orden der Diener Mariens) ein weiteres Kloster, den ersten Orden, für männliche Ordensmitglieder. Das gerade frisch errichtete Gebäude wurde 1620 durch einen Brand zerstört, in die Zeit des Wiederaufbaus fiel der Tod Schwester Anna Julianas am 3. August 1621. Sie wurde, wie später ihre Tochter auch, in einem einfachen Holzsarg in einer kleinen Gruft vor dem Hochaltar der Kirche des Damenklosters bestattet.

Auch hier schlug die josephinische Klosteraufhebung zu. Damenkloster und Regelhaus überlebten den Klostersturm nicht und wurden zu Militärdepots umgebaut. Die sterblichen Überreste der Stifterin und ihrer Tochter wurden in neue Särge gebettet und 1783 in die landesfürstliche Gruft der Jesuitenkirche überführt.

Das Männerkloster hingegen wurde nicht aufgelöst. Der Grund dafür mag sein, dass Kaiserin Maria Theresia wenige Jahre zuvor einen neuen Stiftsbrief ausgestellt hatte. Außerdem wurde das Gebäude nicht nur von kontemplativen Klosterbrüdern genutzt, sondern diente ebenso als Wohnstätte für die Seminaristen. Zudem hatten die Serviten verschiedenste seelsorgliche Aufgaben übernommen.

Im Jahr 1905 schließlich bat Servitenpater Johann Moser Kaiser Franz Joseph, die Gründerin und ihre Tochter wieder in das Servitenkloster überführen zu dürfen. Im Jahr darauf kam es zur festlichen Einweihung und erneuten Einsegnung in Anwesenheit von Hoch- und Deutschmeister Erzherzog Eugen. Beide Damen fanden ihre letzte Ruhestätte im Kreuzgang des Klosters zwischen der Annunziatakapelle und der Sakristei. Ein prunkvolles, reich verziertes Messinggitter ist vor den Särgen angebracht, darüber liegt ein bronzener Herzogshut, der mit zwei Rosenkränzen geschmückt ist.

Erzherzogin Anna Caterina hat ihrem Mann zwar keine Söhne geschenkt, aber dafür der Kirche Tirols ein reiches Erbe hinterlassen. Ihre Tochter Anna wiederum heiratete 1611 ihren Vetter, den künftigen Kaiser Matthias. Auch diese Ehe blieb kinderlos. Dafür gründete Anna die wohl bedeutendste Begräbnisstätte der Habsburger: die Kapuzinergruft in Wien.

Der Innsbrucker Dom St. Jakob: der erste und der letzte Hochmeister

Im Innsbrucker Dom St. Jakob schließt sich sowohl für den Deutschen Orden wie für die Habsburger ein Kreis. Hier liegen der erste Hoch- und Deutschmeister und der letzte aus dem Hause Habsburg begraben: Erzherzog Maximilian III. (1558–1618), Statthalter von Tirol und den Vorlanden, und Erzherzog Eugen von Österreich-Teschen (1863–1954).

Erzherzog Maximilian III., Hochmeister des Deutschen Ordens und Statthalter von Tirol

Erzherzog Maximilian III., der Bruder von Kaiser Rudolf II., stand am Beginn einer langen Kette von Hoch- und Deutschmeistern aus der österreichischen Dynastie. Maximilian war recht reformfreudig, die von ihm 1606 erneuerten Generalstatuten des Ordens blieben bis in das frühe 19. Jahrhundert in Kraft. Ebenso ebnete er den Weg für die Nachfolge seines Großneffen Karl zum Hochmeister, der zugleich Bischof von Brixen und Breslau war. Im Zwist zwischen seinen Brüdern Rudolf und Matthias versuchte er zu vermitteln, stand aber dann doch Matthias näher. Er ist der Stifter des Erzherzogshuts in Klosterneuburg, 1616 übergab er ihn dem Stift als Landeskrone des Erzherzogtums Österreich und als Symbol der Einheit der österreichischen Erblande. Ebenso stiftete er den Tiroler Herzogshut, der Teil der Tiroler Insignien ist, für die Wallfahrtskirche Mariastein. In Innsbruck baute er im Kapuzinerkloster die Eremitage, eine Art Einsiedelei, in die er sich zu Gebet und Kontemplation zurückzog.

Mit dem geistlichen Deutschen Orden hatte sich dem Haus Habsburg ein illustres Beziehungsfeld im Reich erschlossen.[29] Insgesamt zehn Hochmeister stellte das Haus. Nach den Napoleonischen Kriegen stand die Existenz beziehungsweise die wirtschaftliche Grundlage des Ordens, der weithin karitativ und seelsorgerisch wirkte, infrage. Napoleon hatte den Orden verboten, die Güter enteignet. Kaiser Franz I., dem nach dem Frieden von Pressburg alle Besitzungen zugesprochen wurden, verzichtete auf seine Anrechte und setzte den Orden als selbstständiges geistliches Institut wieder in alle früheren Rechte und Pflichten ein.

Weithin bekannt ist der letzte Hochmeister, Feldmarschall Erzherzog Eugen, hochdekorierter Offizier, der im Ersten Weltkrieg hauptsächlich an der Südfront diente. Erzherzog Eugen, Enkel des Siegers von Aspern, war hochgebildet und als Förderer von Kunst und Kultur anerkannt. Dem Deutschen Orden war er 1887 beigetreten, 1894 wurde er als Hochmeister inthronisiert. Nach dem Ersten Weltkrieg verzichtete er auf das Amt des Hochmeisters, um dessen Weiterexistenz in den Nachfolgestaaten der Monarchie nicht zu gefährden. Schon 1921 hatte er den Umbau des Ordens in einen rein geistlichen Orden eingeleitet, nach ihm waren und sind ausschließlich Geistliche Hochmeister des Ordens. Erzherzog Eugen starb 1954 und wurde als letzter Hochmeister aus dem Hause Habsburg im Dom St. Jakob zu Innsbruck beigesetzt, im gleichen Grab wie der erste, Maximilian III.

Als Otto von Habsburg am 31. Oktober 1966 nach einem acht Jahre andauernden Rechtsstreit wieder nach Österreich einreisen durfte, führte ihn sein erster Weg nach Innsbruck, an das Grab des großen Habsburgers. Otto von Habsburg hatte Erzherzog Eugen, der während der 1930er-Jahre als eine Art Stellvertreter für ihn in Österreich gewirkt hatte, noch gut gekannt. Der Thronerbe verschrieb sich ganz dem Kampf gegen den Nationalsozialismus, seine Anhänger in Österreich

Erzherzog Eugen von Österreich, der letzte Hochmeister des Deutschen Ordens aus dem Hause Habsburg

waren darauf verpflichtet. Erzherzog Eugen unterstützte ihn nach Kräften.

Wollte sich Maximilian III. zunächst noch in der Familiengrablege im Stephansdom bestatten lassen, änderte er später seinen Wunsch und formulierte in seinem Testament klare Bestimmungen für seine Beisetzung. Ein Tiefgrab vor dem Hochaltar in St. Jakob sollte es sein, versehen mit einer schlichten marmornen Platte, geschmückt von einem Hochmeisterkreuz. Als Grabdenkmal stellte er sich ein Arrangement über der Sakristeitür vor, er selbst in Bronze gegossen, mit dem heiligen Georg und einem besiegten Drachen.

Es wurde schließlich ein anderes Konzept umgesetzt, möglicherweise auf seinen eigenen Wunsch. Vor der linken Chorwand erheben sich über einem marmornen Rechteck vier gewundene Bronzesäulen, die die Deckplatte tragen. Darauf kniet Maximilian im Prunkharnisch, ebenfalls in Bronze und lebensgroß, hinter ihm steht der 1,82 Meter große heilige Georg, mit der rechten Hand auf der Schulter seines Schützlings. Beeindruckend ist die Lebendigkeit der Gesichter. Hinter beiden Gestalten windet sich noch der Drache im Todeskampf.

Das Grabdenkmal des ersten und des letzten Hochmeisters des Deutschen Ordens aus dem Hause Habsburg ist ein Meisterwerk des Manierismus.

Vier trauernde Genien sitzen an den Ecken, mit Fackeln in den Händen, alle unterschiedlich gestaltet. Besonders interessant ist die feine Detailarbeit an den Säulen, die von Weinranken, Vögeln, Raupen, Schmetterlingen, Bienen und Schnecken bevölkert werden.

Maximilian starb noch vor Vollendung des Grabdenkmals, das etwa 100 Jahre lang unberührt blieb. Erst die barocke Neugestaltung der einstigen gotischen Kirche verlangte auch nach der Verlegung von Grab und Grabdenkmal. Da das Grab zu nahe am neuen Hochaltar lag, wurde es um einige Meter versetzt. Bei dieser Gelegenheit öffnete man den Sarg. Die sterblichen Überreste des Hochmeisters waren in einen Deutschordensmantel gehüllt, mit »kleinen polnischen knöpflen und seidenen schnüren ausgebrämt«[30]. Der Sarg wurde in die neue Gruft versenkt und mit der Grabplatte wieder abgedeckt.

Die Frage der Neuaufstellung des Grabdenkmals wurde denkbar ungünstig gelöst. Da eine Aufstellung im Chorraum den Blick auf den Hochaltar verstellt hätte, kam man auf die ursprüngliche Idee zurück, teilte das Denkmal und stellte es vor den beiden Sakristeitüren auf, ohne jede Rücksicht auf die Komposition der Figuren auf der Deckplatte. Eine Lösung, die fast 200 Jahre lang immer wieder auf das Schärfste kritisiert wurde. Erst nach dem Zweiten Weltkrieg wurden im Zuge der Wiederaufbauarbeiten die beiden Teile zusammengefügt und im nördlichen Querschiff aufgestellt. Erzherzog Eugen kam als Nachfolger Maximilians als Hochmeister gern für die Kosten auf. Heute kann das Denkmal wieder frei und von allen Seiten besichtigt werden. Es ist eines der herausragendsten Kunstwerke des Manierismus in Tirol.

In den Sockel des Denkmals ist eine Kopie der Grabplatte aus dem Chor eingelassen, die folgende Messingauflageninschrift trägt: Links des Kreuzbalkens: »Erzherzog Maximilian der Deutschmeister. Tiroler Landesfürst 1602–1618. Geb. 12.10.1558 zu Wiener Neustadt. Gest. 2.11.1618 zu Wien.« Rechts des Kreuzbalkens: »Erzherzog Eugen. Feldmarschall. Freiwillig resignierter Hoch- und Deutschmeister. Geb. 21.5.1858 zu Gross-Seelowitz. Gest. 30.12.1954 zu Meran.«

Jesuitenkirche: die jüngere Tiroler Linie der Habsburger

Offenbar war es den Habsburgern nicht vergönnt, über mehr als zwei Generationen Tiroler Linien zu gründen. Die ältere Tiroler Linie begann mit Friedel mit der leeren Tasche und endete mit seinem Sohn Sigmund dem Münzreichen. Erzherzog Ferdinand II. hatte keine erbberechtigten Söhne, mit denen eine eigene Linie hätte begründet werden können. Und die jüngere Tiroler Linie, beginnend mit Erzherzog Leopold V., starb mit seinen Söhnen aus.

Erzherzog Leopold V., der Begründer der jüngeren Tiroler Linie der Habsburger

Erzherzogin Claudia war eine kluge Regentin.

Geboren 1586 in Graz, war Leopold das neunte Kind von Erzherzog Karl II. von Innerösterreich und dessen Frau Maria Anna von Bayern – und als solcher für eine geistliche Karriere vorgesehen. Damals war das aber etwas anders, als wir uns es heute vorstellen. Bereits mit zwölf Jahren wurde Leopold regierender Bischof von Passau, 1607 kam noch das Bistum Straßburg dazu. Das bedeutete, dass er aus diesen Bistümern seine Pfründe bezog. Da er keine priesterliche Ausbildung und Weihe hatte, behalf er sich in Bezug auf die Seelsorge mit Weihbischöfen. Politisch schien er schon ambitioniert zu sein – als Einziger unter den Erzherzogen stellte er sich beim berühmten Bruderzwist zwischen Kaiser Rudolf II. und Erzherzog Matthias auf die Seite des Kaisers – und damit auf die falsche Seite. Rudolf II. hatte ihn mit dem Angebot gelockt, ihm bei erfolgreichem Ausgang seine Nachfolge im Reich zu ebnen. Verlockend für einen ehrgeizigen 24-Jährigen. Als Rudolf II. als König von Böhmen abdanken musste, zog sich Leopold für einige Jahre nach Straßburg zurück.

1618 war aber die Nachfolge von Erzherzog Maximilian III., dem Deutschmeister und Statthalter in Tirol, zu regeln. Kaiser Ferdinand II. ernannte nun seinen jüngeren Bruder Leopold zum Statthalter, der sich sogleich in die Auseinandersetzungen mit den drei Bünden warf. Zwischenzeitlich reifte in ihm der Entschluss, aus der Statthalterschaft wieder ein echtes erbliches Fürstentum zu machen. Das erreichte er auch bei Ferdinand.

Zu einem erblichen Fürstentum gehören Erben, also resignierte Leopold 1625 aus dem kirchlichen Stand und heiratete Claudia de' Medici, die verwitwete Herzogin von Urbino. Eine Legende besagt, dass er sie bei einer Pilgerfahrt in einem Kloster kennengelernt hatte und um ihre Hand anhielt.

Es war die Zeit der Jesuiten, und da Leopold schon als Bischof von Passau den Orden der Gegenreformation gefördert hatte, tat er dies auch in Innsbruck. Bereits in den 1560er-Jahren waren die ersten Jesuiten, Petrus Canisius und Nikolaus Lanoius, nach Tirol gekommen und hatten von Kaiser Ferdinand I. eine Kapelle und das Hofspital für die erste Niederlassung erhalten. Der Orden hatte enormen Zustrom, und schon während der Regierungszeit Maximilians III. war die Entscheidung für den Neubau einer großen Kirche gefallen. Erzherzog Leopold realisierte diese Planung und unterstützte den Bau wo immer möglich. Allerdings hatte man wohl etwas zu groß gedacht. Bereits sieben Jahre nach der Grundsteinlegung 1619 stürzte der Bau ein. Die Pläne wurden neu ausgearbeitet, nun etwas bescheidener. Fast 20 Jahre sollte es dauern, bis die Kirche fertig war, Geldmangel aufgrund des Dreißigjährigen Krieges ließ das Projekt immer wieder ins Stocken geraten.

Beeinflusst vom italienischen Frühbarock entstand ein kreuzförmiger Langbau mit einer achteckigen Tambourkuppel. Der einheitliche Zusammenschluss der Kirche mit den umliegenden Gebäuden erinnert ebenfalls an den italienischen Barock, aber ebenso an den Salzburger Dom. In der Krypta unter dem Chor und dem Langhaus wurde

Die Jesuitenkirche in Innsbruck wurde zum Begräbnisort für die zweite Tiroler Linie der Habsburger.

auf Anregung Leopolds eine Gruft angelegt – die neue Gruft der Tiroler Landesfürsten.

Leopold und Claudia bekamen fünf Kinder, zwei Söhne und drei Töchter, von denen eine noch im Kindesalter starb. Mit Claudia war italienisches Flair nach Innsbruck eingezogen. Ganz anders als Anna Caterina von Gonzaga, die zweite Frau von Ferdinand II., liebte Claudia Kunst, Musik und prächtige Hofhaltung. Der erste feste Theaterbau im deutschen Sprachraum, die Dogana, wurde in beider Regierungszeit errichtet. Währenddessen tobte bereits der Dreißigjährige Krieg in den deutschen Landen. Im Juli 1632 war auch Tirol davon betroffen. Schwedische Truppen unter Anführung von Herzog Bernhard von Sachsen-Weimar versuchten zwei Mal erfolglos, die von Leopold befehligte Festung Ehrenburg bei Reutte zu stürmen. Bevor sie abzogen, plünderten sie das Lechtal. Im gleichen Jahr starb Leopold und machte damit Claudia zum zweiten Mal zur Witwe. Da die Fürstengruft in der Jesuitenkirche noch nicht fertig war, wurde sein Leichnam zunächst in der Leopoldskapelle in Schloss Ruhelust beigesetzt und erst später überführt.

In der Krypta der Kirche sind die Habsburger bestattet.

Leopolds ältester Sohn, Ferdinand Karl, war beim Tod seines Vaters erst vier Jahre alt. Es war Erzherzogin Claudia, die im Einverständnis mit Kaiser Ferdinand II. und später Ferdinand III. sowohl Vormund- als auch Regentschaft übernahm. Ein Glücksfall für das Land. Mit kluger Hand führte sie Tirol und die Vorlande durch die Wirren des Krieges und ließ die Grenzen befestigen. Noch heute kann man beim Grenzübertritt von Mittenwald nach Scharnitz Reste der Porta Claudia sehen, die erst von den napoleonischen Heeren 1805 geschleift wurde. Trotz des Krieges förderte sie Handel und Gewerbe, der wichtige Merkantilmagistrat Bozens geht auf ihre Initiative zurück. Und sie ließ die Jesuitenkirche fertigbauen. Die starke Frau starb am 25. Dezember 1648 und wurde in der Gruft der Jesuitenkirche beigesetzt. Im Juli hatte sie noch die prunkvolle Hochzeit ihrer jüngsten Tochter Maria Leopoldine[31] mit Kaiser Ferdinand III. erleben dürfen. Tochter Isabella Clara heiratete im November 1649 Herzog Carlo von Mantua.

Ferdinand Karl hatte bereits 1646, nunmehr volljährig, die Regierung als Landesfürst übernommen. Über ihn weiß die Geschichte kein gutes Urteil zu fällen. Schwach, entscheidungsarm und verschwendungssüchtig war er, der sogar habsburgische Herrschaften verkaufte, um seinen aufwendigen Lebensstil zu finanzieren. Die Günstlingswirtschaft am Hof nahm überhand, sogar den treuen Kanzler Wilhelm Biener, der bereits Leopold V. und Claudia klug und umsichtig gedient hatte, ließ er über die Klinge springen und hinrichten. Immerhin, Ferdinand Karl stiftete das Gnadenbild der Muttergottes »Mariahilf« von Lucas Cranach der Innsbrucker Pfarrkirche, dem heutigen Dom, wo es zentral im Hochaltar angebracht ist. Sein Vater hatte es sich, noch als Bischof, am Dresdner Hof als Gastgeschenk aussuchen dürfen. Das Bild ist eines der meistkopierten Madonnenbilder und fand insbesondere im Alpenraum große Verbreitung und Verehrung.

Die Tiroler atmeten sicherlich auf, als 1662 Sigmund Franz die Nachfolge seines verstorbenen Bruders Ferdinand Karl antrat. Er war das ganze Gegenteil des Verschwendungssüchtigen. Sparsam in der Hofhaltung und an der allgemeinen Wohlfahrt interessiert. Wie schon sein Vater, war er für den geistlichen Stand erzogen worden und, obwohl nicht zum Priester geweiht, Bischof von Augsburg, Gurk und Trient. Als Tiroler Landesfürst hatte er nun andere Prämissen. Die Linie musste erhalten werden, eine Braut musste her. Erfolgreich bewarb er sich um Hedwig Augusta von Sulzbach, und es kam zur Eheschließung per procurationem. Aus einer tatsächlichen Ehe wurde jedoch nichts, da Sigmund überraschend am 25. Juni 1665 starb. Damit war wieder eine Tiroler Linie der Habsburger im Mannesstamm erloschen.

Kaiser Leopold I. beschloss, dass Tirol fortan von Wien aus regiert werden solle. Mit der prachtvollen Hofhaltung in Innsbruck war es nun mit allen Konsequenzen zu Ende. Dies merkten auch die vom kunstverliebten Hof geförderten Künstler. Antonio Cesti zum Beispiel, der Hofkomponist Ferdinand Karls. Die Zeichen der Zeit erkennend, zog er weiter nach Wien und fand dort im Kaiser einen begeisterten Fan. Cesti komponierte im Auftrag Leopolds die Oper »Il pomo d'oro«, die nur ein einziges Mal aufgeführt wurde, und zwar anlässlich der Hochzeit Leopolds mit Margarita Teresa von Spanien.

Die Jesuitenkirche, auch Universitätskirche genannt, ist das Frühwerk des Barocks in Innsbruck. Typisch jesuitisch ist die strenge Fassade, aber auch das Kircheninnere zitiert den jesuitischen Musterbau »Il Gesù« in Rom. Die Krypta gliedert sich in einen Teil, in dem die Grabkammern des Jesuitenkollegiums liegen (der berühmte Konzilstheologe Karl Rahner ist hier ebenfalls bestattet), und in eine Unterkirche, an deren Kopfende links und rechts neben dem Altar die Landesfürsten und ihre Familien bestattet sind.

Nach dem Begräbnis des letzten Tiroler Landesfürsten wurden noch weitere Mitglieder des Hauses Habsburg dort bestattet: Eleonora von Lothringen (gestorben 1682), verheiratet mit Karl V. von Lothringen, dem kaiserlichen Statthalter von Tirol, sowie zwei Kinder von Eleonore und Karl.

Der königliche Damenstift in Hall: eine emanzipierte Frau

Lange war die Geschichte von Magdalena von Österreich so gut wie unbekannt. Erst eine Ausstellung im Jahr 2016 in Hall beleuchtete erstmals ausführlicher das Leben dieser beeindruckenden Frau, die frei ihren eigenen Weg ging. Unwillkürlich denkt man bei ihr an den Spruch der heiligen Theresa von Ávila: »Ich danke dem Herrn, dass er mir das Joch der Ehe erspart hat.«

Magdalena wurde am 14. August 1532 in Innsbruck geboren, als das sechste Kind und die vierte Tochter des späteren Kaisers Ferdinand I. und seiner Frau Anna von Böhmen und Ungarn. Ihre Mutter starb nach der Geburt des letzten Kindes im Jahr 1547. Die Familie lebte in Innsbruck, während Ferdinand oft in Wien oder in Prag residieren musste. Zur Erziehung seiner Töchter stellte er die fromme Gräfin Thurn an. Magdalena war die Gescheiteste von allen. Wissbegierig und intelligent, las sie fließend Latein, begeisterte sich für Kunst und vor allem Musik und verfügte über eine ausgeprägte karitative Ader. Schon früh entschied sie, sich dem Heiratsmarkt zu entziehen, sehr zum Missmut ihres Vaters. Töchter waren dazu da, strategisch und politisch verheiratet zu werden. Zu seinem Unglück zog sie auch noch die Schwestern Margarete und Helene mit sich – die erzherzoglichen Damen wollten viel lieber ein geistliches Leben führen, als ein

Magdalena von Österreich,
die Gründerin des Damenstifts,
ging ihren eigenen Weg.

ungewisses Schicksal an der Seite eines unbekannten Mannes zu haben.

Magdalenas Ziel war ein eigenes Kloster, nachdem sie unter den vorhandenen Gemeinschaften nichts Passendes gefunden hatte. Ihr Beichtvater, der Jesuit Petrus Canisius, damals Hofprediger in Innsbruck, unterstützte sie in ihrem Vorhaben. Unterstützung fand sie auch bei ihrem Bruder, Ferdinand II. von Tirol, der für das Vorhaben die notwendigen Mittel zur Verfügung stellte. Das Städtchen Hall bot die idealen Bedingungen. Die Burg Sparberegg wurde zu Stift und Kirche umgebaut, und schon zwei Jahre nach der Grundsteinlegung 1567 konnten Magdalena, ihre Schwestern, einige Kammerfrauen und ein getauftes türkisches Mädchen einziehen. Die Stiftskirche, konzipiert und gebaut von Hofbaumeister Hans Lucchese, wurde reich ausgestattet. Wertvolle Gemälde und Tapisserien zierten das Gotteshaus, in den Schränken der Sakristei fanden sich prachtvolle Paramente. Sie zählte zu den schönsten und reichsten Kirchen des Landes. Nur zu gern hätte Magdalena den Stift den Jesuiten unterstellt, deren Spiritualität sie sehr bewunderte. Allerdings war es dem Orden der Gegenreformation

Der Damenstift in Hall

untersagt, Damenklöster zu leiten. Damit sie aber auf ihre verehrten Jesuiten nicht verzichten musste, ließ sie den Patres das Schneeberg'sche Palais als Unterkunft bereitstellen. Erst 50 Jahre später wurde die Jesuitenkirche gebaut.

Die geistliche Seelsorge war zwar den Jesuiten anvertraut, aber die noch junge Damengemeinschaft gehörte keinem Orden an. Wieder machte Magdalena aus der Not eine Tugend und gab dem königlichen Damenstift eine eigene Regel, die sich an der Jesuitenregel orientierte. Jungfrauen und Witwen konnten aufgenommen werden, es gab keine strenge Klausur, aber Ausgang und Reisen waren nicht gestattet. Die Damen trugen schwarze Trauerkleidung, wie sie die Erzherzoginnen seit dem Tod ihres Vaters 1564 vorgezogen hatten.

Ursprünglich war der Stift wohl nicht sehr langfristig gedacht worden, in einem ersten Stiftsbrief hatte Magdalena verfügt, dass nach ihrem Tod der Neubau und alle Güter den Jesuiten zufallen sollten. Im Lauf der Zeit wurde die Versammlung Gleichgesinnter aber immer attraktiver für adelige und bürgerliche Damen, die das kontemplative Leben schätzten. Testamentarisch vermachte sie alle Güter und Liegenschaften den Stiftsdamen mit der Auflage, dass, wenn keine Stiftsdame mehr leben solle, das Vermögen armen Kirchen und Klöstern sowie mittellosen Studenten zugutekommen sollte.

Der königliche Damenstift entwickelte sich zu einem kulturellen und wirtschaftlichen Zentrum in Hall und Umgebung. In den landwirtschaftlichen und handwerklichen Betrieben fanden viele Menschen Arbeit. Die Stiftskapelle war für ihr musikalisches Können über die Region hinaus berühmt. Die Jesuiten bauten eine Schule und ein Kolleg, das hohe Anziehungskraft ausübte, im Katharinenhaus konnten mittellose Studenten unterkommen. Darüber hinaus pflegten die Stiftsdamen ein hohes soziales Engagement für Arme und Bedürftige, die sich zum Beispiel vom Arzt umsonst behandeln lassen konnten und in der Stiftsapotheke notwendige Medikamente kostenfrei erhielten.

Von den drei Gründungsdamen starb Margareta bereits 1566 mit 30 Jahren als Erste. Sie wurde vorläufig in der Innsbrucker Hofkirche beigesetzt. Erst als die Stiftskirche fertig war, konnte sie dorthin überführt werden. Auch Helene wurde nicht alt, sie starb 1574 mit 31 Jahren. Magdalena stand bis zu ihrem Tod 1590 dem Stift als Obristin vor. Ihre

Die Gruft, in der die Gründerin des Stifts sowie alle Obristinnen begraben sind

Beliebtheit und die Achtung, die man ihr zollte, zeigten sich nicht zuletzt bei ihrem Begräbnis. Der schwarz verhangene Sarg wurde von Innsbrucker Regierungsvertretern getragen, Erzherzogin Anna Caterina, die Landesfürstin, und Karl, Markgraf von Burgau, der Sohn Ferdinands II. aus seiner Ehe mit Philippine Welser, nahmen an den Exequien teil.

Auch weitere Erzherzoginnen wurden vom Stift angezogen. Eleonore (1582–1620) und Maria Christierna (1574–1621), Töchter von Erzherzog Karl II. von Innerösterreich, traten 1607 in die geistliche Damengemeinschaft ein.

Maria Christierna hatte ein übles Schicksal hinter sich. Trotz der Bedenken ihrer Mutter Anna, die mit einem recht gesunden Menschenverstand ausgerüstet war, verheiratete man sie im Alter von 21 Jahren mit dem siebenbürgischen Fürsten Siegmund Báthory. Die Ehe war kreuzunglücklich und wurde offensichtlich nie vollzogen. Nach vier Jahren schickte der Fürst sie zurück. Ihr kaiserlicher Bruder Ferdinand II. erreichte die Annullierung der Ehe beim Papst in Rom. Maria Christierna lebte 14 Jahre im Stift, dessen Obristin sie ab 1612 war, und starb 1621.

Eine erste Neugestaltung erfuhren Kirche und Stift in den Jahren 1629/1630. Bayerische Künstler besorgten eine barocke Stuckierung, Herzog Leopold V. bezahlte. In den Jahren 1670 und 1689 suchten schwere Erdbeben die Region heim, die an dem Gebäudekomplex verheerende Schäden hinterließen. Durch die darauf erfolgte Renovierung erhielt der Tiroler Damenstift sein barockes Aussehen. So können wir noch heute das hochbarocke Ensemble von Stift, Stiftskirche, Jesuitenkirche und Jesuitenkolleg am Stiftsplatz bewundern.

Es war die Obristin Eleonore von Herberstein, die in den Jahren von 1709 bis 1711 die Gruft unter der Kirche anlegen ließ und ihr damit ihr heutiges Erscheinungsbild gab. Im langen Gang sind in die Wände Kolumbarien eingelassen, in denen die sterblichen Überreste der Stiftsdamen der Auferstehung harren. Die Obristinnen liegen im östlichen Kapellenraum unter dem Hochaltar der Hauptkirche.

Die josephinische Klosteraufhebung überlebte der königliche Damenstift nicht. Für Kaiser Joseph II. müssen betende Damen ein Gräuel gewesen sein. Die 42 Stiftsdamen wurden mit einer Pension ausbezahlt, der Stiftsbesitz verkauft. Erste Eigentümerin war die Stadt

Hall, die Gebäude wurden anderen Nutzungen zugeführt, auch die profanierte Kirche.

Als sich zu Beginn des 20. Jahrhunderts die französische Kongregation der »Töchter des Herzens Jesu« in Österreich niederlassen wollte, unterstützte Erzherzog Franz Ferdinand das Vorhaben. Die Stiftsgebäude wurden zurückgekauft und sorgfältig renoviert, kurz vor der Ermordung Franz Ferdinands, am Vorabend des Ersten Weltkrieges, konnten die Schwestern einziehen. Die Särge der Stifterinnen, die nach der Klosteraufhebung in die benachbarte Jesuitenkirche übertragen worden waren, wurden im Februar 1919 wieder in die Gruft der Stiftskirche überführt. In der oberen Nische steht der Sarg von Erzherzogin Magdalena, für die seit Beginn des 20. Jahrhunderts ein Seligsprechungsverfahren läuft. Papst Pius X. hatte sie am 23. August 1905 zur »Ehrwürdigen Dienerin Gottes« erhoben. Die beiden unteren Nischen bergen die sterblichen Überreste der Erzherzoginnen Margarete und Helene sowie Eleonore und Maria Christierna.

In der Stiftskirche, die heute Herz-Jesu-Basilika heißt, erinnern zwei schlichte Tafeln an die Persönlichkeiten, denen der Stift seine Existenz und seine Wiederbelebung verdankt: Erzherzogin Magdalena und Erzherzog Franz Ferdinand. Mit dem Einzug der »Töchter des Herzens Jesu« ist der Wille der Stifterin gewährleistet, den Stift als einen Ort des Gebets zu erhalten.

Bozen und Schenna: die starken Brüder von Kaiser Franz

Bozen: Erzherzog Rainer

Der Dom Maria Himmelfahrt[32] in Bozen ist ein gotisches Kleinod. Bedeutende Künstler des Hochmittelalters haben dieses außergewöhnliche Gotteshaus erschaffen, das neben Brixen der Sitz des Bischofs von Bozen-Brixen ist. Außer vielen Kunstschätzen birgt diese erste gotische Hallenkirche der Region das Grab von Erzherzog Rainer, dem Sohn von Kaiser Leopold II. und Bruder von Kaiser Franz II./I. »Rainer der Ältere«, wie er auch genannt wird, gilt als Stammvater der Linie Rainer des Hauses Österreich.

Der Dom Maria Himmelfahrt am Waltherplatz in Bozen

Rainer, das 14. Kind von Leopold und seiner Gemahlin Maria Ludovica, wurde am 30. September 1783 in Pisa geboren. Sein Vater war damals noch Großherzog der Toskana, die er mit behutsamen Reformen zu einem Musterstaat gestaltete. Als Rainer sieben Jahre alt war, starb der kaiserliche Onkel Joseph II., und sein Vater wurde dessen Nachfolger in Wien. Während seiner Regierungszeit, die nur zwei Jahre währte, reduzierte er manche Reformen Josephs auf ein für Bevölkerung und Staat verträgliches Maß. Als 1792 sowohl Leopold wie seine Gattin Maria Ludovica starben (Ludovica starb wenige Monate nach ihrem Mann), übernahm deren ältester Sohn Franz (geboren 1768) sowohl die Regierung als auch die Vormundschaft über seine jüngeren Geschwister. Franz war der letzte römisch-deutsche Kaiser und der erste Kaiser von Österreich.

Neben der üblichen Ausbildung (Sprachen und Staatswissenschaften) konnte sich Rainer seinen geliebten Naturwissenschaften, insbesondere der Botanik, widmen. Darüber hinaus erwarb er sich vertiefte Kompetenzen im Bereich der Staatsfinanzen. Nicht zuletzt das war der Grund, weshalb ihn sein Bruder, neben der üblichen militärischen

Erzherzog Rainer, Vizekönig von Lombardo-Venetien, einer der starken Brüder von Kaiser Franz

Karriere eines Erzherzogs, immer stärker in die Staatsgeschäfte involvierte. Rainer genoss das Vertrauen von Franz und wurde mit Beginn der Napoleonischen Kriege zum »Stellvertreter des Kaisers« ernannt. Er kümmerte sich intensiv um die Staatsfinanzen, die aufgrund der kriegerischen Auseinandersetzung mit dem selbst ernannten Franzosenkaiser in einer kritischen Lage waren, und tat sein Möglichstes zur Förderung der Industrie. Staatliche Finanzpolitik und die Förderung der Wirtschaft sollten ihn in allen seinen späteren Aufgaben begleiten.

Sein Eintreten für den Frieden brachte ihn kurzfristig in Konflikt mit seiner Schwägerin, Kaiserin Maria Theresia (von Neapel-Sizilien), die eine erbitterte Gegnerin Napoleons war, und seinen Brüdern Johann und Karl. Das Jahr 1809 war ein Krisenjahr für die Habsburger. Als Napoleon vor den Toren Wiens stand, verließ die kaiserliche Familie die Stadt. Rainer blieb vorerst, organisierte den Transport wichtiger Dokumente aus dem Haus-, Hof- und Staatsarchiv und der Kunstsammlungen nach Ofen, wohin er auch den Regierungssitz verlegte. Nach dem Sieg Karls über Napoleon wurde auf dem Wiener Kongress die Neuordnung Europas gestaltet. Lombardo-Venetien fiel wieder an Österreich, und Franz errichtete mit dem Patent vom 20. April 1815 das Königreich, zu dessen Vizekönig er 1817 seinen Bruder Rainer ernannte.

Lombardo-Venetien wurde zu dessen Lebensaufgabe. 30 Jahre lang regierte er abwechselnd von Mailand und Venedig aus, unterstützt von seiner Frau Elisabeth von Savoyen-Carignan, die er 1820 geheiratet hatte. Acht Kinder gingen aus dieser Ehe hervor. Rainer reformierte das Münzsystem und förderte Wirtschaft und Handel, was sowohl allgemeinen Wohlstand als auch das Anwachsen der Staatskasse zur Folge hatte. Die Bahnlinie zwischen Venedig und Mailand geht ebenso auf seine Initiative zurück wie zahlreiche karitative Einrichtungen, etwa Waisenhäuser und Altenheime. In seiner Sommerresidenz in Monza konnte er sich seiner geliebten Botanik widmen, wovon man sich heute bei einem Besuch der Villa Reale und des Parks überzeugen kann.

Doch das herrliche Land war schwierig zu regieren. Die italienische nationale Propaganda wurde immer stärker, und als Vizekönig war Rainer zuständig für unpopuläre Maßnahmen, um diese einzudämmen. Als 1848 in Mailand die Revolution ausbrach, verließ er auf Weisung aus Wien die Stadt und zog sich kurzfristig nach Verona zurück. Wenig später legte er das Amt des Vizekönigs zurück. In Bozen fanden er und seine Frau eine neue Heimat. Sie kauften ein herrschaftliches Palais im Herzen der Stadt, und Rainer widmete sich in den letzten Jahren seines Lebens seinem Spezialgebiet, der Botanik. Am 16. Jänner 1853 starb der einstige Vizekönig von Lombardo-Venetien und wurde in der Stadtpfarrkirche Maria Himmelfahrt beigesetzt.

Hinter dem Hochaltar befindet sich ein Durchbruch zu einer kleinen Kapelle, auf deren barockem Altar eine hochmittelalterliche Marienstatue, eine Madonna lactans, angebracht ist. Darunter befindet sich die Gruft, in der Rainer und seine Frau Elisabeth ihre letzte Ruhe fanden. Die Zeit prunkvoller Bestattungsräume war vorbei. Ein Gedenkstein auf der Rückseite des Hochaltars erinnert an die Verstorbenen, versehen mit einem Text von Rainer selbst, der auf die persönliche Bescheidenheit und Demut dieser starken Persönlichkeit verweist:

Der Spruch auf dem schlichten Gedenkstein wurde von Erzherzog Rainer selbst verfasst.

Mein Glaube darf nicht wanken.
O, tröstlicher Gedanken!
Ich werde durch Sein Aufersteh'n
Gleich Ihm aus meinem Grabe geh'n.
Die Nacht, die mich hier decket,
Bis mich der Engel wecket,
Ist kurz; dann ruft mein Heiland mich
Dorthin, wo Niemand stirbt, zu sich.
Wanderer, der Du an meinem Grabe stehest,
bete für mich armen Sünder,
auf dass mein Glaube verwirklichet werde.

Erzherzog Rainer von Österreich
geboren in Pisa am 30. September 1783, gestorben in Botzen am 16. Jänner 1853, hier beigesetzt am 25. Jänner 1853, hat Höchstselbst diese Grabschrift angeordnet im Testamente vom 6. Mai 1849.

Ein weiteres Ehepaar fand Platz in dieser bescheidenen Gruft. Erzherzog Rainer hatte sein Haus in der Mustergasse in Bozen seinem jüngsten Sohn Heinrich vererbt, der bis zu seinem Tod dort lebte. Heinrich, geboren 1828 in Mailand, machte eine beachtliche militärische Karriere, war im Rang eines Feldmarschallleutnants und Inhaber des Infanterieregimentes Nr. 62. Durch besondere Tapferkeit im Feld, insbesondere bei der Schlacht von Custozza 1866, zog er sich das Wohlwollen von Kaiser Franz Joseph zu, was er aber sogleich wieder verlor, als er ohne kaiserliche Einwilligung zwei Jahre später die Sängerin Leopoldine Hoffmann heiratete.

Heinrich musste aus dem Haus ausscheiden, alle militärischen Funktionen niederlegen und das Land verlassen. Mit seiner Frau lebte er als Graf von Waideck in Luzern in der Schweiz. Als 1872 eine Tochter geboren wurde, geschah etwas bis dahin noch nie Dagewesenes: Kaiser Franz Joseph setzte Heinrich in alle erzherzoglichen Würden wieder ein, erhob Leopoldine zur Baronin von Waideck und erlaubte die Wiedereinreise nach Österreich. Heinrich und Leopoldine gingen wieder zurück nach Bozen und bezogen das Palais in der Mustergasse. Nach Wien fuhren sie nur, wenn es unbedingt erforderlich war. Ein solcher Termin war die Hochzeit von Erzherzogin Marie Luise, seiner Großnichte, mit dem Kronprinzen von Sachsen am 21. November 1891. Er endete für Heinrich und seine Frau tragisch. Im Zuge der Feierlichkeiten erkrankten beide an Lungenentzündung und starben in der gleichen Nacht, am 30. November 1891.

Schenna: Erzherzog Johann

Fährt man von Bozen aus nach Meran, liegt nur wenige Kilometer davon entfernt der kleine Ort Schenna, dessen Ansicht von Kirche, Schloss und Mausoleum dominiert wird. Dort befindet sich die Grabstätte von Erzherzog Johann, seiner Frau Anna, Gräfin von Meran, und ihrer beider Sohn, Graf Franz von Meran.

Erzherzog Johann war der beliebteste Habsburger im 19. Jahrhundert. Der »steirische Prinz« hat vor allem in der Steiermark seine großen Spuren hinterlassen. Ohne einen »offiziellen« Auftrag ausgestattet, ist es vor allem ihm zu verdanken, dass die Steiermark den Anschluss im 19. Jahrhundert nicht verpasst hat. Dabei hat seine »Karriere« als Erzherzog nicht sehr erfolgreich angefangen. Er war das 13. Kind von Kaiser Leopold II. und damit der ältere Bruder von Erzherzog Rainer. Seine militärische Laufbahn war nicht von Erfolg gekrönt, sein Einsatz für den Aufstand in Tirol unter Andreas Hofer blieb ohne Unterstützung durch seinen Bruder, Kaiser Franz II., und Metternich. Schließlich zog er sich in die Steiermark zurück. Sein Onkel Albert von Sachsen-Teschen hatte ihm eine ordentliche Summe vermacht, die es ihm ermöglichte, seine Reformideen zu verwirklichen. Den Brandhof bei Mariazell baute er zu einem landwirtschaftlichen Mustergut aus, er erwarb mehrere Radwerke in Vordernberg und beeinflusste die Modernisierung von Erzabbau und Erzförderung.

Da sich aber Gründungen von wissenschaftlichen Lehranstalten, Landwirtschaftsgesellschaften, Sparkassen, Musterbetrieben, zahlreichen kulturellen Einrichtungen und die Förderung des Ausbaus der Südbahn bis Triest nicht besonders publikumswirksam in Szene setzen lassen, ist Johann dem breiteren Publikum hauptsächlich durch seine Liebe zu Anna Plochl, der Postmeisterstochter aus Bad Aussee, bekannt.

Hätte sich Johann das junge Mädchen als Geliebte genommen, wäre niemand aus seinen Kreisen (sicherlich aber Annas Vater) auf die Idee gekommen, sich daüber zu beschweren. Immerhin war dies eine nicht unübliche Verhaltensweise, auch unter Erzherzogen. Nach Ablegen der Geliebten wurde selbige meist großzügig finanziell abgefunden. Aber Johann wollte seine Anna unbedingt heiraten, was für die Hofgesellschaft eine Ungeheuerlichkeit war. 1823 informierte er seinen kaiserlichen Bruder über seine Heiratsabsichten. Franz stimmte erst zu, lehnte dann aber ab. Erst 1829 willigte er in eine Heirat ein, die auf dem Brandhof ohne große Feierlichkeiten vollzogen wurde. Es spricht für die Charakterfestigkeit beider, dass sie das durchgehalten haben. Immerhin war die lange Wartezeit mit ungewissem Ausgang für Anna eine Zumutung, wie auch die befohlene Heimlichkeit der Hochzeit. Erst 1833 durfte sich Johann öffentlich zu seiner Frau bekennen, ein Jahr später wurde sie wenigstens zur Freifrau von Brandhofen erhoben. Zehn Jahre nach der Hochzeit stellte sich mit Sohn Franz der Nachwuchs ein. Das kaiserliche Haus reagierte mit der Erhebung Annas und Franzens zu den Grafen von Meran.

Gräfin Anna von Meran, die vielgeliebte Ehefrau von Erzherzog Johann. Viele Jahre mussten beide um ihre Liebe kämpfen.

Erzherzog Johann, der steirische Prinz. Sein Engagement bewirkte viel in der Steiermark, sein Herz aber gehörte Tirol.

Im Zuge der Revolution von 1848 kam es zur Wahl der Frankfurter Nationalversammlung. Hier erhielt Johann doch noch eine offizielle Aufgabe. Es schien angebracht, den populären Erzherzog, der eine Bürgerliche geheiratet hatte, zum Vorsitzenden der ersten deutschen demokratischen Versammlung zu machen. Das Experiment der Paulskirche scheiterte und Johann kehrte in die Steiermark zurück.

Seine große Liebe galt Tirol, so hatte er bereits im Jahr 1845 Schloss Schenna gekauft, um daraus den Familiensitz zu machen. Er starb 1859 in Graz. Seine Frau überlebte ihn um 26 Jahre. Beide sind im Mausoleum von Schloss Schenna begraben, das noch heute der Stammsitz der mittlerweile sehr zahlreichen Familie der Grafen von Meran ist. Außer den Räumen und Erinnerungsstücken an Erherzog Johann und Gräfin Anna ist heute im Schloss die größte private Andreas-Hofer-Sammlung zu besichtigen.

Gerade das Mausoleum sticht beim Anblick besonders hervor und scheint so gar nicht in die landesübliche Architektur zu passen. Aber

Das Mausoleum bestimmt das Ortsbild von Schenna.

es ist der erste und bedeutendste neugotische Sakralbau des 19. Jahrhunderts und wurde vom Wiener Architekten Moritz Wappler im Auftrag von Graf Franz erbaut. In seinem Stil entspricht es ganz seiner Entstehungszeit, den 1860er-Jahren, als die Neugotik der Dernier Cri war. Gräfin Anna war wohl nicht so sehr davon überzeugt. Es sei viel zu groß für ihren Hansl, soll sie gesagt haben.

Die Kapelle des Mausoleums ist dem heiligen Johannes dem Täufer gewidmet. Deren Schlichtheit korrespondiert mit den farbenfrohen Fenstern im Chor, auf denen die Namenspatrone der erzherzoglichen Familie dargestellt sind: der heilige Johannes, die heilige Anna und der heilige Franziskus. Über eine Steintreppe gelangt man in den Gruftraum unter der Kapelle. In einem rein ornamentalen Sarkophag aus Marmor befinden sich die sterblichen Überreste von Erzherzog Johann und Gräfin Anna. Davor bedecken Marmorplatten die Gräber von Graf Franz und seiner Frau Theresia.

Nach seinem Tod wurde Erzherzog Johann zunächst im Grazer Mausoleum beigesetzt. Als die Grabstätte in Schenna vollendet worden war, war es Zeit für die Überführung. Am 21. Juni 1869 wurde der Sarg Johanns unter großer Anteilnahme der Bevölkerung in Graz verabschiedet. Der Wiener Hof hatte den Oberhofmeister von Erzherzog Ludwig Viktor als kaiserlichen Kommissar geschickt. Eine Woche später kam der Sarg mit dem Zug in Untermais an. Sohn Franz folgte dem Leichenwagen zu Fuß, von Honoratioren, Schützenkompanien und Musikkapellen begleitet. In Schenna trugen Schützen den Sarg in die Gruft, darauf schloss sich eine feierliche Seelenmesse an.

Tulfes: Adelheid von Österreich

Eine Grabstätte der besonderen Art befindet sich in Tulfes, etwa 15 Kilometer östlich von Innsbruck. Ein einfaches Grab mit einem schmiedeeisernen Kreuz markiert die letzte Ruhestätte von Adelheid von Österreich, der ältesten Tochter von Kaiser Karl und Kaiserin Zita. Ihr Leben lang war sie eine der engsten Vertrauten von Otto von Habsburg, ihrem älteren Bruder, von dem sie nur 14 Monate trennten. Geboren am 3. Jänner 1914, hatte sie lebendige Erinnerungen an die Monarchie. Sie war acht Jahre alt, als ihr Vater im Exil auf Madeira starb. In Löwen in Belgien studierte sie Soziologie und Staatswissenschaften und schloss mit Promotion ab. Als in den 1930er-Jahren die Habsburger-Gesetze in Österreich aufgehoben wurden, kam sie zurück. Mit zahlreichen öffentlichen Auftritten warb sie im Sinne ihres Bruders für einen österreichischen Patriotismus und den Kampf gegen den Nationalsozialismus. Nach dem Einmarsch 1938 entkam sie nur knapp den Nazi-Schergen und konnte wieder nach Belgien fliehen, wo die Familie in der Nähe von Brüssel lebte.

In den USA erhielt sie eine Professur und lehrte an verschiedenen Universitäten. Zurück in Europa, widmete sie sich jahrelang der Arbeit in Flüchtlingslagern. Nach der Heirat ihres Bruders Otto lebte sie mit der Familie in Pöcking am Starnberger See. Erzherzogin Adelheid war eine anerkannte Afrika-Expertin und Fachfrau für gezielte Entwicklungshilfe. Sie starb am 2. Oktober 1971 mit nur 57 Jahren an einem Krebsleiden.

Ihr Wunsch war es, in Tulfes begraben zu werden, einer Gemeinde, die ihr in den 1930er-Jahren die Ehrenbürgerwürde gegeben und auch auf Druck der Nazis nicht aberkannt hatte. Dem Sarg folgten Otto und Regina von Habsburg, deren Kinder und weitere Geschwister. Ihrer Mutter, Kaiserin Zita, verbot die Republik Österreich die Einreise zum Begräbnis ihrer Tochter. Einige Jahre später gab Bundeskanzler Kreisky zu, dass dies unmenschlich gewesen sei. Erst über zehn Jahre später, am 16. Mai 1983, konnte Kaiserin Zita das Grab ihrer ältesten Tochter besuchen.

Stift St. Florian bei Linz: die vergessene Königin

Ein Meisterwerk der barocken Architektur ist der Augustiner-Chorherrenstift St. Florian bei Linz. Seit über 1500 Jahren wird an diesem Ort der heilige Florian verehrt, Patron gegen Feuer und Wasser. Der Spruch »Heiliger St. Florian, schütz unser Haus, zünd andre an!« steht an so manchem Gebäude im Alpenraum, wo der Heilige besonders verehrt wird.

Florian war im frühen 4. Jahrhundert ein hoher Beamter der Zivilverwaltung im nahe gelegenen Lauriacum und wurde wegen seines christlichen Bekenntnisses mit einem Stein um den Hals in die Enns geworfen. Unmittelbar danach setzte seine Verehrung ein, ein erstes Kloster ist ab dem 9. Jahrhundert belegt. Vom ursprünglich romani-

Der Stift St. Florian bei Linz, ein Meisterwerk barocker Architektur

schen, dann gotischen Baustil ist heute nichts mehr zu sehen. Hier zeigte sich die wirtschaftliche Erholung nach dem Dreißigjährigen Krieg, als man es sich leisten konnte, Stifte und Klöster auf den neuesten Stand der Zeit zu bringen. Bedeutendste Baumeister des barocken Österreichs gaben St. Florian sein heutiges Erscheinungsbild.

Königin Katharina von Polen (1533–1572) hatte wohl noch den gotischen Stift gekannt, als sie bestimmte, hier ihre letzte Ruhestätte zu finden. Sie war die Tochter eines Kaisers, die Schwester eines Kaisers und die Tante eines Kaisers, aber im breiten historischen Gedächtnis ist sie so gut wie nicht vorhanden. Als Tochter von Kaiser Ferdinand I. war ihr Schicksal vorbestimmt, nämlich eine für die Dynastie und Österreich möglichst strategisch günstige Ehe einzugehen. Entziehen konnte man sich dem kaum, es sei denn, man ging ins Kloster oder gründete selbst eines, wie es ihre ältere Schwester Magdalena in Hall in Tirol getan hat. Katharina wurde mit 16 Jahren 1549 mit dem Herzog Franz II. Gonzaga von Mantua verheiratet, aus diesem Hause kamen immer wieder Ehepartner für Habsburgerprinzessinnen und Habsburgerprinzen. Doch ihr Eheglück währte nicht lange, der Herzog starb bereits vier Monate nach der Hochzeit. Katharina war mit knapp 17 Jahren Witwe. Nun war sie wieder frei, um die nächste dynastisch günstige Ehe einzugehen.

Die Wahl fiel auf Sigmund II. August, den polnischen König aus dem Haus der Jagiellonen. Schon ihre Schwester Elisabeth war mit ihm in einer äußerst glücklichen Ehe verheiratet gewesen, aber früh im Alter von 19 Jahren gestorben. Seine zweite Frau, Barbara Radziwiłł, starb ebenfalls früh. Der Wiener Hof, dem an guten Verbindungen zu Polen gelegen war, schlug erneut eine habsburgische Tochter vor, die verwitwete Katharina. Aber diese Ehe gelang nicht. Weder stimmte die Chemie zwischen beiden, noch kündigte sich Kindersegen an. Katharina litt wohl, ebenso wie manches ihrer Geschwister, an Epilepsie und blieb kinderlos. Sigmund wusste das politische Potenzial seiner Frau, die es verstand, sich gut zu vernetzen, nicht zu nutzen. Er stand unter dem gewaltigen Druck, einen Thronfolger in die Welt setzen zu müssen, war er doch der letzte der Jagiellonen im Mannesstamm. Im Winter 1562/1563 trennte er sich von seiner Frau. Jeder Versöhnungsversuch blieb erfolglos.

Fast vergessen ist Königin Katharina von Polen, eine Tochter von Kaiser Ferdinand I. Sie liegt in der unmittelbaren Nähe Anton Bruckners begraben.

Katharina verließ Polen und ging zurück nach Österreich. Wien kam als dauerhafter Wohnsitz nicht infrage. Ihr Bruder, Kaiser Maximilian II., schrieb in sein Tagebuch, dass er die kinderlose Königin »am liebsten zu Linz wanen wolt«[33]. Sie war 34 Jahre alt, als sie in das Linzer Schloss einzog. Unterdessen bemühte sich Sigmund um die Scheidung und suchte immer wieder – erfolglos – in Rom darum an. Katharina indes widmete sich in Linz karitativen Aufgaben und führte ein für sie wohl befriedigendes Leben. In ihrem Testament bestimmte sie genau ihr Begräbnis. Sie starb am 28. Februar 1572 mit 39 Jahren. Sigmund überlebte Katharina nur um wenige Monate.

Katharinas Leichnam wurde zunächst in der Schlosskapelle beigesetzt. Umbauarbeiten am Schloss erforderten eine Umbettung, die Kaiser Rudolf II. anordnete. Er ließ die sterblichen Überreste seiner Tante 1599 in den Stift St. Florian bringen. Danach geriet die Königin von Polen in der eigenen Familie in Vergessenheit. Erst 167 Jahre später erhielt sie ein angemessenes Grabmal. Es wurde nicht von den Habsburgern beauftragt, ein Florianer Prälat bestellte einen Sandsteinsarkophag.

Überhaupt steht Katharina im Schatten einer anderen großen Persönlichkeit, die in der Stiftsbasilika ihrer Auferstehung entgegensieht: Anton Bruckner, auch der »Musikant Gottes« genannt. In St. Florian war seine Wirkungsstätte, noch heute zeugt die große Brucknerorgel davon. Nach wie vor pflegen die Augustiner-Chorherren besonders die Kirchenmusik.

Die Gouvernante von Tirol in Linz

Scharfzüngig war Erzherzogin Maria Elisabeth. Alle Familienmitglieder bekamen etwas ab. Kaiser Franz II./I. nannte sie einen »Lümmel«, dessen Bruder Rainer »Ochs«, Erzherzog Ludwig war eine »Duckmaus« und der kleine Rudolf, später Erzbischof von Olmütz, war das »Nestscheißerl«. Welchen Namen sie Kaiser Joseph II. gegeben hat, ist allerdings nicht überliefert.

Das sechste Kind von Maria Theresia und Franz Stephan hatte immer schon die Neigung zu witzigen Bonmots und ironischen Redewendungen, wuchs zu einer berauschenden Schönheit heran und war sich dessen durch und durch bewusst. Die Mutter schalt sie eine »Kokette des Geistes« und beklagte ihre Eitelkeit, aber immerhin war sie aufgrund ihres Äußeren ein gewichtiges Pfund für die kaiserliche Heiratspolitik.

Der erste Kandidat, König Stanislaus II. August von Polen, blitzte aus zwei Gründen ab: Zarin Katharina II. wollte keine Stärkung der Donaumonarchie im nördlichen Mitteleuropa, und für Kaiserin Maria Theresia war er von zu minderer Abkunft.

Die nächste Eheanbahnung, mit dem Herzog von Chablais, einem Sohn des Königs Karl Emanuel von Sardinien Piemont, scheiterte ebenfalls – am Einspruch von Bruder Joseph, der bereits Mitregent war.

Jede weitere Eheplanung wurde aber durch die Pocken zunichtegemacht. Eine Epidemie grassierte 1767 in Wien und verschonte auch das Kaiserhaus nicht. Maria Elisabeth überlebte wie durch ein Wunder die teuflische Krankheit, brach aber in bittere Tränen aus, als sie wieder in einen Spiegel sehen konnte. Ihr Gesicht war durch die

Erzherzogin Maria Elisabeth, eine der unverheirateten Töchter Maria Theresias, lebte lange in Tirol. In Linz verbrachte sie ihren Lebensabend und starb auch dort.

Pockennarben entstellt. Die hübsche Erzherzogin hatte ihren Marktwert verloren. Mutter und Bruder versuchten noch einmal eine Verbindung anzubahnen, mit Ludwig XV. von Frankreich, aber als dieser das Porträt der potenziellen Braut sah, hörte man nichts mehr von ihm.

Maria Elisabeth litt unter diesen Zurücksetzungen und Demütigungen sehr und flüchtete sich in Krankheiten. Ihre scharfe Zunge war gefürchtet. Ihr Bruder Leopold schrieb über sie nicht sehr charmant: »Sie ist von aller Welt gemieden und gefürchtet wegen ihrer schrecklichen Zunge, ihren extravaganten und unklugen Reden, sie unterhält sich damit, alle Geschichten und Klatsch aus der Stadt zu erfahren und weiterzuspinnen.«[34]

Mit der ebenfalls unverheiratet gebliebenen Schwester Maria Anna verstand sie sich gar nicht, zum Leidwesen der Familie waren Zänkereien und Eifersüchteleien an der Tagesordnung. Schließlich fand sich doch noch eine Versorgung für sie. Nach dem Tod ihres Mannes hatte Kaiserin Maria Theresia sein Sterbezimmer in der Innsbrucker Hof-

Der alte Dom, die Jesuitenkirche, in der Linzer Altstadt.

burg zu einer Kapelle umbauen lassen und einen adeligen Damenstift mit der Aufgabe des Gebetes für das Seelenheil des Verstorbenen gegründet. Adeligen unverheirateten Damen war somit der Lebensunterhalt gesichert. Die Aufnahmekriterien waren streng, ein Nachweis über mindestens 16 adelige Vorfahren musste erbracht werden, ebenso wie die Bereitschaft, zum Zeichen der Trauer um den verstorbenen Kaiser schwarze Trauerkleidung zu tragen. Im Frühjahr 1781 übernahm Maria Elisabeth die Leitung des Stifts und fand darin ihre Bestimmung. Schnell erwarb sich die einst so eitle und lebenslustige Frau bei den Innsbruckern Achtung und Respekt. Aufgrund ihrer Leutseligkeit und ihrer Geradlinigkeit nannte man sie die »Gouvernante von Tirol«. Einen anderen Beinamen erhielt sie aufgrund der drei Kröpfe die die ohnehin blatternarbige Maria Elisabeth noch mehr verunschönten: »kropferte Liesl«.

Ihre Scharfzüngigkeit hat sie sich bewahrt. Wenn sie nach Wien auf Familienbesuch kam, seufzte so mancher ihrer erzherzoglichen Anverwandten über ihren Mangel an Distinktion.

Im Lauf der Revolutionskriege gestaltete sich die Lage in Innsbruck problematisch. Zwei Mal mussten die Stiftsdamen vor den herannahenden Franzosen aus der Stadt fliehen. Auch die wirtschaftliche Situation wurde nicht einfacher, das Grundkapital des Stiftes schmolz trotz eiserner Sparmaßnahmen dahin. Das vorläufige Ende des Damenstiftes brachte der Friede von Pressburg 1805, bei dem Österreich nach der verlorenen Schlacht von Austerlitz Tirol an Bayern abgeben musste. Äbtissin Maria Elisabeth packte kurzerhand in Innsbruck alles zusammen, begab sich nach Wien und verzichtete im März 1806 auf ihr Amt.

Aber in Wien konnte und wollte sie nicht bleiben. Sie fand schließlich in Linz ein passendes Haus für sich selbst und ihr Gefolge, wo sie die letzten beiden Jahre ihres Lebens verbrachte. Sie starb 1808 mit 55 Jahren und ließ sich in der Gruft der Jesuitenkirche beisetzen. Auf Anfrage ist die Gruft zu besichtigen.

Die Begräbnisstätten in der zeitlichen Reihenfolge ihrer Gründung

Wir haben uns entschieden, die Begräbnisstätten nach Bundesländern zu reihen. Dies hat Vorteile, aber auch den Nachteil, dass es nicht möglich ist, sie in Bezug auf die zeitliche Entstehung chronologisch zu ordnen. Leser, die die Geschichte der Habsburger und ihrer Begräbnisse in chronologischer Reihenfolge lesen wollen, sollten folgende Reihung wählen:

Anmerkungen

1 Havlik-van de Water. 1993. Seite 9.
2 Havlik-van de Water. 1993. Seite 10.
3 Roth, Joseph: Die Kapuzinergruft.
4 Die Anklopfzeremonie ist auf YouTube abrufbar.
5 Wolfgruber. 1887. Seite 133.
6 Hawlik-van de Water. 1993. Seite 18.
7 Havlik-van de Water. 1993. Seite 125.
8 Stollberg-Rilinger. 2017. Seite 826.
9 Stollberg-Rilinger. 2017. Seite 827.
10 Stollberg-Rilinger. 2017. Seite 829.
11 Wandruszka. 1968. Seite 143.
12 Herre. 1978. Seite 472.
13 Hamann. 2005. Seite 484.
14 Die Goldene Bulle regelte das Wahlverfahren der römisch-deutschen Könige und vor allem die Wähler. Karl IV. ließ dabei die Habsburger unberücksichtigt.
15 Diem. 1995. Seite 83.
16 Die Schotten bekamen dafür die Pfarre Gaunersdorf.
17 Kloster Muri ist nicht nur die älteste habsburgische Grablege, sondern zugleich auch die jüngste. In der Gruft unter der Lorettokapelle der Klosterkirche sind Kinder und Kindeskinder von Kaiser Karl und Kaiserin Zita bestattet. Ebenso befinden sich dort die Herzurnen des letzten Kaiserpaares.
18 Nach Lauro. 2007. Seite 44.
19 Selbstverständlich hatte Wiener Neustadt auch später noch Blütezeiten, wir beziehen uns hier auf die Stadt als habsburgische Residenz.
20 Dieses Bistum wurde allerdings im Jahr 1784 nach St. Pölten übertragen.
21 Lauro. 2007. Seite 132.
22 Lauro. 2007. Seite 132.
23 Lauro. 2007. Seite 178.
24 Die beiden Beamten Slavata und Martinic überlebten den Sturz in die Tiefe, abgefangen durch einen Misthaufen. Ein Schreiber, der ebenfalls hinausflog, wurde später zu einem »Herrn von Hohenfall« geadelt.
25 »Confessio« ist hier ein architektonischer Fachausdruck. Er bezeichnet

einen Andachtsraum vor einem (Heiligen-)Grab, der mit einer Treppe erreichbar ist.

[26] Lateinisch: Der Tod Konradins ist das Leben von Stams.

[27] Lauro. 2007. Seite 162.

[28] Lauro. 2007. Seite 146.

[29] Hamann. 1988. Seite 395.

[30] Lauro. 2007. Seite 192.

[31] Maria Leopoldine starb 17-jährig nach nur 13-monatiger Ehe bei der Geburt ihres Sohnes Karl Joseph am 7. August 1649. Karl Joseph wurde später Bischof von Passau, Olmütz und Breslau sowie Hochmeister des Deutschen Ordens.

[32] Die einstige Propsteikirche Maria Himmelfahrt wurde im Zuge der Errichtung des Bistums Bozen-Brixen 1964 zum Dom erhoben.

[33] Lauro. 2007. Seite 172.

[34] Weissensteiner. 1994. Seite 116.

Literatur

Beutler, Gigi: Die Kaisergruft bei den PP Kapuzinern zu Wien. Wien 2011.
Brzezowsky, Rudolf & Söhne: Die Kaisergruft bei den PP Kapuzinern in Wien. 3 Auflagen. Wien 1888/1914/1915.

Conte Corti, Egon Caesar: Elisabeth die seltsame Frau. 1949.

Demmerle, Eva: Das Haus Habsburg. Potsdam 2011.
Demmerle, Eva; Baier, Stephan: Otto von Habsburg. 1912–2011. Wien 2012.
Demmerle, Eva: Kaiser Karl. Mythos und Wirklichkeit. Wien 2016.
Diem, Peter: Die Symbole Österreichs. Zeit und Geschichte in Zeichen. Wien 1995.

Fabel, Renate: Der kleine Adler. 2011.
Feigl, Erich: Kaiserin Zita. Kronzeugin eines Jahrhunderts. Wien 1989.

Gruber, Reinhard: Memento Mori. Die Katakomben im Wiener Stephansdom. Wien 2010.

Hamann, Brigitte: Die Habsburger. Ein biographisches Lexikon. 2. Auflage. Wien 1988.
Hamann, Brigitte: Kronprinz Rudolf. Ein Leben. Wien 2005.
Hawlik-van de Water, Magdalena: Der schöne Tod. Wien 1989.
Hawlik-van de Water, Magdalena: Die Kapuzinergruft. Begräbnisstätte der Habsburger in Wien. 2. Auflage. Wien 1993.
Herre, Franz: Kaiser Franz Joseph von Österreich. Sein Leben – Seine Zeit. Köln 1978.

Khevenhüller-Metsch, Fürst Johann Josef: Aus der Zeit Maria Theresias. Tagebuch 1742–1776. Wien/Leipzig 1907–1908.
Kusin, Eberhard: Die Kaisergruft bei den PP Kapuzinern in Wien. Wien 1949.
Kusin, Eberhard: Die Kaisergruft. Wien 1973.

Lauro, Brigitta: Die Grabstätten der Habsburger. Kunstdenkmäler einer europäischen Dynastie. Wien 2007.

Mausberger, Ludwig: Kurze Darstellung der Gründung und Erhaltung des Kapuziner-Klosters auf dem neuen Markt in Wien. Wien 1822.

Pangels, Charlotte: Die Kinder Maria Theresias. München 1983.
Pangerl, Irmgard; Scheutz, Martin: Der Wiener Hof im Spiegel der Zeremonialprotokolle. Wien 2007.
Penz, Helga: Das Kloster der Kaiserin. 300 Jahre Salesianerinnen in Wien. Petersberg 2017.

Rauchensteiner, Manfried: Ein Sarg für Paris. 2001.
Röhsner, Zdislava: Die Spuren der Herrschaft des letzten Habsburgers. Wien 2013.
Roubal, Urban: Die Kaisergruft bei den PP Kapuzinern in Wien. 1633–1933. Wien 1933.

Schimmer, Karl August: Ruhestätten der Österreichischen Fürsten. Wien 1841.
Schleritzko, Karl M.: Steine leben. Beschreibung Gruftkapelle und Franz-Josephsgruft. Wien 2005.
Schleritzko, Karl M.: Die Entwicklung einer innovativen Steinverhängung in der Restaurierung. 2009.
Stollberg-Rilinger, Barbara: Maria Theresia. Die Kaiserin in ihrer Zeit. München 2017.

Tamussino, Ursula: Isabella von Parma. Wien 1989.
Tietze-Conrat, Erika: Die Kapuzinergruft. 1920.
Timmermann, Brigitte: Die Begräbnisstätten der Habsburger in Wien. Die Kaisergruft und andere. Wien 1996.

Wandruszka, Adam: Das Haus Habsburg. Geschichte einer europäischen Dynastie. Freiburg 1968.
Wanger, Bernd Herbert: Kaiserwahl und Krönung im Frankfurt des 17. Jahrhunderts. Frankfurt 1994.
Weissensteiner, Friedrich: Die Töchter Maria Theresias. Wien 1994.
Winkelbauer Thomas; Pils, Susanne Claudine: Das Wien der Johanna Theresia Harrach. Wien 2002.
Wolfsgruber, Cölestin: Die Kaisergruft bei den Kapuzinern in Wien. Wien 1887.

Bildnachweis

Jeannette Handler (23, 26, 200, 205), Archiv Amalthea Verlag (29, 164 unten), Archiv Gigi Beutler (36, 38, 129 oben, 138, 167), Fischer, Ernst/ÖNB-Bildarchiv/picturedesk.com (75), akg-images/picturedesk.com (79), Hoechle, Johann Nepomuk/ÖNB-Bildarchiv/picturedesk.com (85), Österreichische Lichtbildstelle/ÖNB-Bildarchiv/picturedesk.com (89, 121), Weltbild/ÖNB-Bildarchiv/picturedesk.com (91), ÖNB-Bildarchiv/picturedesk.com (103, 104, 155 rechts), Votava/Imagno/picturedesk.com (115), Archiv Eva Demmerle (119, 120, 144, 146, 150 rechts, 154 Mitte, 160, 170, 177 rechts, 179, 183 links, 188, 203 rechts, 206, 208, 211, 213, 219, 221, 226, 232, 238, 243, 251), Fritz Simak/Imagno/picturedesk.com (123 oben), Wikimedia Commons/Jim.kovic (123 unten), Verlag Beutler-Heldenstern (125 links, 127, 129 unten, 139), Stift Wilten (125 rechts), Wikimedia Commons/Dennis Jarvis/CC BY-SA 2.0 (132, 187, 218, 229), Wikimedia Commons/Gugerell (133), Kloster der Heimsuchung Mariens – Salesianerinnen in Wien/Foto: Rene Steyrer und Karl Pani (135, 136), Wikimedia Commons/Karl Gruber/CC BY 3.0 (142), Elisabeth Vavra (147), Wikimedia Commons/Bwag/CC BY-SA 4.0 (150 links, 154 links, 166, 247), Wikimedia Commons/Peter Haas/CC BY-SA 3.0 (164 oben), Wikimedia Commons/Wolfgang Sauber/CC BY-SA 4.0 (172), Wikimedia Commons/Uoaei1/CC BY-SA 4.0 (173), Wikimedia Commons/Dnalor 01/ CC BY-SA 3.0 (177 links, 183 rechts), Wikimedia Commons/Arcomonte26/CC BY-SA 3.0 (181), Wikimedia Commons/Johann Jaritz/CC BY-SA 3.0 (194), Wikimedia Commons/krischnig (195 links), Gerhard Trumler/Imagno/picturedesk.com (195 rechts), Wikimedia Commons/unknown (XVI century)/CC BY-SA 4.0 (203 links), Tijs Huisman (215), Wikimedia Commons/Library of Congress/George Grantham Bain Collection (223), Wikimedia Commons/Calpha 19/CC BY-SA 4.0 (224), Wikimedia Commons/Bbb/CC BY-SA 3.0 (228), Wikimedia Commons/Haneburger (233), Gerhard Flatscher, www.hall-tirol.at (234), Wikimedia Commons/Tuxyso/CC BY-SA 3.0 (237), Wikimedia Commons/Vollmond11/CC BY-SA 3.0 (240), Wikimedia Commons/Thesurvived99/CC BY-SA 3.0 (244), Franziska Beutler (249), Wikimedia Commons/Michael Kranewitter/CC BY-SA 4.0 (252)

Bildteil (angeführte Ziffern bezeichnen Bildnummern):
Eva Demmerle (1, 3, 4, 5, 6, 7, 8, 9, 14, 15, 16, 17, 18), Gigi Beutler (2, 10, 11, 12, 13), Verlag Beutler-Heldenstern (19)

Creative Commons:
https://creativecommons.org/licenses/by/3.0/deed.en
https://creativecommons.org/licenses/by-sa/2.0/deed.de
https://creativecommons.org/licenses/by-sa/3.0/at/deed.de
https://creativecommons.org/licenses/by-sa/4.0/deed.de

Der Verlag hat alle Rechte abgeklärt. Konnten in einzelnen Fällen die Rechteinhaber der reproduzierten Bilder nicht ausfindig gemacht werden, bitten wir, dem Verlag bestehende Ansprüche zu melden.

Danksagung

Schon seit langer Zeit hatten wir uns mit dem Gedanken getragen, ein Buch über die Kapuzinergruft zu schreiben. Irgendwann kam die Überlegung dazu, weitere Grabstätten der Habsburger in Wien dazuzunehmen, und schließlich landeten wir bei allen Grabstätten in Österreich. Nun ist es fertig. Wir hoffen auf geneigte Leser.

Obwohl das Schreiben eines Buches eine eher einsame Arbeit ist, so ist es dennoch immer ein Gemeinschaftswerk. Zunächst von uns Autorinnen. Aber auch viele andere Menschen haben in unterschiedlichster Weise zum Gelingen dieses Buches beigetragen, denen wir an dieser Stelle herzlichsten Dank sagen wollen:

Katarzyna Lutecka, der Leiterin des Amalthea Verlages, weil sie von Anfang an dieses Projekt wohlwollend und hilfreich begleitet hat.

Unserer geduldigen Programmleiterin des Amalthea Verlages Madeleine Pichler und unserem kompetenten Lektor Martin Bruny.

All unseren Freunden, die sich mit unendlicher Geduld immer wieder unsere Berichte und Erzählungen über die habsburgischen Begräbnisse angehört haben.

Weiterer Dank vonseiten Gigis gebührt insbesondere: »Meiner Familie – Helmut, Franziska, Robert, Constance, Nicole, Gert – sowie Karl Schleritzko für die Unterstützung in vielen Bereichen. Posthum Pater Gottfried Undesser, Kustos der Kapuzinergruft, meinem Mentor und väterlichen Freund, dem ich kostbares Wissen über die Kaisergruft verdanke. Mutter Oberin Sr. Maria Gracia Bayer vom Kloster der Heimsuchung Mariens – Salesianerinnenkloster, die in liebenswürdiger Weise durch die Gruft der Schwestern des Klosters geführt hat, in deren Mitte die Stifterin Kaiserin Amalia Wilhelmina ruht.«

Herzlichsten Dank!

Gigi Beutler & Eva Demmerle

Register